"十三五"国家重点出版物出版规划项目

中国当代法学家文库
周光权刑法学研究系列

刑法学的向度
行为无价值论的深层追问
（第三版）

周光权　著

中国人民大学出版社
·北京·

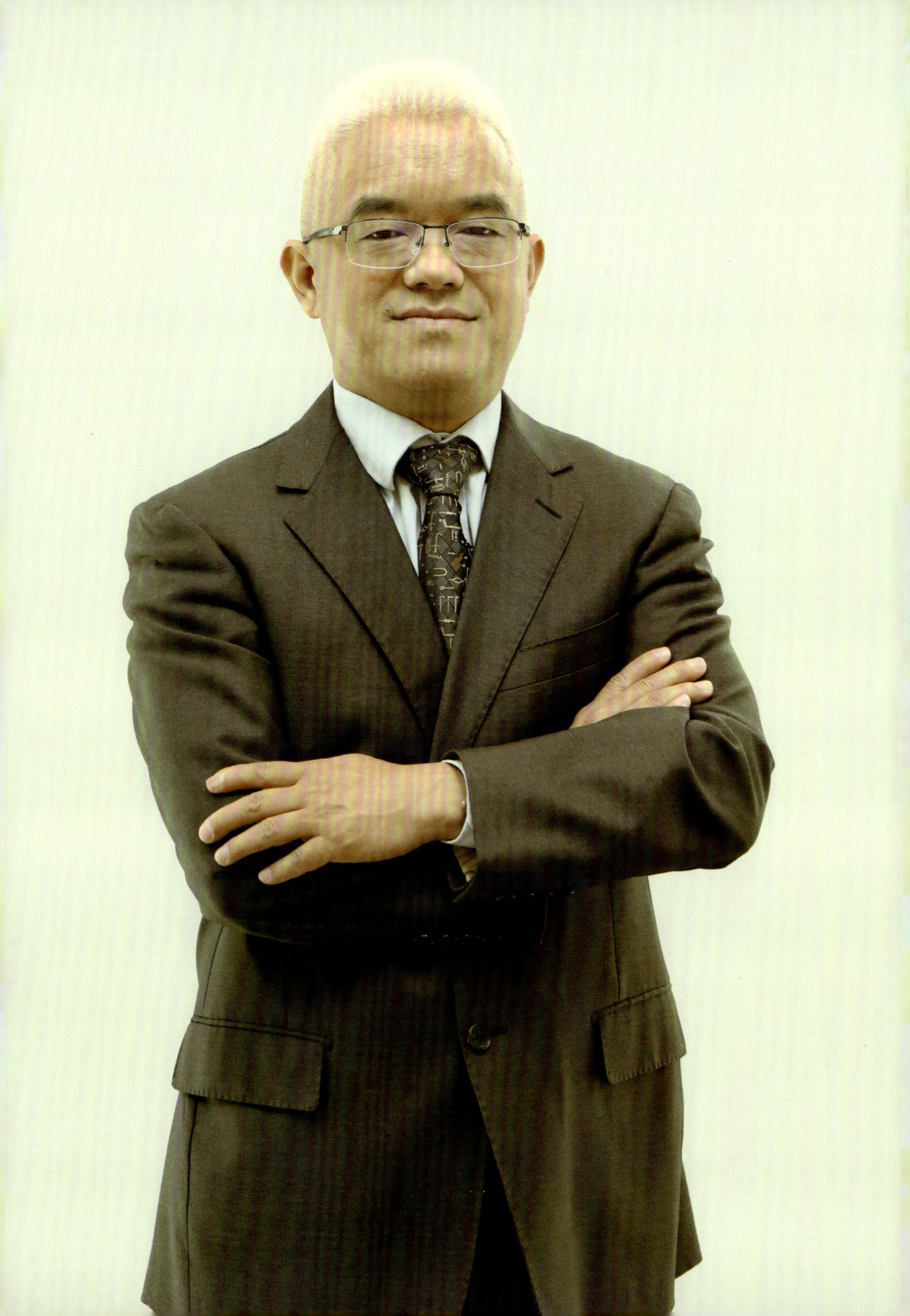

从规范论向法益论的刑法教义学转向
（第三版序）

写作本书的初衷，是对行为无价值论的基本逻辑进行思考和梳理，为我国刑法学的长远发展积累素材。

这本书的第一版于2004年被纳入中国政法大学出版社当时口碑良好的"中青年法学文库"出版；第二版，转由法律出版社于2014年出版。从本书初版到这次的第三版，二十载转瞬即逝。其间，中国刑法学取得了实质性发展，我对刑法学很多问题的思考也有巨大转变。

在本书第一版中，我思考行为无价值论，并不是一开始就从二元论切入的，我最开始感兴趣的还是行为无价值一元论。因此，本书第一版的分析基本以行为无价值一元论作为起点。按照本书第一版的思考逻辑，由于犯罪人通过其具体行为宣告规范无效，刑罚就有必要反证行为人的"宣告"不值一提，并进一步维护规范效力，重建遭犯罪所破坏的规范信赖。在这个理论构架中，法益概念基本没有存在价值，因为规范自成系统，在一个被规范性地理解的社会里，犯罪不是因果流程或自然意义上的行为事实，而是一种规范性的意义表达，法益是规范性的意义系统之外的东西，其对于规范运作系统而言并不重要。与此相对应，刑罚的任务是维护规范效力，其通过将令人失望的举止定性为错误，进而对被告人进行惩罚，使人们能够反事实地维持其规范期待和保持信赖，即"刑罚的功效在于，从另一方面与对具有同一性的社会规范对抗相对抗……刑罚不只是一种维持社会

同一性的工具，而已经是这种维持本身"①。这实际上是完全从系统自我维持的意义来理解犯罪和刑罚。②

在本书第二版中，我逐渐将基本观点在总体上朝着行为无价值二元论的方向进行修改、调整，对犯罪本质的认识中含有对法益侵害予以重视的成分，但也肯定了行为违反规范或者对由规范所保障的期待有所干扰，使规范的期待落空这一点。

经本次修订后，我仍然维持了对于行为规范重要性的论述，肯定"失范"会对社会带来灾难性后果，重视规范对于社会存续的重要意义。之所以坚持这一点，与我对社会的理解有关，也与我的阅读兴趣有关。我承认，有些文学作品对我思考刑法问题产生了深刻影响。在这里，我需要特别提一下由英国现代作家、诺贝尔文学奖获得者威廉·戈尔丁（William Golding）创作的长篇哲理小说《蝇王》。

该书借小孩的天真来探讨规范的意义以及人性善恶等严肃主题。故事发生于假设的未来第三次世界大战的一场核战争中：一群6岁至12岁的儿童在撤退途中，因飞机被击落，孩子们乘坐的机舱落到一座世外桃源般的、荒无人烟的珊瑚岛上。岛上有充足的淡水、丰富的食物、湛蓝的海水和绵长的沙滩，呈现出一幅如亚当和夏娃栖息的伊甸园一般的图景。在这样一个与世隔绝的生存环境下，充满新鲜感的孩子们开始了新的生活。起初孩子们身上还带着文明社会的习惯和印痕，还能够按照文明社会的理性和秩序来运转他们那个"小社会"，大家都能够和睦相处。后来，这群孩子逐渐失去了文明世界的理性和秩序的约束，脱离了原来的行为规范，没有了互助合作，完全堕落成一群嗜血的"野兽"。权力争斗的愈演愈烈及欲望和责任的冲突很快使孩子们最初建立的文明有序的社会走向分裂，恶的本性膨胀起来，孩子们变成了野蛮人，互相残杀，发生了悲剧性结果。故事最后在野蛮中结束，在故事的结局处，荒岛呈现出这样一幅悲伤凄惨的景

---

① 雅科布斯. 行为 责任 刑法：机能性描述. 冯军, 译. 北京：中国政法大学出版社, 1997：103.
② 参见许玉秀. 当代刑法思潮. 北京：中国民主法制出版社, 2005：11、19.

象:"海岛已经全部烧毁,像块烂木头。"① 这一文学描述既呼应了涂尔干(Durkheim)有关人类本性和社会规范效力的观点,也与雅科布斯(Jakobs)关于刑法承担着维护规范效力的任务的主张相暗合。无视行为的规范违反性,不重视通过惩罚维持规范的效力,刑法学的说理始终可能存在一定程度的缺憾。

在肯定规范论的同时,我也试图实现某种折中,在很大程度上重视犯罪的现实及对问题的具体解决,逐步放弃纯粹规范论的立场,从而与方法论个体主义相亲近。近年来,我越来越认识到,刑法教义学的实践性越强,其可验证性就会越强,可信度就会越高。实践导向的刑法教义学与可感性、可视性、可接受性直接挂钩。刑法教义学必须将客观上可把握的事实作为观察对象,直面真实案例和实践问题,顾及社会发展状况,注重对实务难题的具体解决,才能增强其判断基础的可感性;刑法教义学必须建构可以多层次、多角度检验的体系,展示犯罪判断过程,才能增强其思考过程的可视性;刑法教义学必须易于为司法实务人员所理解,使裁判结果符合一般人的社会生活经验、获得公众认同,才能展示其结论的可接受性。为满足可感性、可视性、可接受性的要求,刑法教义学就不能抛弃法益概念,不能仅对概念、抽象原理进行罗列。刑法学者在从个案中获得丰富素材之后,将问题的解决置于体系性思考框架中妥当地进行处理,就是为建构具有实践导向、符合功能主义要求的刑法教义学做贡献。顾及包括法益侵害在内的事实是刑法教义学的基础,解决难题则是其归宿,纯粹规范论的刑法教义学的存在意义有限,不宜将刑法教义学的科学性与实践性对立。

在本书第三版中,我尽量想朝着确保犯罪的现实形象不被冲淡,以完成刑法的社会治理任务的目标用心着力。立足于这一点,我几乎对各个章节的内容都予以改动,据此展示理论的回应性,增强其实践理性,同时提升刑法学自身的反思能力,增强其批判精神,确保刑法适用的基本立场妥当,从而建构与中国立法、社会现实、司法状况、法律文化相适应且更具有说服力的理论体系,稳步推进我国刑法学研究的自主创新。为实现这样的目标,我所看重的刑法学就一定是极其

---

① 威廉·戈尔丁. 蝇王. 龚志成,译. 上海:上海译文出版社,2015:3.

重视法益侵害性的行为无价值二元论，且对很多具体问题的分析、解决和结果无价值论基本没有差异（有所不同的只是分析路径和侧重点）。

不过，必须承认，无论我作出何种努力，也只能对本书进行一定程度的"修修补补"，而不可能是推倒重来。为了使刑法思想合理化，我对作为刑法规制对象的犯罪尽可能从存在论的角度进行恰当把握。但受制于本书第一版和第二版所铺就的"底色"，第三版仍然呈现出很多接近于行为无价值一元论的论述。对于"修订"给作者所设定的限制，想必读者也大致能够理解：如果有根本性的改动，就是重写一本新书。那是一个大目标，而不是对作品的修订。好在我很快要对《行为无价值论的中国展开》一书进行修订，我对行为无价值二元论的全面理解，在那本书中会有更为充分的展开。

感谢读者的厚爱，使我有机会对 20 年前出版的作品多次进行修订。一而再、再而三地修订本书，也说明我很看重本书。这一方面是因为敝帚自珍，另一方面也因为我确实觉得对行为无价值论的缘起进行梳理是有意义的。不过，话说回来，对自己的作品进行修改，并非易事，既耗时费力，又可能将最初的版本改得"面目全非"。

周光权
2023 年 3 月 26 日于清华园

目 录

导　　论 ··· 1
　　1. 刑法学面临的挑战 ·· 1
　　2. 刑法学研究范式 ·· 3
　　3. 刑法学的出发点和落脚点 ····································· 7
　　4. 刑法学的突围途径 ··· 9
　　5. 公众刑法认同感的培植 ······································· 15

第一编　主体的转向

第一章　"刑法人"的概念 ··· 21
　　6. "刑法人"的思想史地位 ···································· 22
　　7. "刑法人"观念的理论背景 ································· 29

第二章　危险个体 ··· 33
　　8. 犯罪人概念的学科属性辨析 ································ 33
　　9. 犯罪人概念的思想史 ··· 35
　　10. "危险个体"何以登场 ····································· 40

第三章　主体的分裂 ·· 48
　　11. 个人的身体、灵魂与司法技术 ···························· 48

12. 刑法对社会一般人的关注 …… 70

第四章　规范意识主体 …… 80
  13. 中国刑法学中的犯罪主体观念 …… 81
  14. 犯罪主体观念的实践背离 …… 87
  15. 犯罪主体概念的整合：规范意识主体 …… 91

第二编　规范违反说与犯罪论

第五章　社会的规范性 …… 103
  16. 规范的含义 …… 103
  17. 刑法规范与社会 …… 121
  18. 刑法规范如何导致秩序 …… 133

第六章　刑法与规训机制 …… 139
  19. 规范融入刑法领域 …… 140
  20. 规范化训练机制的转型 …… 148
  21. 通过法律的诱导何以会成功 …… 154

第七章　规范违反说与犯罪论 …… 164
  22. 法益侵害说与犯罪本质 …… 165
  23. 规范违反说与犯罪本质 …… 169
  24. 规范违反说与犯罪成立理论 …… 182

第八章　通过规范的双向沟通 …… 201
  25. 罪犯与社会的沟通 …… 201
  26. 社会与罪犯的沟通 …… 209

第九章　中国社会的犯罪与规范违反说 …… 222
  27. 一般性描述 …… 222
  28. 塑造规范共同体 …… 229
  29. 维持规范有效性 …… 231

第三编 惩罚与规范化诱导

第十章 关于惩罚的传统表述 ·· 241
  30. 报应的核心：回溯与正义 ··································· 241
  31. 功利主义：手段与实效 ····································· 248
  32. 一体论的困境 ··· 250
  33. 告别传统：可能与现实 ····································· 255

第十一章 刑罚进化论的疑问 ·· 260
  34. 刑罚进化的表象 ··· 261
  35. 社会治理的需要与刑罚改革 ································· 266
  36. 现代社会中用刑罚浇铸的祭坛 ······························· 271

第十二章 惩罚与规范确认 ·· 276
  37. 惩罚权力的运作机理 ······································· 277
  38. 通过惩罚确认规范有效性 ··································· 282

第十三章 惩罚的无效与坚持 ·· 288
  39. 惩罚的无效 ··· 289
  40. 惩罚的坚持 ··· 294

主要参考文献 ··· 307
索　　引 ··· 312

导　　论

今天，罪刑法定、罪刑均衡等刑事法领域的法治化口号甚嚣尘上，人们对普遍正义的目标孜孜以求。但是，刑法的真正动机始终是甄别个人，并以拯救"异种"人类的名义施加"个别化"惩罚，从而以极其隐秘的方式保全社会。从这一观念出发，以往关于犯罪观念的起源、刑法起源、惩罚的正当性以及一系列刑法话语在今天流行的特别方式，都需要仔细的研究。在我看来，流行的各种解说尽管振振有词，但是存在部分地偏离要害之虞，需要有新的言说方式来解释与犯罪有关的事情。这就是我写这本书的理由。

我试图阐明的大致想法是：刑法的目标是通过难以察觉的权力运作过程来培育规范认同者，证实行为规范的有效性，坚定地捍卫规范，以保证人们能够过一种有意义、有秩序的生活，把个人培植成规范意识主体。那么，促进公众的规范认同，围绕行为规范违反来建构犯罪论和惩罚理论，就是当前我国刑法学的基本向度。

1. 刑法学面临的挑战

现代社会中层出不穷的智能犯罪、经济犯罪问题，高犯罪率、累犯问题，法

定犯的自然犯化问题，等等，都促使人们去反复考虑刑法对于个人和社会究竟有什么作用，社会如何能够娴熟地运用刑法并能够收到何种效果等问题。这些可能是永恒的法律话题。

我们必须在社会的整体发展中寻求个人生存和发展的机会。社会能够供给我们需要的东西，同时多多少少地增进我们的福利，所以它对我们而言有不同寻常的意义。但是，如果我们考察一下我们所知道的人类社会的历史，就不能不产生一种失落感。虽然社会的主要目的是保障我们免于匮乏和陷入困境，但它带给人们的伤感、不满足感总是要多一些。人们无论何时都很容易遭受意外的灾害、疾病、残废、死亡以及饥饿。

但是，威廉·葛德文指出，从物质世界中产生的弊害与由人所制造的犯罪（包括轻微的伤害、各种分散的犯罪以及战争这种最为巧妙和残忍的犯罪）比较起来，后者要严重和令人恐惧得多。"人的历史无非是一部犯罪的历史……在万物中，人乃是人的最可怕的敌人。"[①]

为了认真地对待犯罪现象，我们需要探究的真正问题是：社会为了宣称其存在，如何使用一系列高明而隐秘的技巧"诱使"公众信赖刑法，公众又会基于何种利益促成自己对规范的信赖感，使规范成为其生命中有意义的一部分，或者内化为个人的生活方式？此外，我们应当在何种层面上把握惩罚的技术，同时使其保持持久的效果。

卢梭曾经一针见血地说过："人……无往不在枷锁之中。"[②] 后来的很多哲学家如叔本华、尼采等都表达过同样比较悲观的观点。福柯甚至指出，个人既是权力之源，又承受权力的倾轧，自由对人而言，乃是奢侈之物。

我的研究就是秉承这一思路进行的。在我看来，人渴望自由，并且在为获得自由进行着无穷无尽的努力。但是，这种辛劳很难获得成功。有很多力量对人的行动自由乃至思想自由施加控制，可以说，个人挣脱羁绊的力量越大，他就被权

---

① 威廉·葛德文. 政治正义论：第1卷. 何慕李，译. 北京：商务印书馆，1997：6.
② 卢梭. 社会契约论. 何兆武，译. 北京：商务印书馆，1982：8.

力网络捆得越紧,他所承受的约束力就越大。

刑法就是这么一种约束人的力量,它是一种必要的"恶"。有刑法存在的地方,人们普遍地会感到不自由,但是,人们又无法抛弃这种制度。在我看来,刑法是社会用来敷理、治疗内在于自身的毒瘤的"鸦片"。作为既能疗伤、又有巨大副作用的社会"鸦片",刑法规范的运作与社会的"康复"之间的良性互动如何才能更好地达成,一直是我所关心的问题。换一种说法就是,涉入刑事程序关注焦点的人性的条件究竟是什么?

而这个问题的中国版本就是:生活在规范化社会中的人,如何会踏入万劫不复的犯罪领域,我们如何才能依据一定的规范更为公正和妥当地惩罚那些特殊的个人?前一个问题强调个人的犯罪与刑法规范在哲学上的关联性;后一个问题则引申出对犯罪的集体谴责和国家惩罚的法哲学和政治哲学命题。由于刑法是法律和哲学的话语交织的场所,所以,刑法学中能够通过哲学讨论的部分是有限的。

在本书中,我主要讨论的是社会秩序、行为规范与犯罪、惩罚之间的关联性,以及刑法在社会中的存在、运作可能、未来命运等基本的问题。我的基本立场是:为了更为妥当地保护法益,规范的效力必须被维护。

2. 刑法学研究范式

以往的刑法学著作对刑法应当如何组合以对付犯罪、回应社会的需要进行了系统的表述,但是,在很多方面做得并不够。一般认为,有犯罪发生,刑法才登场。但是,仅以法益侵害或者威胁论定犯罪本质真的有道理吗?以结果论罪的立场主宰刑法学领域已经很长时间,是否有必要修正?法益侵害说的话语是否因为过于宏大而是一个"虚假"的命题?

所以,有必要重新思考规范本身,以及社会在利用刑法实施治理时,应当怎样才能使规范"深入人心"。当我试图给予刑法的本质、功能以及与社会的关联性以反思性关注时,我知道这与哲学上的思考有关。对这些问题,我们一直缺乏

整体性思考，刑法学研究总体上停留在"教科书模式"阶段。

刑法学研究可以划分为三个范畴：首先，刑法是历史过程中的一部，是社会现象的一种，这是刑法的事实性。认为刑法的存在与发展，都有其内在固有的法则，探求这种刑法事实性的学问体系包括刑法史学、刑法社会学、比较刑法学、比较刑法史学等。其次，刑法是社会生活上的行为规范和司法上的裁判规范，具有规范性特征。探讨这种规范性的学问体系是规范刑法学或刑法解释学，它们解释一般所谓的刑法条文的含义、刑法原理等。最后，刑法是宇宙间万象交错中的一个环节，与人类的生活态度有关。探求这个范畴的学问体系属于刑法哲学、（广义的）刑事政策学的范围。尽管各种刑法理论的侧重点不同，但刑法的事实性、规范性和哲学性的研究是互相统一的，是刑法学研究一体之不同侧面，缺一不可。三个学问体系有三个不同的研究重心，本质上是相对的，不是绝对的。因而，从纯粹知识论的角度看，完整的三面缺其一就是破碎的学问。合理的刑法学研究，应当试图打通各种刑法研究思路和范式的隔膜。

目前的中国刑法学研究，形成了三种进路：（1）研究中国刑法规定（刑法典、刑法修正案以及司法解释）的适用问题。但这些研究大多停留在表面：例如罪与非罪的界限，此罪与彼罪在主体、客体上的区别等。研究实定法，以确保司法的准确适用，原本是非常严肃和重要的工作。但是，现有的主流研究，总是回避一些最为基本和复杂的问题，例如抢劫、敲诈勒索、绑架罪的区别，盗窃罪、诈骗罪的界限，财产犯罪中的"非法占有"概念等。任何人都不会否定对实定法规范进行研究的意义，中国的司法实践也迫切需要有深度、切合实际的理论。现有的研究似乎应当做得更为精巧，才能达到良好的效果。（2）比较研究。对中国和外国刑法进行比较研究，从中得出有益的结论，这也是重要的研究方法，国内学者对刑法中的认识错误理论、未遂犯论的研究，都做得很好。但是，中国的多数比较研究的深度有限，例如仅仅对海峡两岸、澳门与中国内地刑法进行比较，存在视野太过逼仄的现象，对中国与德国、日本刑法的比较也主要限于介绍外国学者的观点，至于其理论运用到中国会有什么问题，则往往语焉不详。（3）刑法

哲学研究。在这方面，陈兴良教授、曲新久教授等人的努力和贡献最为突出。①刑法学研究方法的上述"三驾马车"本应齐头并进，但是，我们看到刑法学研究对这三种方法的运用都多多少少有些不足。

我们知道，关于法治危机的说法由来已久。② 法治的危机在很大程度上与法学的危机相关联。但是，在刑法学领域，人们却总是有意无意地忽略其过去或者现在所面临的危机。

近代以来，刑法领域的重大危机已经发生过两次，它们分别导致了刑法学的两次重大转向：刑事古典学派在实证学派攻击下的衰落；在刑事实证学派实际效果较差背景下行为无价值论的兴起。

刑法学从 17 世纪的分散发展阶段过渡到整体主义阶段（费尔巴哈及其以后的德、日刑法学），今天的刑法学应当向行为规范论、实质主义过渡。在刑法学中，各种知识的交融，刑法学对其他学科领域知识的吸纳，都是不可避免的。唯其如此，刑法发展的机遇才会出现。

到今天为止，中国刑法学表面上的繁荣、刑法学著作的高产掩盖了很多关键性的问题。刑法学给人的印象是危机早已过去，沿着一条健康的轨道发展是刑法学未来的使命。

这种观点存在着对刑法学发展基础观念的根本性误解。在 19 世纪中期就存在着的一种刑法学危机今天仍然存在着，虽然危机的面目、影响力、内容都有所变化，但是，导致刑法学陷入困境的总根源并没有变化，那就是刑法学中过于技术化、客观化的倾向。正是这种倾向，不仅使得刑法学从制度（institutional）方面和智识（intellectual）方面看，都没有取得我们所期待的进步，还使得刑法学在很多时候不能有效地解决或者解释相关的犯罪问题。③

---

① 陈兴良. 刑法哲学：修订 3 版. 北京：中国政法大学出版社，2004；曲新久. 刑法的精神与范畴. 北京：中国政法大学出版社，2003.
② 伯尔曼. 法律与革命. 贺卫方，等译. 北京：中国政法大学出版社，1993：38.
③ 人们一直习惯于将认识犯罪根源和原因的任务交给犯罪学，将惩罚犯罪的任务交给刑法学。这是 19 世纪学科分割所带来的重大误解，我们一定要认识到刑法学和犯罪学之间的沟壑并不如我们想象的那么大，应当改变刑法学和犯罪学坚壁对垒的现状，提倡刑事一体化，提倡华勒斯坦意义上的"开放社会科学"。

所以，中国刑法学研究表面的繁荣背后，潜伏着危机。唯一的出路是进行研究范式的转换。① 今后，应当继续做好刑法解释性研究、比较研究。但是，更为迫切的是基础观念的建构和范式转换。

今天，我们可以清楚地看到，刑法思想的每一次重大进展，都是方法论或范式转换的结果。18世纪至19世纪中期以前，古典学派代表人物，如贝卡里亚、费尔巴哈批评中世纪刑法，对社会一般人、抽象行为进行研究，这是一次对今天影响相当重大的范式转换；19世纪中期以后的刑事实证学派批评古典学派，这也是一次意义深远的范式转换。没有这两次研究范式的转换，就不会奠定今天刑法学理论体系的基础。②

我们以前对学派之争、各学派的基本思路批评较多。但是，刑法"学派之争"毕竟深深地影响我们的研究，融入我们的内心，深入血液。我们今天必须直面它们的影响，进一步思考一些深层次的问题。

范式转换的结果是形成新的刑法学体系，这种解释机制与社会体制（决定人类命运的体制）之间有深刻的共谋关系，这是我们在研究刑法问题是不能回避的问题。通过这些研究，我们有机缘关注刑法与社会的沟通的可能性、刑法对人的生活利益的保障等问题。

中国是一个惩罚泛化的社会，惩罚的气息到处弥漫，惩罚的权力深深地嵌入我们的传统以及日常生活中。"任何一个社会组织都成为一个相应的监视罪犯并惩罚罪犯的组织……这种惩罚艺术的特点不仅仅是惩罚组织的繁多严密，而且它能使每一个人在作为一个可能罪犯的同时，又成为一名潜在的警察，他处在种种惩罚组织中，他是每一个惩罚组织的一分子。"③ 虽然有的惩罚是必要的，但是，惩罚的权力运作需要证明和重新组织论证。立法司法都涉及惩罚，而我们对惩罚

---

① 不可否认，政治哲学家们在范式转换过程中做了大量工作。但是，他们也知道，在很多方面，政治哲学研究是做得很不够的，所以，他们宁愿将自己的作用理解为一种"刺激"——促使人们去重新思考那些先前被认为是理所当然的信念、注意到他们的价值信念所具有的更充分的含义或者可能还包括认识到他们所追求的各种目标之间的不可调和性。刑法哲学研究的作用，也不过如此。

② 周光权. 刑法客观主义与方法论. 北京：法律出版社，2013：5.

③ 强世功. 惩罚与法治：当代法治的兴起（1976—1981）. 北京：法律出版社，2009：20.

正当化和合法化的论证却很薄弱。新的研究必须考虑：规范意识主体如何通过行为与社会沟通，社会通过何种程序利用刑罚与主体沟通，以最终维护行为规范的效力——这是刑法学的核心问题。

3. 刑法学的出发点和落脚点

要深刻论证规范对社会和个人的意义，就必须找准刑法学的出发点和落脚点。

在我看来，刑法学的出发点是"人"；落脚点是惩罚正当性如何求得，惩罚的技巧如何获得成功；而从出发点过渡到落脚点的桥梁则是犯罪成立理论。一套新的刑法学知识系统必须对"人"——"犯罪成立理论"——"惩罚哲学"之间的合理衔接作出说明。

从某种意义上说，一切社会科学（social science）都是关于人类自身的科学（science of man）①，都以人的基本出发点。在西方，古希腊德尔菲神庙上的铭文——"认识你自己"——作为人类可望不可求的理想一直激励着我们的探究欲望。所以休谟指出："显然，一切科学对于人性总是或多或少地有些关系，任何学科不论似乎与人性离得多远，它们总是会通过这样或那样的途径回到人性。"②

具体到法律领域，早在西方法律文化传统的源头——罗马法时代，人们就已清醒地认识到，"人"是法律的核心，认识人自身是进入法学的最佳途径。在《法学阶梯》——一本为"有志学习法律的青年们"编纂的法学教科书——中写道："我们所适用的全部法律，或是关于人的法律，或是关于诉讼的法律。首先考察人，因为如果不了解作为法律的对象的人，就不可能很好地了解法律。"③

---

① 西方传统认为，自然科学与社会科学虽然存在诸多区别，但核心的一点是，后者以解释和探究"意义"（meaning）为要旨。研究表明，第一次世界大战后出现的社会科学并没有法学（华勒斯坦，等．开放社会科学．刘锋，译．北京：生活·读书·新知三联书店，1997：16.）。
② 休谟．人性论．关文运，译．北京：商务印书馆，1981：6.
③ 查士丁尼．法学阶梯．张企泰，译．北京：商务印书馆，1993：11.

这是因为，法律本身是以人的行为为中心展开的，它直接参与到人的生活中，是人生活世界的一部分。

至于在刑法学中，"人"的概念的核心地位，也是不可动摇的。人是惩罚的对象，也是规范化训练的目标；在人身上，惩罚的运用必须具有合法性。人是现实世界的存在者，也是评价的对象，还是刑法归责体系的主角，刑法的归责和处遇，都在于刑法如何看待人本身。人是创设违法行为的主体，还是被违法行为所设定，是必须要加以思考的。唯有理解了"人"，我们才能真正理解刑法中规范的精神指引和可能的终极关怀与承诺。

从刑法的出发点抵达落脚点，实现惩罚的有效性和合理化，需要经过漫长的跋涉过程。在这个过程中，需要讨论法益侵害以及规范违反各自的意义、犯罪的构造尤其是行为的性质以及构成要件的类型化形象、罪责评判的原理、规范内的惩戒和规范化诱导、任何培植公民对规范的敬畏感等关键性问题。所以，犯罪成立理论作为沟通"人"与"惩罚正当性"的桥梁，它的合理化问题，是特别值得关注的。

所以，构建惩罚对象（人）、惩罚前提（犯罪论）和惩罚正当性（刑罚论）之间的恰当关系，是我整个研究的核心内容。通过这种研究，我想揭示社会因为规范而存在，规范对于社会有着根本的意义、影响和价值，不重视规范就必然难以保护法益，规范概念贯穿刑法运用的整个过程这一事实；同时，我要表明，为维护规范的有效性，使社会显得更有秩序，刑法规范应当如何通过惩罚权的实际运作和规范化诱导来全面渗入社会的各种管道、深入我们的内在心灵、融入我们的血液。

我以前的研究，基本遵循着这一思路进行，我曾经讨论过权力机制在犯罪事实评价过程中的作用，它对犯罪成立的重要的、根本性的影响；也研究过利用刑法进行诱导，进而确立公众的刑法认同感的问题。[①] 但是，以前的研究并不系

---

① 周光权. 公众认同、诱导观念与确立忠诚——现代法治国家刑法基础观念的重塑. 法学研究，1998（3）.

统，在深度上、广度上都有限，现在的研究试图以"人"的形象以及他/她的行为、思想所承受的规范评价命运为切入点，来全面研究规范在刑法学中的根本地位和对社会存在、社会运作的影响。

我的研究，从总体上看，无疑是一种法哲学上的刑法学思考。在我看来，如果不在将来的刑法学研究中进一步引入哲学思维，那么这一领域能否实现飞跃是有疑问的。学者指出，英美法系刑法学在今天的发展应当归功于一些哲学家的努力，例如，哈特将分析哲学运用于刑法，其他人也借助于法律与哲学之间的关系大做文章，哲学哲学家将研究奠基于久远传统的影响，在某种程度上是回到了阿奎那（Aquinas）和亚里士多德那里。① 法律哲学的研究几乎成了每个学者必须具有的眼光，以免使自己暴露在自己专业学识的危险的歧途里。这就提醒我们，中国刑法学研究要取得实质的进展，也必须注意促进刑法学和哲学之间的沟通。②

在本书中，我意在表明：在刑法领域肯定行为规范的重要性，是为刑法正义性和刑法有效性提供一种哲学基础。不过，我的研究只是为刑法的哲学思考提供了一种进路，树立了一个供他人批评的靶子，我并不否认也不排斥刑法哲学的其他进路的存在。相反，我希望有更多的人能够投入刑法哲学研究中，为基础薄弱的中国刑法学研究提供更多的资源。

4. 刑法学的突围途径

涂尔干曾经指出：

> 确实，我们不得不与一种广泛的根深蒂固的社会病症作斗争，它已经像一处溃疡一样深入社会内部，有时甚至会危及其自身的存在，但一直都是有

---

① George P. Fletcher. *The Nature and Function of Criminal Theory*. California Law Review. Vol. 88, p. 689.

② 德国学者考夫曼一针见血地指出：我们"并不需要每位法律人都成为专业的法律哲学家，但每位法律人至少应一度有法律哲学品味，借以扩大他的'难题意识'"。考夫曼. 法律哲学. 刘幸义，等译. 台北：五南图书出版公司，2000：导言 1.

害的。每年都有无数的犯罪，成千上万的罪犯受到刑罚。从经济角度看，社会的缺陷有很多……不可否认，犯罪是对社会金钱的一种巨大浪费。仅次于经济方面的缺陷，我们还有更重要的道德缺陷。如果犯罪行为和一个人的道德标准是密切相关的，那么犯罪行为反过来又会对正常生活的那部分人产生败坏道德的影响。以上这些因素，再加上犯罪被害人所受的损失和悲哀以及犯罪行为对社会造成的伤害，整个后果是非常可怕的。但我们也不应该忘记罪犯自身所遭受的痛苦——不管人们以何种方式来看他，他毕竟也是人类的一部分……犯罪和罪犯并不比那些星星和微生物枯燥多少。每个科学家都应有"为科学而科学"的态度，否则他在自己的专业上将没有任何用处。①

中国刑法学发展到今天，"一元化"趋向并无实质松动的迹象，那就是传统苏联刑法理论对中国刑法学的全方位渗透和精神领地的长期占领。我们必须承认，苏联刑法理论尤其是社会危害性理论、闭合式的犯罪构成要件理论，组成了今天中国刑法学的骨架。虽然中国刑法学研究目前可以借用的资源还有台湾刑法理论和德、日刑法理论，但是它们毕竟与我们目前所处的情势不能完全对应，这些刑法学上的稀缺资源，尤其是犯罪构成理论在很多人看来只是一种可供观赏的"西洋景"。现存的刑法学通说——注重技术的——与科学关联的理论，使刑法学在解释犯罪问题时显得力不从心：就理论构成而言，注重技术性，片面满足惩罚欲望，使刑理论大众化；就理论形态而言，折中说、相对主义盛行，在不能"折中"的地方也以综合说的面目出现，理论一贯性难以保持；就思想性质而言，受技术理性思想支配，在关键问题上做浅层次思考。借用涂尔干的话就是，中国刑法学"在自己的专业上将没有任何用处"。

西方刑法理论"多元化"的现象在中国未能出现，这与中国文化自视为一个"自足的系统"（a self-sufficient system）并总是试图确立主流学说，然后对其真

---

① 莫里森. 理论犯罪学：从现代到后现代. 刘仁文，等译. 北京：法律出版社，2005：9.

理性不予质疑的学术传统是一脉相承的。① 西方文化自古至今就是一个多元的整体，几乎在所有的领域中都有不同流派之间的相互竞争。在古代的希腊，酒神与日神二元并存；在中世纪，世俗文化与基督教文化针锋相对；从文艺复兴开始，希腊精神与希伯来精神相互对立。也正是从文艺复兴开始，欧洲诸国都以与西方文化"接轨"为荣。意大利人的政治精神、商业精神、科学精神，法国的理性主义以及启蒙时代的浪漫热情，英国的经验主义、工业化，德国的新教改革、思辨精神等，都不能成为整个西方的唯我独尊的救世主，但是，正是在这些具有独创性的不同文化之间的交互碰撞、相互辩驳之中，形成了一种具有巨大再生、造血机能的西方文化整体。而中国在 20 世纪初叶以前，一直在传统中生活，文化的变迁相当缓慢，多元文化相互冲撞、此消彼长的情形并不多见。

在我所关心的刑法学领域，20 世纪初以来，由于受哲学上的黑格尔学派、新康德学派、现象论哲学、存在论以及近代哲学人类学派思想的影响，西方（主要是德国以及受德国刑法理论影响的大陆法系国家）刑法理论多元化现象有增无减。首先是李斯特、贝林格（Beling）等人倡导的古典犯罪结构三分说发生了动摇；其次，作为犯罪上位概念的行为，其本身在刑法学上的评价也出现了各种不同的概念，因果行为论、目的行为论、社会行为论各领风骚数十年。随着行为概念的变迁，犯罪成立体系也不断更新。除了刑法学者之外，其他人文、社会科学学者也投入刑法学研究中，竭力去寻求多元化途径来解决难以名状的行为、责任、罪过、惩罚正当化问题。伟大的宗教学者如阿奎那从来就不将这些思考限制在相关领域。刑法学者们也十分注意认真地对待传统并超越它们，将不同地域、不同时间的人的犯罪问题统合起来考虑，提出有说服力的解释犯罪现象的理由。

然而，在中国，问题可能以另外的方式在展示着。我们的学术传统的思维方式总是趋向保守，总想寻找到某种唯一正确的绝对权威，以便一劳永逸地解决问题。一元论的、决定论的选择方式使我们基本上不能把西方刑法文化作为一个多

---

① 这是中国知识分子的一种全体主义的观念，"这种全体主义是认为一切思想脉络，一切制度，一切形式的行为，必须体现并且能够表达一组共同的价值"。刘晓枫.中国文化的特质.北京：生活·读书·新知三联书店，1990：189.

元的整体来理解，而总是在这个多元的整体中选择一种思想作为唯一的权威，对苏联刑法理论，尤其是犯罪构成四要件说的继承和坚守就是明证。所以，在刑法学中，提倡开拓思路、开阔视野仍然是有现实意义的。

这事实上说明，中国今天的刑法理论与过去的有某种断裂。早在 20 世纪初，自中国学习德日刑法学以来，刑法理论已经大多是"舶来品"。1949 年新中国的成立使这种状况被彻底改变。中国作为接近于大陆法传统的国家，在犯罪构成问题上基本与其他国家的理论体系不能沟通，犯罪论体系有了不同的面貌，共犯论、故意犯罪停止形态等理论也大不相同。问题是我们的做法不能合理解释犯罪问题，所以，理论根基从一开始就是错的。[①] 要解决刑法学发展的先天不足弊病，必须返回问题的起点——思考刑法的根基问题。

在我看来，刑法学的突围，在以下方面是极为重要的：（1）建构理解的、沟通的刑法学。（2）克服一种"客观性的陷阱"。事实上，现在的刑法学已经陷入了 19 世纪实证学派所确立的技术圈套中。这种刑法理论一直在与个人较劲，对个人的利用、控制一直没有削弱反而在不断加强。客观主义的复兴始终只是理论上的"迷梦"[②]，法官主要依照实证主义的思路摆布犯罪人。（3）确立刑法学中的人文文化立场。

前面三点，换成我们熟悉的中国式话语就是：消解刑法学中超强的技术化特征，寻找失落的价值理性。陈兴良教授在《刑法哲学》中对刑法的实然、应然的关系已经作了说明，这实际上涉及了刑法的工具理性（技术）和价值理性的问题。不过，这一问题还有加以发挥的余地。

休谟提出的事实与价值的两分法，对人们认识法律和制定法律产生了不可估量的影响。休谟认为，评判式判断不能从任何仅仅包含事实陈述的前提中推导出来。马克斯·韦伯运用休谟的研究范式提出了工具理性和价值理性相对立的命题。韦伯指出，现代化的法治滋生于法理型的社会，这一社会的合法性来自对理

[①] 李海东. 刑法入门（犯罪论原理）. 北京：法律出版社，1998：2.
[②] 对此，请参见张明楷. 新刑法与客观主义. 法学研究，1998（6）；周光权. 抽象性问题及其意义——对刑法领域法治立场的初步考察. 中国社会科学，2001（2）.

性法律的确认，而理性法律具有"工具理性"和"价值理性"两种理想类型。工具理性意在建立一种制度秩序，它既指实定法的规定、原则和体系符合严密的逻辑，又指司法程序符合理性化的要求，使法律具有可预测性、可计算性。而价值理性则是一种对主观判定的某种终极价值的信仰，在此信仰之下，法律、法规、规章、制度被认为是从终极价值公理演绎出来的，其内容是对价值基本原则的阐释。通过对历史的考察，韦伯发现，法律的工具理性是从罗马法的形式主义原则中发展而来的，而价值理性则可以追溯到中世纪基督教所赋予法律的神圣性。[①]事实上，工具理性关注的是制度层面的"法律是什么"的问题，而价值理性关注的则是价值层面的"法律应当是什么"的问题。

工具理性和价值理性的区分使我们认识到，一套完善的刑法制度的背后，必定有某种特定的价值观念的支撑。但是，中国刑法规范目前面临价值理性失落的严重问题。

不过，刑法价值理性失落的现实不能成为我们对中国法治丧失信心的理由。其实，在西方社会中，价值理性也是一直处于变化之中的，有时它们也面临价值理性危机的灭顶之灾：中世纪的基督教赋予法律以价值上的神圣性，支持常规立法的观念以对上帝的信仰为基础。同时，中世纪教父哲学把基于理性的正义的自然法与上帝法（教会法）联系起来，并把自然法与圣经的启示方法等同，这就使教会的法律与世俗的法律保持了一致的信仰，也就是说，它们基于相似的正义观。所以圣·托马斯坚信上帝的永恒法、自然法和人定法都来自理性，但理性最终是上帝的意思。然而，随着教会的式微，当上帝逐渐从这一领域中撤退时，自然法所代表的正义观就成为西方社会的"价值理性"[②]。这种"价值理性"造就了人们"法律至上"的信念，而这一信念存在的基础就是人们相信：

> 理性的精神是人类所特有的属性，并且每一个人都拥有依据理性而行为的一种自然的倾向。这意味着每个人都想向善而动，并且一切善行都来源于

---

① 任强．现代理论视域中的中国法治．中外法学，2000（5）．
② 任强．现代理论视域中的中国法治．中外法学，2000（5）．

自然法。①

学者指出，时至今日，以自然法为代表的"价值理性"正在失去往日的价值和具体意义。而西方社会的发展已经背离了基督教新教禁欲主义价值关怀的初衷，他们使用精密的理性计算技术把社会的一切都变成了自己赢利的工具。② 所以，西方法律的价值理性脱胎于宗教又逐渐从宗教的困扰中脱身出来。今天的西方现代法治所端赖的价值理性，已经演化为人们对"公平""正义""自由"等的执着追求。

中国刑法的发展，必须注重价值理性的确立问题，用哲学眼光打量刑法问题。③ 用维特根斯坦的"家族相似"理论来说，不同社会的关系就像一个家族的成员之间一样具有相互重叠和交叉的相似之处。不同社会中的人性由此也具有跨越国界和文化的普遍性和家族相似性。

在中国刑法学中，人们一直对工具理性关注较多，相对而言，价值理性受到冷落。在今后的刑法哲学研究中，我们一方面要对价值联系给予充分的重视，同时要注意工具理性和价值理性的沟通。④ 而且，今天看来，这种沟通是可能的，因为一方面，许多事实本身就蕴含着价值。例如，当我们查明故意杀人案件的真实性时，对事实的判断在很大程度上是由我们所拥有的价值观念（语言类型、概念体系、理论模式甚至情感与偏见）所决定的，纯粹中立的、价值无涉的事实是没有的。另一方面，刑法价值本身也具有事实特性，即必须有对应的事实，价值判断才能达成。在这种意义上，我们可以说，工具理性是价值理性的载体，价值理性则具有工具理性的事实特征。

---

① 卡尔·J. 弗里德里希. 超验正义——宪政的宗教之维. 周勇，等译. 北京：生活·读书·新知三联书店，1997：33.
② 苏国勋. 理性化及其限制——韦伯思想引论. 上海：上海人民出版社，1988：212.
③ 对刑法与哲学、刑法理论的本质和功能的更多分析，请参见 George P. Fletcher. The Nature and Function of Criminal Theory. *California Law Review*. Vol. 88（2000）：p. 687.
④ 韦伯极其强调"价值理性"和"工具理性"之间的对立性，这是为了更为清晰、有条理地认识法律现象。但是，这两种理性模型在社会现实中从来就不可能以纯粹的形态实现，所以，今天我们应当在一定程度上超越韦伯的逻辑和理路。

5. 公众刑法认同感的培植

在当前中国，规则并不缺乏，这既可以有助于进一步形成公平、正义和自由的价值理念，强化公众的法忠诚感，又可以与日俱进地革新人们的价值观念。反过来，价值观念的形成，可以使人们在信念上坚定不移地维护规范的运作。这是由"价值与事实的含混性""工具理性和价值理性的关联性（决定了法律在文化意义上的完整性）"所决定的。我们更为迫切地需要的是价值理性，通过刑法实现公正、平等和自由，从而培养公众的法规范忠诚感、信赖感。蕴含有价值理性内容的公众对法律能够合理解决一切问题的自信心，需要我们以点点滴滴的法律实践活动去培养。

那么，在刑法领域，确立公众的法信赖感、规范忠诚意识，从而减少犯罪，也就是至关重要的问题。我已经涉及的相关内容是：通过确保规范有效性和同一性来培养公众的法忠诚意识和法信赖感，这在当前中国是要特别加以强调的。在没有宗教信仰、没有自然法传统的前提下培植公众的法律信仰，是一项十分重要的工作。只有通过点点滴滴的刑事法实践，才会使民众对刑法有一种认同感，将其视作与自己的生活利益和日常生活场景有关的东西，而不是简单地将其视为纯粹威吓、杀戮的工具。

但是，必须承认，过去的刑法学在这方面做得很不够。这主要是因为中国有数千年刑法至尊、重法威慑的传统，人们普遍对刑法有一种"又爱又恨"的复杂情愫，当然更多的时候对其有抵触情绪，规范认同、规范信赖都无从谈起，刑法学在这方面的研究、引导都做得很不够，学者们重视的是法条注释和梳理。所以，从法律理性的角度看，在刑法领域一直是徒有工具理性而无价值理性。而且，比较严重的倾向是，在一部成文刑法制定之后，学者们任意批评立法的态度表现得比较充分，这对刑法规范认同感的形成有很大的弊害。

我今天的研究，就是要通过对规范的意义和价值的证实来重塑公众的刑法认同感、信赖感和忠诚意识。就犯罪论而言，我认为，刑法是对被犯罪所侵害的、

合法的秩序状态的回复。

为此,必须要先有侵害事实的存在(侵害原理),而侵害不只是法益侵害,更是对规范有效性的侵害,所以,应当坚持犯罪的本质是规范违反和法益侵害说并存的观点,肯定犯罪是违反规范进而侵害法益的行为,以此为基础建构系统的刑法理论。

在惩罚理论方面,我的考虑是:要回复被犯罪所侵害的秩序,进行惩罚时必须充分利用统治术、针对人心实施诱导和制裁,来使人们认识规范的合法性和合道德性,证实规范的有效性。

贯穿全书的基本线索,总体上讲就是:(1)罪犯从社会对策的角度看,是一个危险的个人;从刑事实体法的角度看,还是社会需要或刻意制造的规范意识主体。(2)犯罪是罪犯阐释自己对世界的主张的极端方式,是对某一特定社会当时正常的运作机制、公众生活状态的否定,意味着罪犯的法忠诚感的失落。国家必须肯定"反规范"行为的不值一提。(3)惩罚与犯罪的关系应当被理解为某种重新阐释世界的主张:对行为规范加以破坏、动摇公众对规范的认同感的行为是无价值的,对犯罪施加刑罚权的操纵则是有意义和有效果的。

我的研究尽量从较为广阔的社会背景和知识背景上考察问题,采用的主要是法哲学而非刑法学的研究方法,我仔细分析了人在规范中的地位、规范与社会中的关系、规范在惩罚社会中的作用以及它被架空的危险性等。我的许多思考从哲学的角度看,深受叔本华、黑格尔、福柯思想的影响;而从刑法学的角度看,则受行为规范论的影响较深。我试图在上述思想之间实现一种沟通。同时,我特别注意考虑各种相关命题在中国展开的意义及其面临的困难。

我的这些研究当然谈不上成功,但是我的确考虑了中国刑法学领域一些他人尚未言及的问题。按照亚里士多德的说法,"我们所考虑的只是我们力所能及的事情。这些事情于我们并非永远如此。所考虑的并不是目的,而是达到目的的手段。所有的考虑都是寻求。分析的终点就是生成的始点。所以,考虑就是对自身行为的考虑,考虑不是对个别事物,这是感觉的事情。选择就是我们经过考虑,

力所能及的期求"①。

我认为，对刑法学做类似研究的意义在于：

一方面，中国从来不缺乏从实质角度看待问题的思路：我们耳熟能详的辩证唯物主义口号是"透过现象看本质"；在刑法学通说那里，犯罪的本质是社会危害性，认定犯罪应当以行为是否具备社会危害性为最终标准等命题，都成了广为人知的"宣言"。如果强调行为无价值二元论，强调规范的意义，强调在对犯罪的法益侵害性作实质评价时依据行为规范加以制约，强调通过规范去逐步探求犯罪实质危害性的存在而不是先对行为进行实质定性再判断规范违反性，是十分必要的。只有高扬"规范主义"的旗帜，在当前中国，罪刑法定原则的贯彻、人权保障机制的建构等目标才能有希望实现。

另一方面，今天的中国刑法学希望以刑法学旧派理论为出发点，而旧派理论的最大特征就是试图割裂刑法与社会之间的互动关系，保持刑法的"纯化"，这是这一派学说的最大危险。在这一点上，今天的很多刑法学理论仍然犯着同样的错误。行为无价值二元论的研究则是为了尽量避免这种危险。

---

① 亚里士多德．尼各马科伦理学．苗力田，译．北京：中国社会科学出版社，1990：46.

第一编

主体的转向

第一章 "刑法人"的概念

犯罪是人的行为，这是无论哪一派刑法理论都不会否认的。但是，刑法应当立足于人的行为施加惩罚，还是要警惕和制裁实施犯罪的人，历来有争议。在这里，我们可以看到，"人"已经受到了刑法学一定程度的关注。"所有刑法的归责和处遇问题，完全决定于刑法体系如何看待人。"① 不过，以往刑法理论对"人"的知识的讨论是远远不够的，将刑法中人的观念问题简单地以犯罪主体概念替代更会忽略很多相当复杂的问题。刑法哲学理论首要的任务是对作为刑罚主体的人作出更为细致和充分的探讨。

刑法中"人"的观念，近代以来有一个漫长的发展过程，通过对这个过程的考察，我们可以看到刑法观念在许多重大问题上的转向。

在刑法学知识传统中，首先登场的是在理性和自由的宏大背景辉映下，被抹去具体脸孔而加以抽象化、模糊化的抽象人。这是一种由古典刑法理论所假定，无论是意大利的贝卡利亚、英国的边沁还是德国的费尔巴哈、康德、黑格尔都承认的大写的"刑法人"，他们与19世纪中后期出现的、由刑事实证学派所倡导的"犯罪人"观念大异其趣。

---

① 许玉秀. 当代刑法思潮. 北京：中国民主法制出版社，2005：8.

6."刑法人"的思想史地位

如果将刑法学研究作为一种"文化态度"的表达，就必然会承认刑法人的存在及其意义。古典刑法理论的刑法人观念认为，刑法中所谈论的人，都是能够鉴别善恶、可以弃恶从善、有自由意志和自我规律能力的社会一般人。

6-1 一个核心概念：意志自由

讨论刑法中关于人的知识构造，无法迈过的第一道门槛就是对意志自由的表态问题。所谓的意志自由问题已经是老生常谈，对这个毁誉参半的概念，哲学、伦理学和法学的态度大致相同：又爱又恨。

在中国刑法学中，相对意志自由的观点广有市场，即认为人有着相对的意思决定自由，他既可以选择适法行为，也可以选择犯罪行为，在行为人有着这种选择自由的时候，他没有形成反对动机，竟然去选择犯罪行为，说明其已经将公认的社会价值标准置于脑后，公然与社会为敌，此时，对其给予刑法上的否定性评价就是正当的。[①]

以往关于意志自由的哲学、伦理学、法学的讨论，尤其是中国刑法学中的"相对自由意志"论调是难以令人满意的。它们都没有很好地理解"人"，有的试图绕开问题的关键处，有的甚至是在贬低人本身。所以，要讨论抽象人的意志自由问题，必须返回到遥远的过去。

对意志自由的重视坚守了长久以来的哲学传统，自德谟克利特、柏拉图、亚里士多德以来的古代哲学，中经奥古斯丁、阿奎那的中世纪哲学，和在今天广有影响的以笛卡尔、霍布斯、洛克、斯宾诺莎为代表的近代哲学，以及绵延至今的

---

① 陈兴良.刑法的人性基础.北京：中国方正出版社，1999：267.

第一章 "刑法人"的概念

格林、詹姆士的现代哲学中，都深深嵌入一个挥之不去的意志自由命题。① 其中，特别值得我们重视的是康德和黑格尔关于意志自由的哲学立场。

"康德相信，每一个人，只要没有彻底变成野人，就都具有能够进行认真的思考和判断的发达的道德意识。"② 康德认为，人生活在遵循自然因果律的感性现象世界中，也同时存在于遵循自由因果律的理性世界（超感性的本体世界）中，使得其成为理性的动物，可以完全独立于一切感性条件之外，从而具有自由意志。因此，作为理性的实践能力的意志就成了康德理论的一个出发点。

> 康德对我们说，在人可以理解的本性中，通过抉择，能够摆脱这种外来的决定，自我建立为自由主体，拒绝感情，其意愿仅仅是实现道德法则，也就是说普遍性。这样，作为感情的人就可以要求意志。他可以要求成为普遍性的承担者。他可以要求……成为立法者和臣民，其统治的目标由意志自律赋予其可能性。他同样也可以接受外来的决定。③

康德把自由意志引进伦理学和哲学，一个重要用意在于阐明行为人的道德责任。康德一贯主张，一个有理性的存在者的意志，只有在他受自由的观念支配而行动时，才能是他自己的意志，因而在实践的范围内，必须把这个观念归之于一切有理性的存在者。换言之，作为理性存在者的人，有意志自由，能够为自己立法并执行，即具有意志自律性，那么，他就应当对自己的行为负责。

康德不仅接受了意志自由概念，而且深化了它的内涵。他提出了更深层次的

---

① 正是由于其将自由意志作为核心概念加以论证，刑事古典学派对刑法中"人"的讨论并未割裂其与以前历史阶段的相关观念的渊源，这种注重学术薪火相传的传统招致了后来的刑事实证学派的攻击。菲利对此就曾指出，如果仔细考察贝卡利亚的思想对于中世纪刑事司法的重大改革，就会发现这一伟大的古典派的改革步伐甚小，因为其刑事司法的理论和实践基础仍然停留在中世纪和古代的个人道德责任的观念之上。对于贝卡利亚等开创者来说，这一观念只不过是罗马法汇编中第47篇和第48篇的规定，即犯罪者应当受到惩罚的程度，视其犯罪行为的道德过失程度而定（菲利.实证派犯罪学.郭建安，译.北京：中国政法大学出版社，1987：10.）。这种批评自然有一定道理。

② 弗里德曼·盖尔.康德的世界.黄文前，等译.北京：中央编译出版社，2012：235.

③ 弗朗索瓦·夏特莱.理性史——与埃米尔·诺埃尔的谈话.冀可平，钱翰，译.北京：北京大学出版社，2000：131.

问题：在西方伦理学说史上，人们都相信人有趋善避恶的意志，那么，意志的自由选择为何具有趋善避恶的倾向？回答只能是：因为自由的意志是以善良自身为目的的。善良意志是绝对自由的，因为它以自身为目的，摆脱了一切经验因素，包括社会的约束力、自然情感以及个人好恶等方面的约束。①

与此同时，康德又从反面指出：如果不根据意志自由论而只按意志决定论的观点，人的意志受同样必然的因果规律的制约，便可以得出一切道德法律等等都无意义的结论。因为责备一件不道德的行为就等于责备一块石头为何落地伤人一样。康德认为，如果是这样，那任何犯罪的人都可以用他的行为是受因果律支配，即他的行为有客观原因来为自己辩护。一切不道德或犯罪都是由环境、条件、个性、习惯所必然决定的，自己并无责任，那么一切刑罚责难便没有必要存在了。这就是说，只有承认意志自由，道德才是有意义的。道德就是自由的表现；否则，道德就没有意义。如果一个人的行动完全受必然性的控制，没有自由，他就无法表现出道德性，自然就无法对自己的行为负道德责任。所以，自由概念是理解意志自律的关键。

康德还循此对自由的两种含义作了界定：自由的否定含义是，因摆脱了经验的约束而自由；自由的肯定含义是，为了自身而自由。自由的、善良的意志以自身为目的，就要以摆脱了一切经验因素的理性规则为指导。服从规则与自由不是矛盾的，因为善良意志所服从的是运用自身的力量、为了自身的目的而制定的规则，这样的规则就是自律。善良意志为自己立法，自己守法，这就是道德自律。康德认为，一切有理性的人的意志都是自由的，它不受感性世界因果性的支配，而是有意志地决定自己遵守自己所规定的规律。因此，理性必须认为它自己是建立它行为的原则者，并且以为它完全不受任何外力的操纵，所以，理性，无论是实践理性，还是有理性者的意志，一定要以为它自己是自由的。康德认为，纯粹理性为自然立法，这是自然的必然；实践理性给自己的道德行为立法，就是人的自由。所以，自由是实践理性体系的整个建筑的拱心石，是其他一切道德概念的

---

① 赵敦华. 西方哲学简史. 北京：北京大学出版社，2001：280.

第一章 "刑法人"的概念

根据，立足于自由的人的行为有意志过程和效应过程。由于行为效应过程（行为产生结果和起作用的过程）已经进入了自然因果律决定的范围，没有普遍必然的性质，所以无法进行有效把握。唯一能接受评价的，就是行为的动机。因为动机是受人的意志支配的，意志过程就是决定作出某一行为的动机（选择）过程。当人按照自己为自己规定的原则而行动时，他的意志过程就符合了道德自律性和意志自由的要求。所以，康德指出："意志的选择按普通法则和大家的外在自由，在形式上是协调的。"①

这样，康德就将人放到了一个事先设计好的、抽象的范畴内，并将人从通过社会过程日常行为的实施与接受来加以考验的真实个人的领域中解放出来。如此一来，"理想类型"的人的概念在康德的知识视野中呼之欲出。按照康德前述的观点，社会一般人具有自由意志，基于这种自由其应当服从规则。犯罪人作为社会成员之一份子，自然也具有选择、决定的自由，当其违反规则，构成犯罪时，与社会一般人在意志上具有抽象的一致性。

黑格尔在意志自由问题上既继承了康德学说中关于自由是理性的自身决定的观点，又有所创新，即将（意志的）自由与必然真正统一起来。在必然和自由的关系问题上，黑格尔反对把必然与自由绝对对立起来，认为自由和必然是对立的统一，如果把两者分开，就会失去它们的真实性。"这种不包含必然性的自由……只是一些抽象而不真实的观点。自由本质上是具体的，它永远自己决定自己，因此同时又是必然的。"② 自由以必然为前提，必然性可以转化为自由，当人们认识了必然性，他们就有了自由。一个人自己意识到他的行为内容的必然性和义务性，他不但不感到妨害了他的自由，相反地，正是由于认识到这种必然性和义务性，他才得到了真正的内容充实的自由。

按照黑格尔的说法，一个罪犯受到处罚，他可以认为他所受的惩罚限制了他的自由，但事实上，对其施加的惩罚并不是一种外在的异己的暴力，而只是他自

---

① 康德. 法的形而上学原理——权利的科学. 沈叔平, 译. 北京：商务印书馆, 1997：56.
② 黑格尔. 小逻辑. 贺麟, 译. 北京：商务印书馆, 1980：105.

己行为自身的表现。只要他认识到这点,他就会把自己当作自由人去看待。每一个人都是他自身的命运主宰者,即使是犯罪人,也不要把自己的遭遇归咎于别人,归咎于环境的不利,即一个人要承认自己所遭遇的一切都是他自身演变出来的结果,应由他自己负担自己的罪恶,并相信他所遭到的一切并没有冤枉,这样他就会挺身做一个自由的人。"只要一个人能意识到他的自由性,则他所遭遇的不幸将不会扰乱他灵魂的和谐与心情的平安。"①

在《法哲学原理》中,黑格尔则指出:"法的基地一般说来是精神的东西,它的确定的地位和出发点是意志。意志是自由的,所以自由就构成法的实体和规定性。"②黑格尔认为意志和自由两者是紧密联系、须臾不可分离的东西。自由是意志的根本规定,正如重量是物体的根本规定一样。自由的东西就是意志。有意志而没有自由,只是一句空话;同时,自由只有作为意志,作为主体,才是现实的。

黑格尔把自由意志的发展划分为三个阶段:(1)直接的抽象阶段。这个阶段上的自由意志概念是直接的、抽象的人格。它的定在就是直接的、外在的事物,属于抽象法或牵制法。(2)主观意志的内在法阶段。这个阶段的意志从外部定在出发,经过对自身的反思(即"用思想的关系规定真理"),被规定为普遍物对立的主观单一性。这个"普遍物"作为内在的东西就是善,作为外在的东西就是现存世界。这是理念的两个方面,这两个方面互为中介。这是在它的分裂中或在它的特殊实存中的理念,这里就有了主观意志的法,以与世界法和理念的法相对峙。自由意志在内心中实现,就是道德。(3)前两个环节的统一和真理。在这个阶段,善的理念在反思着的意志和外部世界中获得了实现。自由不仅作为主观意志而且也作为现实性和必然性而实存,即自由意志既通过外物,又通过内心,得到充分的现实性,这就是伦理。

黑格尔还对犯罪和自由意志之间的关联性做了进一步说明。他指出,真正的

---

① 黑格尔. 小逻辑. 贺麟,译. 北京:商务印书馆,1980:310.
② 黑格尔. 法哲学原理. 范扬,等译. 北京:商务印书馆,1995:10.

不法是犯罪行为，而只有主观的道德意志的表现才是真正的行为，由于犯罪人存在自由意志，对他的惩罚也才符合理性的要求，因为犯人自己的意志都要求对自己先前在自由意志支配下所实施的侵害应予扬弃。"刑罚既包含着犯人自己的法，所以处罚他，正是尊敬他是理性的存在。"① 换言之，在处罚犯人的过程中，同时也唤醒了他自己原来的意志和自由。

结合以上分析，我们不难发现，在康德和黑格尔的经典文献中，具有自由意志的理性刑法人的影子无处不在。② 在他们的著作中，可能使用了我们今天耳熟能详的"罪犯"这一字眼，但是，他们所讲的罪犯，他们关于刑法中人的知识构造的说明，都与后来的刑法学新派理论对罪犯所作的界定有着天壤之别。在这个意义上，我们可以说，真正意义上的罪犯这个词，实际上是晚近才诞生的，并无源远流长的历史。

因此，18 至 19 世纪中期大约 150 年间大行其道的刑事古典学派对刑法中的"人"的认识是：实施犯罪行为的人在本质上是有意志自由的，都能根据自己的意愿作出选择，由于个人意愿和外部条件的不同，人们既有可能选择犯罪行为，也有可能选择适法行为，犯罪人就是基于自己的自由意志选择了危害行为的人。既然犯罪行为是个人自由选择的结果，表现了犯罪人的内在意志，他应当承担刑事责任恰好是因为其基于这种意思自由而选择了犯罪行为。对于基于自由意志实施的客观违法行为，能够进行非难，追究道义上的责任。③ 所以，出现在刑法学视域中的这种"人"，是千人一面的理性人。用一个形象的比喻来说，刑事古典学派对人的认识是：将刑法中的人看作是穿上设计师以公共利益为准则、以理性意志为尺度仔细挑选、精心设计的"新衣"的人。

刑事古典学派将个人形象虚化，突现其法律意义上的外形，而忽略其血肉和灵魂的做法，直接导致的是个人在司法场域中的"缺席"，也使得刑事古典学派的理论体系过于宏大而容易出现漏洞，成为后来的实证学派任意攻击的目标。

---

① 黑格尔. 法哲学原理. 范扬, 等译. 北京：商务印书馆, 1995：103.
② 对此的详尽分析, 请参见陈兴良. 刑法的人性基础. 北京：中国方正出版社, 1999：30.
③ 平野龙一. 刑法总论 I. 东京：有斐阁, 1972：3.

6-2 "刑法人"概念的意蕴

在刑事古典学派的理论中，披上自由意志这层外衣的"刑法人"的概念并不是十分明晰的，而是一个深藏于犯罪行为、刑罚处置这双重结构中的若隐若现的形象。

应当说，古典刑法理论关于人的知识是极其简略化的，在今天看来，它们甚至是刑法理论中可有可无的一环。因为刑法学的全部要素只涉及违法行为和刑罚，行为人只是一个苍白的四处游弋的幽灵，其在司法进程中存在的唯一功效是对法官的判断作出一些调整，而对定罪和量刑并无实质性的影响。换言之，在刑事古典学派看来，在司法官员头脑中，有无"人"的观念，并不是最为关键的问题，并不会妨碍其对犯罪和刑罚的确定。法官眼中的"罪犯"，正如后来菲利所批评的那样，只不过是一种可以在其背上贴上一个刑法条文的活标本。① 如果说刑事古典学派的基本理论脉络中还残存着一缕关于刑法人的观念的线索，那么，这个刑法人也是与自由意志完全可以置换的同义语。因为在刑事古典学派看来，犯罪行为是由自由意志支配的动作，是基于因果关系作用于外界引起结果的动作。行为人的意思，不管是已经认识到行为违法性的故意，还是应该认识到而且可以认识到行为违法性的过失，都是决意实行违法行为的意思。所以，行为人对于错误的意思也应承担责任。没有意志自由也就没有责任，而错误的意思决定也是受自由支配的，因此，这种责任就是法律的责任和道义的责任。基于这种责任再确定犯罪人的应得惩罚量。换言之，刑事古典学派关于刑法学的全部逻辑构成就是：自由意志决定人的行为，刑法中的人根据这种行为承担伦理责任，从而接受惩罚。意志自由由此成了刑事古典学派理论体系中的基石范畴。刑法中的人自然就是由自由意志武装起来的，会根据具体事态作出"反射性举动"的抽象人。所以，自由意志理论是与刑法中的（抽象）行为人始终勾连在一起的重大命题。

所以，我们看到，在刑事古典学派的理论构造中，刑法学的全部内容就是犯罪的判断和惩罚方式的确定，"具体人"的形象可以不予描绘。这种对刑法人的知识态度

---

① 菲利．实证派犯罪学．郭建安，译．北京：中国政法大学出版社，1987：2．

的出现绝不是偶然的，而是与刑事古典学派对刑罚正义和秩序的追求相契合的。

一方面，对市民社会秩序的维持、社会契约的尊重都要求确立评价一般性和抽象化行为的机制，区别对待、因人而异的违法行为救济方略被人嗤之以鼻。费尔巴哈就特别强调，只有通过为保障每个人在关涉他人时的各种自由权实施的个体意志和权力的联合，市民社会才得以建立。市民社会通过一般意志和宪法的服从而得以组织起来：这就是国家的含义。国家的目的在于维持一种法治状态，也就是说，维持人们依照法律而和平共处的状态。所以，促进法律的通行，确认一个人的义务以及所有人对构成市民社会之基础的契约的尊重，是古典刑法理论中"刑法人"观念得以确立的一大保证。

另一方面，对恣意的王权和繁杂的"司法权"设定限制，要求确立一般化的行为评价机制。在古典刑法理论大行其道的时期，由君主、警察、议会和其他行政性机构针对特殊群体的特殊行为签发的特殊命令和法令逐步消失，大规模法典编纂活动次第展开，与这一过程相匹配，刑事古典学派的代表人物普遍赞成：对（抽象刑法人）客观上的行为及其实害作出判断成为刑法学的全部内容。人们关心的是在法治的原则下，制约司法恣意的可能性及其前景。所以，刑法学家们正是考虑到罪、刑的双重结构及其运作是整个刑罚正义得以实现的基础，才不厌其烦地讨论罪刑法定的意义和实现途径。而在罪刑法定原则这一经典表述中，只有行为和刑罚是值得反复考虑的，这就决定了在刑事古典学派的理论视野中，罪犯的形象是退隐于幕后的。人们关心的是客观化的行为及其后果，以及制造这一事件的人在事实上所可能受到的"法律上"的惩罚。至于这个人为何要制造这起犯罪灾难，实施行为者有无特殊经历、文化背景、气质、性格等，无须考虑。这就直接导致了个人形象的"缺席"。在这个意义上，我们似乎可以说刑事古典学派关于人的知识体系在整体上是"目中无人"的。

7. "刑法人"观念的理论背景

古典刑法理论为什么会忽略有血有肉的个体？要回答这个问题，必须进一步

分析刑事古典学派理论中抽象人观念得以产生的知识论背景。

在罗马法上,"人"即具有抽象性品格,这是通过对主体及其权利的界定来实现的。在罗马法中,关于人的概念有三个:Homo、Caput、Persona。Homo即是指生物学意义上的人(当然也包括奴隶)。Caput 原意是指头颅或书籍的一部分,在法律上主要用于指家父。Persona 原指演员所戴的表示不同角色的假面具,无论谁戴上特定角色的面具,它都象征着角色。

学者指出:

> 根据拉丁语词源学家们的解释,"persona"来自"per/sonare",即行为者的声音是通过(per)面具传出的,面具是事后发明出来的……"persona"一词意指人创造出来的"人物",喜剧与悲剧、奸诈与虚伪的面具与角色不同(不同于"我"),它一直未变。①

可见,Persona 一词原本就是抽象的、象征的、隐喻的,意味着一种法律人格。"人格(权利能力)"被表述为 personality,它包括婚姻资格及交易资格,对应于家庭权利或财产权利。② 在罗马法中,没有上述权利的人则不是法律上的人。正是通过对不同身份的人的权利资格的界定,罗马法在人类法律发达史上第一次构建了"法律人",第一次使法律上的"人"与生活中的"人"泾渭分明。在法律上,"人"成为一个符号,除了一张法律人格面具外,里面什么也没有,"人"丰富多彩的属性几乎被法律掏空了。黑格尔的若干研究也证实了这一点。

在《历史哲学》一书中,黑格尔指出:在一种学术传统中,关于人的抽象性为何会存在?他通过考察历史来对此加以说明。罗马国家很早就为一种抽象的、普遍的目的而经营,在那里个人已经消灭,个人可以说已经混合在人的抽象观念里,只能够在普遍的目的下实现他自己的目的。国家开始有了一种抽象的存在,个人必须牺牲自己来为这个抽象的、普遍的目的服务。

---

① 马塞尔·毛斯.社会学与人类学.佘碧平,译.上海:上海译文出版社,2003:287,290.
② 彼德罗·彭梵得.罗马法教科书.黄风,译.北京:中国政法大学出版社,1992:29.

第一章 "刑法人"的概念

历史的兴趣和个人脱离关系,但是个人自己却得到了抽象的、正式的"普遍性"。"普遍"克服了个人,各个人必须把他们自己的利益归并在"普遍"之中……在这一种"普遍性"里,它们的具体的形式是被磨灭了,它们成为群众,而被归并在群众的"普遍性"之内成为融合无间的一体。①

罗马国家"抽象人"理念在后来的社会环境和学术传统中都得到了一定程度的继承:一方面,人们把国家的目的作为抽象的普遍的原则;另一方面,个人被抽象化地看待。

按照刑事古典学派的制度设计,在18世纪末期的法律、社会背景下,由于存在明确、可把握、易理解、轻缓化的成文刑法,它载明了抽象的犯罪构成要件,任何人都可以对刑法的可预测机制持有合理的期待,对非法行为的法律后果了然于胸,从而自由地选择适法行为。所以,在刑法客观主义视野中,此时的"刑法人"应当是自由的、享有人权的,可以按照法治理念安排有秩序的生活。这就说明"刑法人"的观念是极其重要的,因为人们可以循此思路进一步考察人所实施的抽象行为的意义。然而,要将上述抽象性理论贯彻到底,要求公众以及刑事法官按照这种理论化的设计行事,肯定会遇到预想不到的困难,对此,刑事古典学派也十分清楚。

那么,刑事古典学派凭什么对自己的理论框架抱有信心呢?那就是,他们深信,在一个具有高度抽象性的社会中,理想化方案本身富有意义。刑事古典学派并非没有看到抽象性方法之弊,他们期待的是在一个不太"恶"的社会环境中理论抽象化对以往观念的冲击力和对法治立场建构的推动力。

我们可以十分清楚地看到,从知识论上分析,刑事古典学派将人抽象化的方法更多地与社会理论意义上的"抽象社会"问题有关。② 该理论认为,社会是由拥挤不堪但互不熟悉的个人组成的,它是一个被冷眼旁观的场景,也是一个物化

---

① 黑格尔.历史哲学.王造时,译.上海:上海书店出版社,1999:114.
② 关于抽象社会理论与刑法客观主义"刑法人"观念之间关联性的详尽分析,请参见周光权.抽象性问题及其意义——对刑法领域法治立场的初步考察.中国社会科学,2001(2).

的世界，更是一个一般化的抽象物，具有观念性和非人格化的特征。抽象社会理论给予刑法客观主义的启示是极其深远的，最为重要的一点是：抽象社会中主体及其所实施的犯罪，自然具有一种抽象性特征。在刑事古典学派看来，作为犯罪主体的人必须是作为规范性思考对象的一般人，社会中抽象的社会平均人正是这种意义上的相对自由的主体。因此，在成为负担作为对犯罪行为进行法律非难的责任的主体的同时，也成为包含着改善要素、赎罪要素的刑罚的主体。

对刑事古典学派所把握的这种抽象社会中抽象人的观念，学者多有评述。社会学者认为，在理性主义占上风的阶段，"将传统视为虚假外衣剥去之后，人必然是被还原为一种抽象的、原初的'人本身'——人类的原型。于是，人与人之间只剩下了一个共同点：依据自身无限能力而行动、自我塑造和自我完善"①。

那么，如何看待抽象社会中发生的犯罪呢？刑事古典学派思考问题的态度与社会理论对抽象社会的认知方式之间具有极其明显的师承关系。② 完全可以与抽象社会中的交易者和交易行为相类比的是犯罪本身就是在抽象社会中由人操纵的一项交易：这一交易的内容，一方面，是罪犯以犯罪这种代价向社会"购买"一定利益，即罪犯和社会做交易；另一方面，意味着一定时空环境下司法官员与犯罪人之间就犯罪行为这一"商品"的"质"（定性）与"量"（定量，即是否处刑及刑罚轻重）所展开的讨价还价，即罪犯和司法人员做交易。

在这一抽象市场中，要防止刑罚的过多或过少配置、避免交易中的机会主义行为，仅靠建立一种"熟悉"基础上的关系网络的人际信任关系显然是不够的。司法恣意的防止必须端赖合理的制度安排，必须广泛使用一种将各种"交易"中涉及的因素予以抽象化、普遍化、程式化的做法。对犯罪认定和刑罚确定的同质性既保证了抽象市场中"商品"的同质性，又保证了"交易行为"的同质性。③

---

① 齐格蒙·鲍曼.立法者与阐释者——论现代性、后现代性与知识分子.洪涛，译.上海：上海人民出版社，2000：90.
② 古典刑法学者如贝卡利亚、边沁、康德和黑格尔等所采用的研究方法本身就是抽象的哲学思考方法。
③ 周光权.法治视野中的刑法客观主义.2版.北京：法律出版社，2013：55.

第二章 危险个体

刑法学新派的研究,尤其是对"人"的观念的转变,标志着一个理论范式的转换。按照库恩的说法就是,虽然在自然科学的历史上经常可见在某一特殊现象的解释上并存着多个思想流派的情况,但是,质的变化有时也可能发生,并因此而导致某种"范式"的确立。范式就成了一些在某段时期内向一个职业共同体提供典型问题和典型解决方案的科学成果。

刑法学新派从一个非常独特的角度展示了自然科学的发展,从而为解释犯罪现象尤其是如何对待"犯罪人"的问题提供了一个模型。

8. 犯罪人概念的学科属性辨析

如果将刑法学研究作为一种社会当中"生活态度"的流露,刑法学就必然对具体行为人概念情有独钟。

刑事古典学派对犯罪的独特言说并未为惩罚犯罪和恢复社会秩序提供一剂良方,使得犯罪的祸患与现代文明的繁荣形成了惨痛对照。所以,19世纪中期以后,刑事实证学派对以往刑法秩序的"理性"提出了普遍质疑。刑法理论的人类学派和社会学派的话语围绕"罪犯"和"社会"这两个核心概念组织起来。依照

法律对犯罪进行惩罚、确保罪刑均衡性这些传统命题即使没有被消除，也退到了次重要的位置上。此时，一个新的主体即"罪犯"，进入了刑法学视野。

需要指出的是：以下我对作为异常而危险的个体——罪犯的探讨，按照传统的刑法/犯罪学学科界定方法，或者根据部分犯罪学者的标准，似乎都属于犯罪学的范畴。[①] 自然就会有人提出，我在这里已经跃过自己的研究领域而踏入了犯罪学的"专业槽"。

我的回答是，刑事一体化的存在或者是建构李斯特所说的"整体刑法学"在今天极有必要，过分强调刑事法内部各学科之间的对抗、否定它们沟通的可能性对于寻求对付犯罪的总体策略有阻碍作用。刑法学和犯罪学之间的不同点本身没有我们想象的那么大，今天更不能夸大这种差异，它们之间的"跨学科对话"完全是可能的，也是极有必要的。

撇开这一点不谈，对犯罪原因、犯罪人以及部分犯罪对策的探讨，固然可以视作犯罪学的专门领域。但是，对同一个问题，可以从不同的侧面加以研究，这是正常的现象。刑法学研究"人"尤其是犯罪人，与哲学、伦理学、文学、政治学同时关注"人"的归宿点是殊途而同归，自有其独特的价值。我们决不能说，某一学科研究了某一问题，其他的学科就不得和没有必要再作研究。出发点不同，得出的结论也可能会不同，从不同的方面探讨同一个问题，有助于形成更为深刻的认识，形成"求真意志"。对此，我国有不少学者也是赞成的。而且，这种对待罪犯的态度，与司法实践本身的规律是相符合的：罪犯个人的本性、经历、受教育程度、与社会协作的可能性、再犯罪的可能性等，都既可能影响定罪，又影响量刑。罪犯本人的异常性、危险性不同，国家对其所应采取的刑罚措施就不同，刑罚执行的具体方法也有所区别。所以，罪犯的情况与刑法上的待遇有着根本的关联。

尤其重要的一点是，刑法关注异常而危险的个人有其独特的价值。刑法并不

[①] 此外，也有观点认为，刑事实证学派是心理学的与社会学的实证论，严格地说，其不属于法学，因为它只探讨事实。而法学与应然、与规范有关，它并非自然科学。考夫曼. 法律哲学. 刘幸义，等译. 台北：五南图书出版公司，2000：14.

意味着单纯的威慑和镇压，它的运作还蕴含着这样一个命题：在刑法针对个人极其有效地发挥作用的同时，有必要使受到刑法"高压"的犯罪人以及其他社会公众有可能获得更多的自由。所以，从刑法学的视角出发，关注罪犯，实际上是通过对社会"边缘人"的观察来分析个人获取自由的途径和可能。

9. 犯罪人概念的思想史

为了使我们的研究有厚实的基础，在这里有必要先考察一下犯罪人概念在刑事法思想史上的境遇。

犯罪人（délinquant）是 19 世纪逐渐登台的新人物。犯罪人的概念揭示了人在没有犯罪之前就已经像犯这种罪的人。这种人是有难以遏制的欲望的人，犯罪的欲望总是与主体的缺陷、断裂、弱点和无能联系在一起的。法官的惩罚决定，实际上并不作用于如法律所规定的违法的司法主体，而是作用于这个按这种方式确定的性格特征的携带者。[①] 用李斯特的话来说就是："应当受到惩罚的不是行为，而是行为人。"

罪犯概念的出现是新的刑法理论的基本组成部分，按照福柯的说法，把人作为知识的对象乃 19 世纪的"发明"。不过，"罪犯"形象并不是突如其来的，而是有一个漫长的过程，它有自己错综复杂的史前背景，有自己的祖宗，而不是在法律的视野中突然冒出的形象。

犯罪人概念踏上刑事法思想的前沿是从批判意志自由概念开始的。菲利就坚决地反对自由意志概念。在他看来，自由意志是不可能存在的。对自由意志的幻想来自我们的内在意识，它的产生完全是由于我们不认识在作出决定时反映在我们心理上的各种动机和各种内部、外部的条件。[②]

菲利认为，意志自由论是不可靠的，因为各种物质现象都是事前存在的决定

---

① 米歇尔·福柯. 不正常的人. 钱翰, 译. 上海：上海人民出版社, 2003：18.
② 菲利. 实证派犯罪学. 郭建安, 译. 北京：中国政法大学出版社, 1987：15.

该现象的原因的必然结果,这就是因果关系规律。我们的大部分行为和心理都是由习惯所决定的,而不去考虑有利或不利的理由,也没有想象到所谓的意志自由。只要还未作出决定,我们始终不能预料到我们将如何决定,因为在我们所处的情形之下,出现的那种心理过程并不是我们的意识所能预料的。我们既然不知道原因,当然也不可能说出其结果。只有在我们作出某种决定之后,才能设想它属于我们的自动行为。但是在我们说不出其结果的一刹那还不知道其原因,这足以证明,自动行为并非仅仅取决于我们自己。因此可以说,在任何特定的时候,决定我们意志的都是内部和外部条件的力量,自由意志的观念在哲学上背离了因果关系规律。

而具有危险性的个人之所以走上犯罪的不归路,并不是他基于自由意志的自愿选择,而是遗传和其生活环境影响的结果,在这一点上,法庭中的"罪人"和医院里的"病人"并无二致,对此已经有大量的实证研究可以证实。也正由于此,我们在将犯罪的个人引入法律概念,从而确定责任程度和惩罚形式时,要对罪犯进行病理学、心理学和社会学的研究。由此,菲利得出了自己的结论:"犯罪人犯罪并非出于自愿;一个人要成为罪犯,就必须使自己永久地或暂时地置身于这样一种人的物质和精神状态,并生活在从内部和外部促使他走向犯罪的那种因果关系链条的环境中。"①

所以,菲利主张:犯罪是在许多内外因素交汇下形成的②,探讨这些引起犯罪的原因和犯罪人的特质才是有意义的。为此,刑法学必须以对事实进行具体灵活的研究代替抽象思辨的研究,从而推翻刑法学旧派的抽象人观念,彻底否定意志自由概念,充分考虑罪犯个人的危险性,将罪犯危险性视作社会用来测量其预防犯罪职能的标准。

---

① 菲利. 实证派犯罪学. 郭建安,译. 北京:中国政法大学出版社,1987:9.
② 在菲利看来,这些因素包括人类学的或个体本身的,物理的或地理的以及社会的。人类学因素包括:罪犯的年龄、性别、社会身份、职业、居住环境、社会阶级地位、所受培训和教育的程度以及生理与精神结构;物理因素包括:种族、气候、土地的肥沃程度与分布、日周期、季节、气象、年度气候状态;社会因素一般包括:人口的增减与迁徙,公众舆论,习俗与宗教,家庭状况,政治,金融与商业生活,工农业生产及其分布,社会安全、教育和福利的公共普及程度,刑民事立法。

由此，我们可以看到，罪犯的"危险性"是对"刑法人"中意志自由概念的彻底置换，刑法学中关于人的知识体系的话语系统已经被洗刷一新。

在否定意志自由这个概念之后，刑法学新派开始着手建立自己的犯罪人概念体系。

犯罪人的最初形象与法医学的历史有关，在18世纪出版的几卷本记录不同寻常的法律案例的丛书中，每一案例都伴有临床观察。大约一个世纪以后，身在刑事古典学派阵营的费尔巴哈在《异常刑事犯罪大观》（Darstellung Merkwurdige Kriminalrechtsfalle）中做了同样的工作。他们都用法庭文学的形式描述了犯罪人的先祖的特征——既非人种也非种族、既异于自然又与社会格格不入的一种怪物。在19世纪后半期，这个怪物变成了精神病人，从中世纪的动物寓言集中转到了精神病院。罪犯逐渐集中在精神病学家和法学家追踪发生于1820年法国的那些恐怖怪异的或没有犯罪动机的大案而写下的小册子中。后来，经过了一场类似于天使和魔鬼对垂死之人灵魂的抢夺那样的斗争，医生和法官最后达成了相互的理解：医生作为在精神病问题上的专家得到了信任，法官则可以从已经使司法机器面临瘫痪威胁的法律困境中脱身出来。由此，罪犯的形象有了根本的转变：从令人恐怖的形象变成了可以驾驭和驯服之物，变成了龙勃罗梭在杜林（Turin）的某套房间所建立的犯罪学博物馆中的一件展览品。①

所以，我们将看到，在罪犯形象形成的复杂机制中，龙勃罗梭早期的犯罪人理论只不过是用他的手术刀"勾勒"的这个过程整体中的一个部分而已。也就是从龙勃罗梭开始，西方学者真正踏上了重新发现罪犯的野性和兽性、挖掘罪犯生物性的漫长理论征程。

不过，要在理论上梳理出刑事古典学派关于"人是独立自主地按照自己的意志进行决断和选择的存在"的命题是如何被刑事实证学派彻底抛弃、人在刑法学当中是如何被一步步地不被当作"人"（而是动物）看待的学术理路，并不容易。

秉承一种科学主义的思路，对人类的体质特征进行仔细审查的工作在19世

---

① 福柯. 犯罪学：一种特殊知识的诞生. 劳东燕，译. 刑事法评论，2001，8：508.

纪得到了很好的开展，体质而非精神的特质，正越来越多地成为一大批研究动物和人的学者的主要研究对象。龙勃罗梭对罪犯的研究就是在这种背景下展开的。龙勃罗梭也对刑事古典学派的意志自由论予以彻底否定。他认为，在现实生活中，一个人根本没有意志自由可言，人的行为是受遗传、种族等先天因素所制约的，对于这些人来说，犯罪是必然的，是命中注定的。所以，犯罪就是同妊娠、出生、疾病、死亡没有区别的，可以运用生物学理论进行说明的现象。因此，龙勃罗梭从临床意义上对犯罪进行病理学研究，提出了"天生犯罪人"（born criminal）理论。

在龙勃罗梭眼中，犯罪人是出生在文明时代的野蛮人，它们的生物特征决定了其从出生之时起就具有原始野蛮人的心理和行为特征[1]，由这种人所实施的行为必然不符合文明社会中的传统、习惯和社会规范，必定构成犯罪。所以，犯罪人是一种自出生时起就具有犯罪性的人，其犯罪性是与生俱来的，是由他们的异常生物特征所决定的。这样，畸形罪犯的形象出现了，"这不是说自然的畸变本身就是犯罪，但是犯罪却反映某种东西，即自然的畸变，把它当作自己的根源，当作自己的原因，当作自己的借口，当作自己的背景"[2]。

龙勃罗梭对危险个体的持续研究，受到了菲利的称赞。菲利说：

> 龙勃罗梭"向我们揭示……不可救药的惯犯的特性特征，这些罪犯……因其遗传于祖先的不可移易的残暴性的生理结构而怙恶不悛；他们是耽溺于罪恶之中而不能自拔的罪犯……和不可能运用传统的纯精神感召的手段就能改造的罪犯"[3]。

菲利作为龙勃罗梭的学生，继承了龙氏实证主义的思考方法，他也不能免俗地"测量了罪犯的头颅"，并试图在此基础上打通龙氏与其他社会学家的思想。

---

[1] 关于犯罪人异常性的详尽探讨，请参见切萨雷·龙勃罗梭. 犯罪人论. 黄风, 译. 北京：中国法制出版社, 2000：3.
[2] 福柯. 不正常的人. 钱翰, 译. 上海：上海人民出版社, 2003：79.
[3] 布罗尼斯拉夫·马林洛夫斯基, 索尔斯坦·塞林. 犯罪：社会与文化. 许章润, 等译. 桂林：广西师范大学出版社, 2003：188.

第二章 危险个体

由于菲利的刑法理论是建立在猛烈抨击古典学派抽象人研究方法的基础上的，所以他认为，对犯罪不能仅采取规范分析的研究方式，只注意犯罪的名称、定义以及进行法律分析，而把罪犯在一定背景下形成的人格抛在一边。在刑事司法中，法官直接面临的问题是查明犯罪者在何种情况下、为何种原因犯罪，所以，像古典学派这样把罪犯视为抽象的、正常的人和法律上的符号的做法，抹杀了罪犯的人格。所以，有必要把他们看作是活生生的、具体的、有着特殊标记的人。

也正是在这个意义上，菲利无比自豪地说：我们和古典派刑法说的是两种语言。菲利明确指出，罪犯从自然意义上讲是一种野蛮人，从社会意义上讲是异常者。在此基础上，菲利将犯罪人分为五个类型：生来性或本能性犯罪人（the born or instinctive criminals）、精神病犯罪人（insane criminals）、激情性犯罪人（passional criminals）、偶然性犯罪人（the occasional criminals）、习惯性犯罪人（the habitual criminals）。[①] 而这种分类与龙勃罗梭的观点有着惊人的相似。

新派代表人物加罗法洛则反对龙勃罗梭和菲利对罪犯的分类，认为其没有科学基础，而且前后不一致、不严格，无法对立法者提供有实际意义的指导。他认为，罪犯缺乏社会上其他人所具有的情绪和某些厌恶感，所以是反常的，有一种"心理反常状态"的特征。因此，加氏在龙勃罗梭的"天生犯罪人"理论的基础上，运用实证和归纳方法，将犯罪区分为自然犯和法定犯，认为无道德异常便无自然犯罪，真正的罪犯在道德上都是低劣的，由此把罪犯分为谋杀犯、暴力犯、缺乏正直感的罪犯和色情犯等四类。[②]

综合起来看，新派对犯罪的描述允许在法律规定的犯罪之上叠加不是犯罪的其他一些东西，这是一系列行为和生活方式，它们表现为犯罪的原因、根源、动机和出发点。实际上，在司法实践中，它们甚至将构成可惩罚的实体和内容。

[①] 详细的分析，请参见布罗尼斯拉夫·马林洛夫斯基，索尔斯坦·塞林. 犯罪：社会与文化. 许章润，等译. 桂林：广西师范大学出版社，2003：192.

[②] 加罗法洛. 犯罪学. 耿伟，王新，译. 北京：中国大百科全书出版社，1996：72.

10. "危险个体"何以登场

刑事实证学派对抽象理性人的批评表明了一种在学术领域贯彻"历史进化论"的倾向,他们的真正意图在于通过学术上的标新立异来标明一种新的生活态度。

现代制裁体制自贝卡里亚以来最显著地赋予社会一种对个体的"主张权",仅仅是因为这些个体的所作所为。只有一个活动,一个为法律所界定为违法的活动,才可能导致制裁。

但是,由于这里日益突现的不仅是一个被当作该行动执行者的罪犯,而且还有作为诸多行动之潜在渊源的危险个体,社会也正是基于该个体在本性上(包括体格构成、性格构成、病理学变量),而非在法律上是什么而行使权力。18世纪的刑法改革家曾经梦想用刑法来完全平等地制裁由法律实现确定的违法行为,到今天,这样的设想已经很难实现。惩罚权适用和变化的基础已经不是犯罪人过去干了什么,而是以"你是谁"的方式向犯罪人设问。这是一种将在行为背后的行为人纳入考虑的问题,犯罪人和他的犯罪行为同时出现在刑事司法的舞台上。在运作层面上,法官越来越需要相信他们是把一个人当作他自身并依据他是什么来予以审理的。如果一个人除了他的罪行之外一无所有地来到法官面前,除了承认"这是我干的"之外一言不发,对自己的情况什么也不说,而且也并不像整个法庭所希望的那样向他们吐露某些诸如他自身的秘密,此时司法机器就停止了运转。而且,一方面,人们担心,基于特殊原因包庇真正罪犯的冒名替罪者的出现,使犯罪主体逍遥法外;另一方面,对罪犯的处罚需要查明动机,使惩罚获得道德上的证明和公众舆论的支持,形成司法系统在个案处理上的合法化。

刑事实证学派对刑事古典学派的批判,从批评抽象刑法人概念入手,试图以此来击垮对手,确立自己的学术领地。这种学术旨趣出现的原因在于以下诸方面。

10-1 社会现实

19世纪中期以后，欧洲各国犯罪剧增，犯罪浪潮高涨，累犯的数目也不断加大。这主要是由于随着产业革命产生的工业化的发展、人口向城市集中，大量的失业者和贫困者成为犯罪的庞大后备力量，同时刑法过分考虑抽象刑法人的存在，对个别化的危险个体缺乏有效的监控力量，刑法中罪刑均衡性的过分张扬也使刑法的效能下降。"19世纪西方人痛感自由意志敌不过万恶的社会"[①]，在这种情况下，需要一种更为奏效的刑法理论，所以，在此时实现惩罚的转向，在刑法学领域建立一种新的重新审查、观察"人"的机制，确立新的对待人的态度，就是十分必要的。

社会是一个复杂的存在体。刑法客观主义认为社会是"契约化"的，总体上具有和谐性、团结性，社会中的成员都是契约的达成者，他们同意契约条款并愿意接受契约的约束，多数人都是具有社会适应性的、奉公守法的"良民"，只有极少数试图从犯罪中获益的人会实施危害社会的行为。在刑法主观主义眼中，社会的景象完全不同：社会只是一个矛盾丛生、四分五裂、病入膏肓的存在物。在社会中，尔虞我诈、疾病蔓延等都是常态，所以，人人都是潜在的社会中的"危险个体"，体质的、文化的、生活环境的原因决定了不同的人有不同的危险性，社会必须张开一双疲惫的眼睛盯住每一个人，并把最危险的人从人群中挑拣出来，对其给予特殊"照顾"。在这样的社会背景下，刑法的真正目标就是辨别"真的犯罪者"，使其无害化，以此来防卫"神经末梢"本已十分脆弱的社会。[②]

新派用"心理不成熟""不健全的人格"等概括危险个体，目的是构建犯罪的个人特征。对犯罪的判断从行为过渡到品行，从犯罪过渡到生活方式，使生存方式仅仅作为犯罪而不是别的东西显现出来。这也揭示了刑事实证学派在"人"的问题上产生了一个根本性转折的真正原因。例如，菲利提出的一系列改良社

[①] 许章润.罪孽理念与罪刑关系//许章润.说法 活法 立法.北京：中国法制出版社，2000：167.
[②] 对此的更多分析，请参见波多野敏.19世纪法国犯罪学中的"社会".名古屋大学法政论集，2001，186（3）.

会、重新组织对付犯罪的策略，就是以具体危险者的存在为前提的。

菲利指出，罪犯的行为是人格与环境交互作用的结果，不是罪犯有意采取犯罪的举动，而是环境驱使他们如此作为。一个人要成为一个罪犯，就必须永久或者暂时地具有一种身体特性和道德状况，并生活在某种环境之下。一定的个人与一定的物质条件、宏观环境下的犯罪数目是相均衡的，不会多也不会少，这就是菲利"犯罪饱和论"的思路。犯罪与社会的关联性决定了犯罪问题只有通过社会变革的方法才能得到解决。这些社会策略有：实行迁徙自由，实行税制改革，改进公共事务，为堕落者提供工作，以硬币代替纸币以减少伪造，工人住宅降低价格，城市与农村住宅地区实行卫生规章，改良照明装置等。除了这些经济上的改革以外，菲利还提出了选举改革，规定神职人员可以结婚以减少杀婴、堕胎、通奸和凶杀犯罪，变革结婚与离婚法，对娼妓制度作明智规定等。而这些措施的采取，都是以各色各类的具体个人已经进入刑法学视野、值得加以特别重视为前提的，没有哪一项不是有的放矢、早有所虑的。

所以，历史地看，刑事司法领域实证主义观点崛起的基本原因，是阻止有利罪犯的极端个人主义，以便更为尊重占绝大多数的诚实人们的权利的需要。从实践层面看，实证学派包括以下主要研究：首先探讨犯罪的自然起源，进而分析其社会与法律后果，以便于通过社会与法律手段，提供最有效地针对犯罪原因的各种救治措施。

在今天的刑法学界，不折不扣地坚守龙勃罗梭立场的人或许不多了，但是他竭力将刑法与社会相勾连的设想被许多人继承着。我们不难看到，国家惩罚的目光始终注意的是那些已经实施犯罪的异常者和社会中特别危险的人，刑法的任务在于消除那些人走向犯罪的危险性，同时注意因材施教，通过一系列教育措施挽救他们，使之重新或者继续适应社会生活。而这些措施的贯彻，都是建立在仔细甄别、估计、考察、记录个人的基础上的。

10-2 科学实证主义的兴起

19世纪末期以来，西方社会的价值观念日益脱离思辨哲学转而推崇与科学技术进步相勾连的实证主义。而实证科学的终极目标是发展一种理论或者假说，

以便对于尚未被人观察到的现象作出有效的和有意义的预测。

实证主义的首倡者奥古斯特·孔德认为,社会现象无一例外地受机械规律的支配,人们必须借助于观察来发现和证实社会规律。所以,他不止一次地宣称:形而上学已经死去,科学把它杀死了。形而上学死于不治之症,因为只有科学才能理解它说的是什么。① 孔德社会学理论的核心是实证原则。"实证"一词在孔德看来应包含六种含义:(1)现实的与理想的对立;(2)有用的与无用的对立;(3)确实的与虚构的对立;(4)正确的与暧昧错误的对立;(5)建设的、肯定的与破坏的、否定的对立;(6)相对的与绝对的对立。孔德认为科学知识就应该是这种实证的知识,实证哲学就是要找到达到实证知识的原则。由此,孔德进一步提出了具体的实证原则:一是一切科学知识都必须建立在来自观察和实验的经验事实基础上;二是反对讨论经验之外的抽象本质问题;三是知识具有相对性。②

按照孔德的思路,刑事实证学派开始了漫长的借助于科学手段观察、分析人的探险历程,关于具体、危险个体的观念开始大行其道。也正是这个意义上,菲利才会说,实证学派和古典学派所说的是完全不同的两种语言:对实证学派来说,事实决定了一切,不从事实出发的推理是不可想象的,所以,试验、归纳的方法是开启一切知识殿堂的钥匙。但是,对古典学派来说,事实让位于诡辩,每一事实都是从逻辑推理和传统观点中推导出来的。

更为重要的是,这种具体人的观念有推而广之的势头,其影响力超过了我们的想象:随着假借科学技术之名的统治技术的发展,在现代社会里,以规范化为中心展开的规训具体个人的技术占据支配地位,并开始渗透到社会的每个细胞、每个角落。在福柯眼里,现代社会简直就是一个"规训社会""监禁社会",对付具体而危险的罪犯的措施被广泛地沿用,观察、监禁个人的机制被无限放大,学校、医院等组织都是类似于"监狱"的东西,甚至可以说就是一座监狱,整个社会成了一个大"监狱"。我们无时无刻不处于各种判断之中。

---

① 弗朗索瓦·夏特莱. 理性史——与埃米尔·诺埃尔的谈话. 冀可平, 钱翰, 译. 北京: 北京大学出版社, 2000: 136.
② 张传开等. 西方哲学通论: 下. 合肥: 安徽大学出版社, 2003: 3.

这张针对个人、引导个人、判断个人、惩罚个人的权力大网铺天盖地，没有人能够逃脱。在福柯意义上，已远远不是"系统对生活世界的殖民"的问题，而是所有的人都陷入的"考察、甄别个人"的权力怪圈中。

10-3 刑事实证学派的理论偏好

如果说在古典刑法理论中，犯罪属于一种心智的故障、表达的混乱，那么，新的刑法理论则将犯罪人视为社会有机体的排泄物，此种人既是尚未进化完全的残存物，也是社会组织产生的废品。与新的犯罪人类型相对应的是犯罪原因论问题。这一理论既解释了犯罪为何会出现，也说明了实施行为的"人"出现的原因。龙勃罗梭晚年在菲利等人的影响下，扩大了其犯罪原因体系，除先天因素（遗传）外，还引进了后天因素，分别讨论了自然因素即气温、社会因素如文明程度、人口过剩、新闻媒介、生活状况、酗酒、吸烟、教育、经济条件、宗教与家庭出生同犯罪以及罪犯的频仍出现之间的关联性。① 菲利也认为，犯罪人是由生理、自然和社会等原因共同造成的。②

初看起来，菲利与龙勃罗梭的犯罪原因论如出一辙，但是，它们之间有着重要的差异。在犯罪原因论中龙勃罗梭强调人类学原因，而菲利强调社会学原因，而且菲利将他的犯罪原因论与犯罪饱和论始终勾连在一起，认为罪犯在一定时期的出现有一定的动态规律性，是可以大致把握的，因为犯罪饱和论表明每一个社会都有其应有的犯罪，这些犯罪的产生是由自然及社会条件引起的，其质与量是与每一个社会的集体发展相适应的。

综合起来看，具体犯罪人这一标签的出现，与当时人们的思维方式有关。学者指出：19世纪以来的时代极具特殊性，从那时起，各种各样的标签在社会生活中急剧地繁殖、膨胀和蔓延开来，迅速地贴在每个人的身上，造就了各种各样的人。③ 借助于关于罪犯的分类图式进行思考的制度，本身就是一台能够制造标

---

① 龙勃罗梭. 犯罪人论. 黄风, 译. 北京：中国法制出版社, 2000：200.
② 菲利. 犯罪社会学. 郭建安, 译. 北京：中国政法大学出版社, 1990：41.
③ Hacking. Making up People. *Reconstructing Individualism*. Stanford University Press 1985. 转引自渠敬东. 缺席与断裂——有关失范的社会学研究. 上海：上海人民出版社, 1999：297.

第二章　危险个体

签并在各种标签之间建立特定联系的机器，它可以分门别类地将所有事物、个体和群体安排妥当，标出记号，并以此构成人们获得资格、确认归属和筹划行动的反思逻辑。

刑事实证学派挖掘犯罪人本性的理论宏旨与19世纪人们的"科学"观点有着内在一致性。刑事古典学派所秉承的西方人文传统认为，人的本质是精神方面的，其是道德科学研究的全部内容。19世纪以后，由于重新注意到了人的体质特征及其与历史上祖先的继承关系，加之人与动物界的关系已经越来越无法否认，人是一种动物的观点与其他非生物学思潮相结合①，导致了人们在此时对仍在流行的关于人类本质、历史和社会的权威话语系统产生了严重的、普遍的质疑。由此，利用实证方法（体质人类学、人类古生物学、考古学、解剖学）研究人类问题成为一种时尚，人们普遍认为人本身肯定会成为科学研究的一个适当对象，从而试图借助于科学去抓住"人"这个最高境界的创造物。

要指出的是，个体出现在刑法学视野中这一历史事件，决不能仅仅从社会学和刑事法学的角度进行考察，而必须将其放到社会的整体进程中去看待。就社会所意欲达到的目标而言，把一些人分离出来作为"罪犯"另眼相看是完全必要的，对罪犯的惩罚也绝不只是行使外在控制的手段，还是一种具体化和个体化（individualization）的过程。在现代社会中，日益自动化和功能化的机制，借由监视和规范等形式将那些饱受权力控制的人日益个体化了：在规范体系里，罪犯比遵守法律的人被更为强烈地个体化了。个性变成反常和失范的国度，而规范的"法官"却无处不在、到处巡查。在这个意义上，罪犯被看成了越轨者，他之所以犯罪，是因为他或者陷于恶劣的生存环境中或者习性、性格方面出现了缺陷，这就注定了他是社会要特别加以关注的人。

刑事领域抽象人具体化的现象和趋势，不仅表明民族国家的惩罚权力在

---

① 所以，庞德才说：19世纪后期对法律的人种学解释和生物学解释"受到了当时正在兴起的生物科学的影响，尤其是受到了达尔文理论的影响。我们可以毫不夸张地说，达尔文为那一代人创造了大量的语汇，提供了各种类比，而且还指明了道路"。罗科斯·庞德. 法律史解释. 邓正来，译. 北京：中国法制出版社，2002：106.

治理策略上已进行了重大调整，同时也是国家对个人组织化程度和控制程度的不断加强的必然结果。治理策略的变化是民族国家基于彻底驯化个人的需要，以使个人对民族国家保持应有的忠诚，完全认同民族国家的意识形态和生活方式。①

新派的罪犯观念的影响是深远的，从 19 世纪中期以后，中经 20 世纪一直到今天，刑法思维难以摆脱新派理论的幽灵。福柯特别指出，在 20 世纪 50 年代，法官在进行刑事判决前，总是要求精神病学家回答三个问题：(1) 实施危害行为的人自身是否危险？(2) 他是否可以接受刑事处罚？(3) 他是否可以医治或者重新适应社会？人们从确定责任的法律问题过渡到一个完全不同的问题，刑事惩罚所作用的东西，不是被认定负有责任的法律主体，而是与一种技术相关的要素，这种技术要把危险的人放在一边，为那些可以接受刑事惩罚的人负起责任，把他们治愈或者使他们适应社会。换一种说法，这是一种规范化技术，它从此将要负起犯人的责任。法律上有责任的个人被与规范化技术（technique de normalisation）相关的要素所取代，这个转变正是法律和其他技术例如医学、精神病鉴定学等相互作用的结果，是法律以外的技术在其他程序中最终建构起来的。②

所以，我们可以说，新派知识视野中的"危险个体"形象，不仅仅出现在 19 世纪中后期以后。在 20 世纪 30 年代末，美国学者胡顿（Earnest Albert Hooton，1887—1954）在《美国犯罪人：人类学研究》中公布成果，支持龙勃罗梭的天生犯罪人论，认为犯罪不仅和遗传有关，还与种族有关。胡顿是哈佛大学教授，他主持了长达 12 年的哈佛研究。该研究的样本取自美国 10 个州的监狱和感化院。样本数为 17 077 人，其中，3 203 人为市民，其余都是犯人。对样本进行测量的项目多达 107 个。研究结果表明，不同类型犯罪人之间存在明显的人类学差异；犯罪人与守法市民之间也存在差异。胡顿还认为犯罪与种族密切相关，黑人的犯罪率明显高于其他人种的犯罪率。因此，胡顿提出的犯罪对策是通

---

① 劳东燕.刑法基础的理论展开.北京：北京大学出版社，2008：346.
② 米歇尔·福柯.不正常的人.钱翰，译.上海：上海人民出版社，2003：24.

过控制遗传的方法来控制犯罪。① 在 20 世纪 50 年代以后，由于司法和专家鉴定尤其是精神病鉴定的结合，在刑法学视野中，仍然大量出现被特别关注的个人形象。

> 精神病学鉴定使惩罚的作用点从由法律确定的犯法转到从心理——道德角度衡量的犯罪性成为可能……我们从人们所说的惩罚的靶子，权力机制的作用点，即法定的惩罚，过渡到另一个对象领域，它属于一种知识，一种改造的技术，一个理性的和商议之后得出的强制权的整体……（精神病鉴定）这种角色的本质，就是在科学知识的形式中，使惩罚权力向犯法之外的东西上的扩展合法化。其本质，是它允许把司法权力的惩罚行为重新置入考虑周详的对个人进行改造的技术的总体汇编之中。②

不过，刑事实证学派依据个人本性进行惩罚的立场使刑法隐藏着很多危机，对此，福柯就表示了他的隐忧，"也许这显示了一个相当可怕的危险的征兆，这种危险内生于授权法律因某人是什么而予以干预；从中可能会浮现出一个令人极端恐惧的社会"③。所以，我们需要仔细地认识、评价人，需要一种更为全面和妥当的刑法机制。

---

① 吴宗宪. 西方犯罪学史. 北京：警官教育出版社，1997：293-305.
② 米歇尔·福柯. 不正常的人. 钱翰，译. 上海：上海人民出版社，2003：17-18.
③ 米歇尔·福柯. 法律精神病学中"危险个人"概念的演变. 苏力，译. 北大法律评论，1999（2）：494.

第三章　主体的分裂

刑事古典学派基于一种文化立场承认抽象刑法人，刑事实证学派则本着生活态度青睐于具体的"罪犯"概念。很多中国学者赞同的观点就是在文化立场与生活态度折中的基础上来理解刑法中的"人"。这样的观点原则上并没有错。但是，问题是如何才能实现这种统合；而且当这种折中无法实现时，主体的错位就是不能避免的。

传承久远的刑法实践传统充分表明：刑法的直接指向应当是实施危害社会行为的具体犯罪人。然而，刑法的规范目标却是不同的，它不是罪犯而是普通公众。刑法对主体的看法存在错位和断裂，对此必须加以揭示。

11. 个人的身体、灵魂与司法技术

社会要求任何人都要做到的，每一个人都不应当违反，而且事实是，绝大多数人都遵守着社会中的基本规范。不过，他们的合规范行为不会得到社会的特别表彰，因为这往往是社会对个人提出的起码要求。

由于许多人都有出于便利、贪图利益、报复等复杂动机违反各种规则的经历，而何人在何时会违反规则是难以估计的，所以，在社会看来，人人都需要被

监视和考察。但是,社会在绝大多数时候对许多"臣服"的人反而是不需要重点注意的,关注的目光要特别投向那些有独特秉性或者已经实施特定异常行为的人。

刑法思想史一般认为,新派理论反映社会实际需要,促使了立法和司法的前进。在犯罪论方面,新派理论采取了实证主义和社会学的立场,反对古典学派的自由意志论,认为犯罪行为主要由个人素质和社会环境决定,尤其是经济环境具有重大作用;犯罪行为本身没有特别重大的现实意义,不过是犯人反社会性格的征表。所以,最为重要的不是犯罪行为,而是其反社会的动机及其性格,因而,刑罚的对象是犯罪人,而不是行为本身。所以,自龙勃罗梭以来,人们开始反复拷问旧刑法秩序中"理性"成分的有无及其大小。刑事理论的实证学派的话语始终围绕"犯罪人"—"社会"的关系而展开。通过刑法来判定犯罪、确定惩罚的立场开始松动,并逐渐退到了次要的位置上,刑法本体论的重要性也有所降低,甚至于取消刑法的呼声也开始甚嚣尘上,经过一个比较漫长的历史演变之后,"犯罪人"这个新的主体、新的人种(种类)在不知不觉之中偷换了刑法理论中的"刑法人"概念。罪犯的犯罪行为不是因为看错了刑法上列举的"罪刑兑换表",而是其恶劣本性的集中体现。

与刑事古典学派只问犯罪性质的思路不同,在新派的视野中,出现了一个可以说是故意"提供"给司法机关的人物,一个无法融入世界的人,他喜爱混乱,做一些荒诞或奇怪的事情,憎恨道德,否认法则,并可能走向犯罪。因此,归根到底,被判刑的不是所涉谋杀案的实际同谋,而是这个无法融入社会,喜爱混乱,作出一些事情直至走向犯罪的人。实证学派要反复追问的是犯罪何以会发生、如何发生的、社会应当针对这种犯罪采取何种对策来防卫自身。换言之,刑事实证学派的犀利目光反复打量的就是罪犯及其环境而主要不是罪犯的犯罪行为。[①] 在菲利的学说中,罪犯在自然意义上讲是一种野蛮人,从社会意义上讲是异常者,完全可以被视为社会肌体的排泄物,他们既是尚未进化完全的残存物,

---

① 菲利. 实证派犯罪学. 郭建安,译. 北京:中国政法大学出版社,1987:15,23.

也是社会组织产生的废品。

个人成为刑法的规范对象，对个人的关注被逐步强化，在一定程度上也是因为社会的抽象性问题在具有现代性的社会中略有消解。黑格尔指出：一味抽象地看待人，要求他们抽象的遵守法律，"暗示法律下的人民还没有取得自制和自己组织，而这种服从法律的原则，不是由衷的和自动的，它的动机和支配力只是要任意地处置个人"①。或许黑格尔说得有些绝对，但是并非毫无道理。

在今天的刑法学理论（而不仅仅是刑法学新派的知识视野）中，关于"个人"重要性的观念被重构的具体步骤如下。

11-1 继续颠覆将犯罪与罪犯的精神领域相勾连的传统做法

个人肯定有一种激情和理性②，但是对之不能夸大。对人类将犯罪与精神领域中自由意志的关联过分夸大的幻象，维特根斯坦曾经委婉地指出："在我们的语言暗示有一个身体却并没有身体的地方，我们就会说，那儿有一个精神。"③

倾向于激进的思想家们认为，传统的自由意志概念在刑法领域没有效果。本来意义上的"犯罪"这种行为在人类社会的早期就有了，但是，认为当时实施行为的人具有意志自由是非常荒唐的。尼采指出：

> 历史总是需要首先发展到了人性的高级阶段，"人"这种动物才开始把那些非常原始的罪行区分为"故意的"、"疏忽地"、"意外的"、"应负刑事责任的"，并且开始在对立的立场上进行量刑。与此相应，意志自由——"那个现在变得如此的廉价，显得如此的自然，如此般必要的观念，那个解释了公正感的由来的观念，那个被迫承认"罪犯应当受到惩罚，因为他本来有其他的选择余地"的观念，它的的确确实很晚才出现的，是人的精练的辨别形式和决断形式；如果有谁把它挪到人类发展之初，他就是粗暴地曲解了古人

---

① 黑格尔．历史哲学．王造时，译．上海：上海书店出版社，1999：115.
② 具体的分析可参见齐格蒙•鲍曼．立法者与阐释者——论现代性、后现代性与知识分子．洪涛，译．上海：上海人民出版社，2000：71.
③ 维特根斯坦．哲学研究．李步楼，译．北京：商务印书馆，1996：27.

类的心理。①

按照尼采的主张，意志自由的观念只不过是我们今天强加到犯罪人身上的东西，惩罚作为一种回报，它的发展和有关意志自由的任何命题都毫无关系。虽然尼采有"语不惊人死不休"的秉性而菲利没有，但是这丝毫不妨碍他们在对待自由意志的问题上形成绝对相似的立场。

11-2　"从身体到灵魂"的运动及其刑法价值

在今天的刑法领域，之所以仍然要充分重视作为个人的罪犯的存在，是因为这是一项极其有意义的工作。

"犯罪"这个词的意义是通过对它在语言中的使用来体现的。当我们提到犯罪这个词时，我们就会潜意识地想到"罪犯"这一概念。按照维特根斯坦的说法，这主要是因为犯罪这个名称的意义通过指向它的承担者（罪犯）来加以说明。②

对罪犯个体的甄别，是从重视其身体（Body）开始的。"我们身上的一切都是受到控制的。"③ 人的身体是一种表象，是人的灵魂的最好图画，通过征服个人的身体，可以有效地控制人的灵魂。当然，这里的"征服"应当在较为广泛的意义上理解，而不能仅仅视为利用暴力对肉体（Flesh）的压制。

我们过去关注的往往是社会如何通过对犯罪的人处以监禁或其他身体刑罚，来强烈地维护身体不受侵害的权利。今天，我们要在更高的层次上来把握身体概念。身体是多维度、多层次的现象，其意义随历史与境遇的不同而不同。身体与肉体是两个层次上的概念，当身体被视为龙勃罗梭意义上的生理学、解剖学的对象时，它才是肉体，因此肉体只是身体的一个基础层面，简单地将身体与肉体混淆，是对身体意义的降格。④

身体本身就是多重话语的汇合地。

---

① 尼采. 论道德的谱系. 周红，译. 北京：生活·读书·新知三联书店，1992：43.
② 维特根斯坦. 哲学研究. 李步楼，译. 北京：商务印书馆，1996：31.
③ 马塞尔·毛斯. 社会学与人类学. 佘碧平，译. 上海：上海译文出版社，2003：307.
④ 从这个意义上讲，龙勃罗梭实在是高估了解剖学研究的意义。

一方面，身体是可资利用的对象。它首先是构成世界的原型。世界各民族的创世神话都表明，人类从远古时代起便以自己的身体为原型去构想宇宙的形态、生活的形态乃至精神的形态，这在维科的《新科学》中被概括为原始心智的普遍规律，在文明世界里它依然以诗性智慧的方式积极地运作。其次，身体还是有价值之物。在今天，人们对身体的全面利用势在难免，"人们愈来愈倾向于将身体体验（bodily experience）重新界定为一种纯粹的劳动力，它像一件极为驯良的工具一样为我们的商业、教育和医学实践所运用"[①]。

另一方面，身体又是被"历史"地构成的。人类的身体形象、身体经验和身体知识都受制于具体的自然、社会和生活环境、文化形态。因此，不同的时代有不同的身体特征，身体所拥有的是一部变动不居、形态各异的历史。"启蒙之后，身体与政治纠缠在一起。任何人都被赋予一个政治身份，这个身份奴役了人们的身体"[②]，说的也是同样的意思。

福柯在其名著《规训与惩罚：监狱的诞生》中对监狱发展史的分析突显了作为话语的身体的存在性。在比较了1757年3月达米安（Damiens）在巴黎教堂大门前被公开地、残忍地执行死刑和80年后监管场所对罪犯的有效"规训"之后，福柯指出，作为一种公共景观的酷刑消失了，监禁使人的身体被控制在一个强制、剥夺、义务和限制的体系中。新的刑事审判过程不再像原来那样简单地问："该行为是否已被确认，是否应受到惩罚？"还要追问："这是什么行为？这种暴行或谋杀行为是什么性质？它属于哪一种现象？它是想入非非的结果，还是精神病反应，是一时糊涂，还是一种变态行为？"也不再简单地问："这是谁干的？"还要追问："我们怎么来确定造成犯罪的原因？犯罪的根源是出自犯罪者的哪一方面？是本能，还是潜意识，是环境还是遗传？"此外，也不再简单地问："根据哪一条法律来惩罚这种犯罪？"还要追问："什么措施最恰当？如何估计犯罪者的未来发展？使他重新做人的最佳方法是什么？"这些对罪犯的评估、诊断、预测

---

① 约翰·奥尼尔. 身体形态——现代社会的五种身体. 沈阳：春风文艺出版社，1999：7.
② 萧武. 身体政治的乌托邦. 读书，2004（3）：155.

和矫正性裁决逐渐在刑事审判中占据一席之地,将罪行认定变成了一种奇特的"科学——司法复合体"①。

在这里,福柯明显将身体视为权力话语的源地、中介和目标,关注身体和支配身体的制度机构,从"由话语塑造并存现于话语之中"这一角度来重新认识身体,探讨权力的微观运作如何借助于日趋精细的渠道,切入个体本身,切入他们的身体及一切日常行动,体现于现代制度形态之中,从而更深入地思考身体控制的普遍性、深层性。

在《性经验史》中,福柯将人的性本性等直接与身体相结合的范畴作为政治机制进行分析,这并不意味着他要取消身体视角的生物性、功能性,而是"直接地"说明权力怎样"直接地"与人的身体相关联。福柯观点的意义不止于揭示权力与身体的普遍关联,更在于指出这种关联的隐蔽性:权力投入的形式由传统的压迫、抑制转向诱使、激发。

在刑法领域,身体时常受犯罪这种社会形态所摆布,又在一定程度上影响着犯罪态势。

> 身体的技术可以根据它们的效益与训练的结果来分类。就像组装一台机器一样,训练是探索和获得一种效益。在此,这是指一种人的效益。因此,这些技术是人类训练自身的规范。②

这些身体技术在今天被广泛运用于统治中。但在不同的时代,身体受关注的程度不同。这就是一种刑法学中重返具体的身体视角的立场,没有这种身体范畴和体现逻辑(an embodied logic),我们对于每日都发生的犯罪现象就只能是雾里看花,而缺乏真实的把握。

在这里,我们应当如美国学者约翰·奥尼尔所言,在两种意义上理解进入社会生活的身体:一是作为一种生理客体的身体,使之成为解剖学和生理学的研究

---

① 米歇尔·福柯. 规训与惩罚:监狱的诞生. 刘北成,杨远婴,译. 北京:生活·读书·新知三联书店,2003:1.
② 马塞尔·毛斯. 社会学与人类学. 佘碧平,译. 上海:上海译文出版社,2003:309.

对象；二是作为我们的世界、历史、文化和政治经济的总媒介的交往身体。尤其是交往身体的重要意义是我们必须加以关注的。莫里斯·梅洛-庞蒂指出，当身体的自然手段难以获得所需要的意义时，交往身体就必须为自己制造出一种工具，并借此在自己的周围设计出一个文化世界。①

对交往身体的研究有助于我们理解诸如社会秩序、冲突和变化之类较为宽泛的问题，从中获得一些我们以前所忽略的知识。有为数不少的刑法学者认为，认定犯罪的规格和行为合法性的标准源自人们的信仰，而与身体的生理结构和组织无关，所以，社会存在于我们的精神而非身体之中。

这样的结果是：我们总是以二元论方式构想宇宙秩序规则（如物质决定由人脑支配的意识，理性高于感观认识等），使得身体降格为道德和思想秩序的被动奴役，要想抑制犯罪意识，就必须将人的身体束缚禁锢起来，对罪犯身体的利用就意味着要将暴力加诸其身，因为他们必须为挑战社会的正统体制和既定原则付出身体的代价。这种将身体利用和暴力机制等而为一的观点，是对现代统治策略的一种极大的误解和贬低，我们必须重新解释社会机制对罪犯的交往身体进行重构、政府当局或者人们如何借助于身体来重构社会机制的程序，这就需要一种刑法哲学上的新眼光。

在这个问题上，福柯的进路是特别有意义的。福柯指出，现代政治经济学并未压抑身体；对身体的利用和压制之间有时并无直接的关联。我们不如说，它只是将性的身体（sexual body）辟为一种话语通道（discursive channel），从而将其权力加诸后者之上——通过这一话语通道，我们总是不停地表明自己的身份并坦言自己的欲望。也就是说，性冲动和压制力量之间是控制与反控制的关系。

> 实际上它是一个权力关系网极为稠密的转换点，这些权力关系体现在男人/女人之间，青年/老年之间，父辈/儿孙之间，教师/学生之间，神职人员/世俗大众之间，管理阶层/被管理阶层之间。在权力关系中，性并不是最难以驾驭的因果，它仅是众多最具工具性的因素之一：在形形色色最大多数

---

① 约翰·奥尼尔. 身体形态——现代社会的五种身体. 沈阳：春风文艺出版社，1999：5.

量的策略之中,它扮演着支撑点和关键点的角色。①

对"性"的身体的利用是如此,对罪犯身体的利用也是毫厘不差。我们不能简单地将犯罪解释为罪犯身体的顽强冲动,说它总是不服从于某种尽全力想要弱化它的权力,后者在屡战屡败之后还企图对罪犯和犯罪进行全面控制。犯罪、罪犯的身体都应当被诠释为社会整体策略中至关重要的一环。

在福柯看来,身体可以直接划归在政治领域之内,它受到了各种权力关系的直接控制:权力遮掩、标示、驯化、逼迫和控制着身体,并以此方式使身体成为一种生产力。身体的屈从不仅是通过暴力手段或意识形态获得的,而且在精心设计和组织的过程中被技术化了;它呈现出身体与权力之间的微妙关系,即不借助于武器和恐惧而有效地维持身体秩序。因此,身体的"知识"恰恰不是有关身体机能的科学,体力的控制也不是征服体力的能力:知识和控制本身构成了"身体的政治技术"。这就是权力的"微观物理学"(micro-physics),它在权力效果和知识指称之间建立了并联关系:一方面,权力关系以最微小的方式生产着知识体系,并将此作为扩大和强化权力效果的机器;另一方面,任何知识都同时预设和构成了权力关系,使权力关系对身体实施操纵。理性主义和实证主义的知识体系就曾不断廓清自己的分析范围,在身体上打下了诸如心灵、主体性、人格或意识的烙印,并借助技术话语来表达人本主义的道德要求。在这个意义上,灵魂变成了"身体的樊笼",身体也享受着诉讼的绝对权力。

对人的身体的操练和利用并使之尊崇刑法,实现统治者所期待的刑法效果,在很大程度上借用了人的身体的本能反应,借用了身体的意象,换言之,确认犯罪、操持惩罚的场面和执行持久的改造人的过程,都是在利用身体能够根据一定的法律图景产生直接的、不可抗拒的反射这一多少有些原始和直观的命题。

在此,用葛德文早就指出的一些被引证来支持人类本能的例证加以解说是恰当的。

---

① Michel Foucault. *The History of Sexuality*, Vol.1: *An Introduction*. tr. Robert Hurley (New York: Vintage, 1980), p.103.

手掌受到某种刺激会产生抓取动作所具有的手指蜷缩。这种蜷缩最初发生时并不是有目的的，抓到东西时也没有任何要保留它的意图，而再放掉它也没有经过思维或者观察。在重复一定次数以后，人们就会理解到这个动作的性质；再做的时候就会意识到它的趋向；甚至在所希望的东西临近时，手就会伸出来。①

　　一个儿童在没有被烧痛的恐惧之前，会把手伸向燃烧的蜡烛；而对成年人来说，当任何恐怕会带有危险性的物质被移向他的眼睑时，眼睑就会立刻闭起来，这种动作如此地习以为常，即使一个成年人诚心地想不闭眼、不这样做都很困难。所以，恐惧本身是一种预见和感觉，但除非经历过，也无论如何不会存在。

　　正因为人的身体是可以被塑造、被作用的，可以感知周围的世界的，可以对刑法适用的效果作出积极或者消极的反应的，围绕人的身体的刑法运作——教育、感化、改造和淘汰才多少有些价值。如果人的身体不是柔顺的、可塑的、有反射性的，那么，针对罪犯以及其他公众的"刑法之剑"的挥舞、刺探、勾引都会索然寡味。

　　教育、感化和改造都成为今天的法官极其关心的内容，随着公开惩罚场景的消除，惩罚在法官心目中的地位不断下降。犯罪者依据刑罚所受的皮肉之苦大大减轻，肉体的痛苦不再是惩罚必需的因素。

　　所以，在现代社会，法官在定罪时必须深入犯罪人的内心，探究其本性的邪恶性；在量刑时又不得不确定通过监禁控制罪犯的身体的可能性和必要性。这表明：控制个人的身体是法官随时都在谋划的，它是司法判决的出发点，但是，它并不是司法行为的归宿。

　　法官通过控制身体真正希望触及、操纵的是罪犯的灵魂。如果说在民法实践中存在"从身份到契约"的过程，那么，在刑法实践中，就存在着"从身体到灵魂"的运动。

　　对罪犯"灵魂"的调查构成了现代刑事司法的核心。而要达此目标，就要求

---

① 威廉·葛德文. 政治正义论: 第1卷. 何慕李, 译. 北京: 商务印书馆, 1997: 24.

第三章 主体的分裂

用有关于罪犯的特殊知识来填充审判的空域,满足审判的需要。而正是这种现状,使得确认犯罪和决定惩罚的权力被不断分解和重新组合,司法权愈来愈与其他权力结盟,惩罚弥散化的特征愈来愈明显。关于罪犯的一整套评估的、诊断的、预后的、规范的审判可以被涵盖在有关惩罚的总体框架内。在这里,整个惩罚程序和判决执行包含着一整套附属的机构,小型司法机构和相应的法官围绕着主要的审判而大量涌现:精神病学或心理学家、认定事实的法官、教育家、监狱看守人员,所有这些人肢解了惩罚的司法权。

在今天,惩罚罪犯已经不再单纯地只是司法机构的职责,还是政治的策略和行使社会权力的技术。权力的灵活运用、权力关系对身体的笼罩构成了通向惩罚的审判舞台的"灵魂"入口。简单地对犯罪构成的事实进行组合、试图将犯罪认定和处罚的问题在法律领域内加以解决的思路,事实上不得不被针对身体的复杂技巧和教养、操练地方法所取代。在这里,每一个罪犯都成了一个生动的"案例",他迅速成为探求知识的对象和行使权力的场所,他作为个人可以被描绘、判断和衡量,并以其真实的个性和他必须受到的训练或改造、分类、规范化或摒除的个体同其他人相比较。身体被直接包含于刑事司法领域,司法权力直接控制它、笼罩它、标明它、训练它、折磨它。身体可以被各种权力关系所计算、组织,被技术化地思考。[①]

对罪犯身体的政治和经济权力的运作并不是简单地指向对被动身体(passive bodies)的控制或对政治身体的抑制,而是生产出奴性化的身体(docile bodies)。这就意味着我们必须抛弃一些源自一种简单化了的生理身体观念的政治构想——按照这些观点,身体受到了一些难以驾驭的力量的推动,因而如果要以道德和政治秩序来规范我们的生活的话,那些难以驾驭的力量必须受到控制。一旦我们将生理身体和交往身体区别开来,我们就有可能发展出刑法这种以生理身体为中心的自足的象征系统。反过来,刑事实践也能够提炼出一些话语性语言(discursive language),用以控制犯罪。

[①] 阿兰·谢里登.求真意志——米歇尔·福柯的心路历程.尚志英,译.上海:上海人民出版社,1997:182.

由于权力介入并拓展了身体产生,我们就有必要将关注的重心转向政治身体的微观操作程序上。福柯指出:

> 分析身体的政治外衣(political investment)和权力的微观物理学(microphysics of power)就预示着人们抛弃了——在此牵涉到了权力——暴力/意识形态之间的对立、资产的隐喻、契约或征服的模式;以及——在此牵涉到了知识——人们抛弃了"有兴趣"的和"倒胃口"的之间的对立。借用一个培蒂(petty)及其同时代人所用过的词,但同时又给它赋予一种不同于17世纪时的意义,我们就能想象一种政治"解剖学"。这种将不是以一种"身体"来研究国家,(利用身体的元素、身体的资源和身体的力量)也不是以一个小型的国家来研究身体及其周围之物。人们将要涉及的是"政治身体"——它是一系列物质元素和技术,能够作为武器、中介、通讯路线和权力/知识关系的支撑物——这些东西通过将人的身体转化为知识的客体从而包裹并压抑着人的身体。[1]

在刑法领域,支配被告身体的权力是一种策略,其效果应当归因于部署、调配、手腕、技巧、行使等。司法官员要判定犯罪,必须针对个案采取具体的方法:对犯罪的场景进行回溯(景色描写)、对构成要件事实加以组合(行为描述)、探究犯罪人的内心邪恶性(人物刻画)。

一方面,认定犯罪的司法权力被植根于国家权力之中,换言之,惩罚的权力是国家的,不过国家本身应当理解为一系列相互作用的机构(wheels)或结构的总体效果或结果;惩罚的权力又是局部的(因为它从来就不是全局的)和弥散的(因为它从来就不被限定在某个局部),惩罚权力所实施的权力类型、它得以运作的机制和它所适用的因素都是具体的、因人而异的。

另一方面,认定犯罪的司法权力又始终与关于罪犯的知识纠结在一起。没有一套记载、积累和移送的刑事案卷制度和坦白、沟通、对谈的交流机制,就不可

---

[1] Michel Foucault. *Discipline and punish*; *The Birth of the prison*. Tr. Alan Sheridan (New york: Vintage, 1979), p. 28.

能有关于犯罪和罪犯的知识的形成，而这一整套体质本身就是一种权力，其存在和运作与其他类型的权力始终勾连在一起。反过来，没有对罪犯的特殊知识的提取、占用、分配和抑制，权力就无法启动和行使。就此而言，永恒存在的是权力/知识（bouvoir-savoir）的基本形式，而不存在互不相干的学识（connaissance）、学科与国家、社会。

现代社会通过体现权力（embodies powers）而发生效应，这些权力通过使个人自己将自己当成奴性主体（docile subjects）而控制个人，并将个人抛入了治疗型的国家禁锢中。循此思路，我们可以知晓现代社会何以会对犯罪这些反社会现象有如此浓厚的医疗性兴趣。对犯罪的刑法控制和对犯罪的精神病研究的所有目的就是排斥、区分犯罪。但是，事实上，犯罪受罪犯的快感和针对犯罪的权力两种力量的推动。快感既来自询问、检查、观看、监视、考察、发现、触摸、展示等权力的行使，也来自被点燃的欲望，它力图挣脱、逃避、欺骗和歪曲这种权力。权力一方面让它所求的快感侵入自身，而另一方面又抗击着快感的侵袭，它所认定的快感在于揭示、厌恶和抵抗快感的侵袭。压制与诱惑、互相对峙和鼓励、精神医生及其病人、警察和他面前的罪犯，这种抗拒和反抗的拉锯战、永无终结的游戏自19世纪以来就一直在上演。这些围绕着身体而存在的诱惑、逃避和循环往复的刺激之间，并没有不可逾越的界限，有的只是权力和快感之间永恒的螺旋状纠结状态。

尤其需要指出的是，边沁所首倡、福柯对其意义大加阐释的"圆景敞视监狱"是利用罪犯个人的极其有效的方式。

刑法涉及犯罪质料（materials）中那些可以被表述的方面：它是一种对犯罪进行分类和转译（translates）并计算处罚的语言体系；它是一个述说族，这个述说族也是一个阈限。刑法在很早的时候从君权的报复或恢复君权的角度讨论犯罪与刑罚的问题；而今天的刑法却在保卫社会的名义下得到了发展，这就在犯罪和刑法典之间建立了社会心理上的联系。不过，我们以前对刑法、犯罪和监禁惩罚方式之间的关系的看法并不全面。福柯一再指出，监狱就其自身而言，它关心的是一切可见的东西：它不仅要展示犯罪和罪犯，而且它本身就构成一种可见性，

它首先是一种光的体系，然后才是一个石头构筑的形象。它被定义为"圆景敞视体制"，即被定义为一个可见的组合和充满光照的环境，监视者在其中可以看到被监视者，反过来却不行。但监狱作为一种对身体施加影响的新方式，却是从某种完全不同于刑法的东西中演化出来的，这个所有"规训"手段中高度浓缩、严酷可怕的形象，并不是18、19世纪之交所界定的那样，是刑事制度中的内生性因素。当然，我们并不能因此而否定监禁与刑法之间的关联：刑法是对过错的述说，监狱也有自己的述说方式，它们之间相互渗透、相互吸取。刑法依然主要导向监禁并为监狱提供处置对象，而监狱反过来继续产生、向社会提供大量改造效果低下甚至不堪改造的人，实现过错的生产，使曾经被作有罪宣告的罪犯重新成为刑法的对象，从而在一种特殊的意义上实现刑法以不同方式所构想的目标，这些目标包括促进被判有罪者的道德悔改、变通执行判决、实现刑罚的个别化、防卫社会。所以，我们可以看到，在现代社会，监狱的存在和对监狱的运用不但未受到控制，而且在很大程度上被发扬光大。

确定对罪犯的惩罚机制的"政治运作程序"可能由批判性的话语策略（critical discursive strategies）所制定；这些策略的目的在于分析并培养出适用于生物身体、生产身体和"力比多"身体的价值准则。① 讯问、检查等方法都是针对个人的权力运用方式，也是建立"罪犯"这种特殊知识的规则。讯问是一种确立或保持事实、事件、行为、财产和权利的手段，也是经验科学的母体。通过一定的程序对罪犯进行讯问，不但能够证实犯罪事实，而且可以揭示罪犯的反社会性和忏悔程度。检查与现代技术社会所特有的控制、排除和惩罚制度联系在一起，是所有被称为"人的科学"的母体。在现代刑事司法程序中，运用检查方法可以恢复或者设置标准、规则、分配、资格和排除的手段。针对罪犯的讯问和检查司法模式——一种提出问题、抽取答案——搜集证言、核对证词、确证事实、探求人心、生产罪犯的司法权力——一直都依赖于整个权力体系，由此获得的知识/权力决定了什么样的人可以成为刑法学中的主体，关于人的知识体系从何处、由

---

① 约翰·奥尼尔. 身体形态——现代社会的五种身体. 沈阳：春风文艺出版社，1999：142.

谁、如何加以提取、形成、散步和传播、积累。对讯问、检查的司法技巧的运用不同，对事实大致相同的案件所形成的司法判决可能会有很大的差异，这些司法机制的每一次运用，都是一次在罪犯身上进行的实验和探险，它总是含有强烈地反对以往判决的传统权威、反对符号性文本的含义限定的倾向。

过去通常的解释是将犯罪视作法律和道德约束失效的后果，使得个人将其身上的邪恶因素释放出来。但是，我们应当看到，在今天，如同关于生命基因学、健康、生存必需品、家庭条件、学习能力等的科学话语的膨胀将生命带入了国家权力和工业化控制轨道一样，由于一种围绕犯罪和惩罚的法律的医学的、精神病理学的、大众化的体制化话语的巨大膨胀和无限泛滥，使得犯罪几乎成了罪犯自我攻击、自我忏悔的一个手段。人们通过扩大和释放潮水般涌来的犯罪话语强化了对个人的控制。国家假借挽救罪犯、治疗异常者以及使罪犯复归社会的名义，扛着为平稳社会秩序提供服务的大旗，比以前的历史时代更容易地实现了对个人身心的禁锢，这是微观权力物理学的灵活运用统治术程度的明显提高，而在过去，国家权力通过对个人生杀予夺来实现对个人的绝对控制，这种支配个人的方式成本太大，又存在引起激烈反抗的巨大风险。

对身体的有效利用带来了犯罪控制领域的重大转型。自启蒙时期以来，个人主义思想被过分张扬，个人的孤独感难以排遣，需要一种团体为他们提供一种维持生存与发展所必需的温暖感觉，大型集团公司、科层式行政机构、更有温情的家庭和文化社区等都担当起了这个角色。这些团体被尊奉为培育身心健康的个人的中心，但时至今日它又被攻击为权威滥用、粗暴和专制的发源地，团体成员的抵触心理、离心力由此产生，犯罪也是一种我们时常可以看到的个人反抗某种团体的方式。此时，公司、行政机构、家庭、社区都不得不逐渐让渡自己的传统权威，换来的是国家对"治疗型权威"的依赖，也就是说，由国家确定犯罪，再借助于国家权威将犯罪的个人交回社会进行惩罚和治疗。只不过，国家在很多时候，更倾向于对个人进行治疗。因为"统治（the therapeutic）应该被视为一种被掩盖了的或变了形的自我服务。在这种文化里，每人都自视甚高，别人都是'垃圾'"。这样，结构型社会始终处于不断分裂或聚拢的颠簸状态之中，这也使

得在处理犯罪问题时,我们在不断经历着一个由刑法模式到治疗模式的重大转变。① 在治疗模式中,犯罪和变态的责任根据从个人转移到了罪犯的生理、情感和社会经济环境之上。惩罚让位于诊断和治疗,罪犯成为有病的,而往往不是有罪的人。"疾病"和"健康"成为处理社会问题的话语策略。其结果自然是将注意力从司法公正转向了绝育、震惊疗法(shock therapy)、前脑白质切除术以及药物疗法等关于治愈病人的行政决定。

我们看到,自19世纪初以来,出现了犯罪惩罚方式的转型:肉刑的削减,监禁刑罚的广泛运用,教育、医疗措施的兼采等,这种对付犯罪的方式弥散化的趋势在今天仍在继续。

刑罚的转型并不仅仅属于身体的历史,更明确地讲,它是属于政治权力与身体的关系史。对身体的强制、控制,身体的屈从,权力直接或间接地施加于身体的方式,调教、安置和使用身体的方式,都是我们要考察的上述变化的根源。我们需要写一本权力的物理学,来看看相对于它以前的形式,这种物理学在19世纪初,也就是在国家结构发展的时候,是如何变化的。首先是一种新的光学:一个进行普遍的且连续不断的监视的机关;每一件事都必须被观察、被看、被传播;组织警察力量;创建档案制度(以及个人的档案),建立圆景敞视监狱体制。其次是一种力学:对个人的隔离与重新定位;对身体定位;监控与改进产出;一句话,将生命、时间和能量置于纪律的全面控制之下。最后是一种新的生理学:确定规范,排除和抛弃所有不符合规范的东西,通过矫正性干预,使其重新符合标准,这种矫正干预既像是治疗又像是惩罚。②

应当指出,操练、利用个人身体与关于罪犯的知识形成之间有着复杂的纠结:罪犯个人的本性、对"规训"技术的需求各不相同,利用刑法以及更为广泛的社会政策改造个人的身体也驯服个人的灵魂的同时,我们会意识到,迄今为止的刑法学知识过于有限和贫乏,永远达不到我们需要的境界。这可以说是对刑法

---

① Rieff. *The Triumph of the Therapeutic*: *Uses of faith after Freud*. London: chatto & windus, 1966, p.61.
② 福柯. 刑罚的社会. 强世功, 译. 刑事法评论, 2001, 8: 472-473.

第三章 主体的分裂

学者、司法官员过去所作努力的讥讽。所以，关于罪犯的知识、观念乃至我们对付犯罪的一切手段，都产生于犯罪的"刺激"，刑法学的发展、犯罪控制手段的进一步高明，都端赖这种刺激，社会对犯罪的反应总是滞后的。司法界和整个社会都不得不承受一个又一个罪犯的次第刺激，刺激越来越多，并且靠着记忆的帮助被储存起来，又靠着联想的能力被组合起来，于是控制、利用罪犯身体的技术和经验就增多了，技术和经验的增多，使我们对付犯罪和罪犯的知识和智慧相应的增加，这是一个循环往复、永无止境的过程。罪犯、对罪犯身体的利用以及刑法知识的累积之间竟然有着如此隐秘的关系。

这里需要指出，尽管刑法以"智者"为"人"的基本形象来设计刑法典，但某些刑法典仍然将某类人想象并建构成了"弱者"。其典型例子是未成年人、精神病人、又聋又哑人以及醉酒者。这是因为他们理智不健全、不成熟。未成年人总有成年之时，成年人也必然要经过懵懂岁月。因此，未成年人被认为是"弱者"是理所当然的。精神病既然被现存文化视为理智的对立面，自然也不能形成、表达法律上的意思。酗酒者，早在罗马法上就受到管理，刑法的这种监护合法性何在？实质上，"酗酒"仅仅是一种生活风格（Life style）或生活方式，其本身与理智的健全程度无关。法律之所以作出这种规定，其目的是促进社会资源配置的效益化，管束浪费人和酗酒人的身体、行为方式，并间接树立一种生活方式的样板。可见，刑法典中要求的"理智"并不仅仅是指心智能力，而且也是指国家要求并且监视的一种正常生活方式，这是任何一个正常、理智的人应具备的。正是通过对自我与"他者"（otherness）的区分——当然，"他者"纯粹是由法律建构的——一种正常的生活秩序得以建立。这种对浪费人等挥霍财产等行为的控制，也是一种生物性权力（bio-power）向主体身体渗透的过程，其目的是培养一个驯服的身体（docile body）。由此，人的身体也是随着制度、文化的改变而改变的，它也是一个社会文化构建的产物，而不纯粹是一个自然的产物，刑法本身也重塑了人的身体。

必须指出，现代社会的刑法如此工于心计、如此地对个人"关爱有加"，是因为它负载过多的使命且必须满足一些实际的需要。

63

现代刑法体系责无旁贷地要对新出现的犯罪阶层承担起"管理"的责任。通过这个办法，它有能力去排除来自一系列曾经猖獗一时的非法活动的政治威胁。刑法体系借此能够缓解人们对生活在社会底层由边缘个体构成的"罪犯阶级"的"反叛"所引发的各种恐慌，通过把这些个体作为"犯罪分子"重新构造起来，现代刑罚和法律体系有能力更好地监视、处置和控制他们。

11-3 与个人"斤斤计较"的具体方法

我们今天已经拥有了一套司法体系，用它可以确定轻罪、确定是谁干的以及施加法律所规定的刑罚来制裁这些行为。在几乎所有的案件中，我们有了一些"确定"的事实。但是，我们仍然在两个层面上对涉入刑事司法视野的个人进行追问。一是其是否对这些事实供认不讳？二是其是否解释、忏悔和反省自己的行为。所以，今天中国刑事司法仍然要像古典时期那样，考察被告人如何实施犯罪这一事实构成环节；但是，审判法庭的眼光更要打量被告人的内心，检察官或法官会用刨根问底的方式不厌其烦地向被告设问："你为什么这样干？"这一点在今天的司法程序和整个社会环境中都得到了充分展示：公众对非寻常案件、以案说法方式有着独特癖好，司法人员对"惩处一个、教育一片"的效果情有独钟，法官对越俎代庖的凶狠发问或者语重心长的训导有所偏爱。① 这些都是一种深入被告人的精神领域，考虑其动机，进而鉴别犯罪人本性与个性，确定"你是谁"的个别化机制。而这种机制在19世纪中期以后已经十分流行了，但是，在18世纪晚期和19世纪早期，法官对这一点是不予关心的。

我们通常可以看到，被告人可能在法庭上完整地供认事实，并对法官说："事情就这么多，你们该怎么判就怎么判吧。"被告人的言说任务是否就完成了呢？没有。在现代社会，法庭和法官承担着判案以外的更多的社会使命，没有一

---

① 尤其是少年法庭法官对被告苦口婆心的劝说、挽救，更是展示了针对个人的司法技巧在今天的娴熟运用。我们看到，为了更好地探究未成年犯罪人的内心世界，实现与其心灵的"沟通"，少年法庭的法官几乎都是女性，她们的温柔、善解人意与可信赖形象都使得追问个人、确定合适的刑罚以外的社会措施加诸犯罪人成为可能。少年法庭的判案，用得更多的是针对人心与人性的技巧，而不是国家的成文法律规则和已知的事实构成。

个法官可以超凡脱俗、就事论事地判案。刑事法庭和法官由于向社会允诺过多，就期待从被告人口中听到更多社会感兴趣的东西，来满足社会整体心态中报复欲望、稳定感、好奇心以及其他畸形心理相互交织的渴求。

在漫长的刑事程序中，被告人除了承认犯罪之外，司法机构还需要他忏悔、自我检讨、自我解释以及无情揭露自己到底是个什么人，把自己彻底"批臭"①。仅仅有法律、违法事件以及一个有责任能力的被告人，刑罚机器还没有办法启动。它还需要有被告通过其忏悔、记忆、暴露隐秘等而提供的关于其自身的"另类"话语，没有这些因素或补充性材料，刑事司法中的控、辩、审"三角结构"中的各方就无法切实地扮演好他们各自的角色，司法舞台无法启幕，也无法落幕，对被告既不便判刑也不好定罪。所以当关于被告人人性的话语失落时，司法人员就会敦促、逼迫被告重新回到或参加到这场事实上"无休止"的游戏和话语争夺战中。之所以说游戏无休止，不仅仅是因为被告按照司法裁决机制被确定有罪之后，他又成为后续的司法力量长期检查、审视、操练的对象；更是因为被告的犯罪过程、血腥的场景、令人怵目但又令人回味的被告受审过程、不可一世的头颅在法庭上低垂的一刻，等等，都将成为人们长期的谈资和难以抹去的片断性记忆。

刑事审判必须深究个人动机的这种做法在今天也一直坚持着。例如，自20世纪50年代以来，刑事法领域的新社会防卫理论试图对罪犯进行科学检测并建立"罪犯人格档案"。新社会防卫理论的学者认为：在既审判行为又审判行为人的刑事诉讼中，法官就必须在了解犯罪行为也即案情以外了解犯罪人。只有真正了解犯罪人以后，法官才可以决定对他应采取什么治理措施。这好比医生看病，须对病人进行诊断以后才能开出药方。

社会防卫思想的倡导者不满足于从犯罪记录档案中所能了解的犯罪前科，也不满足于临时匆忙收集来的为数可怜的有关犯罪人精神状况的情况。他们主张对

---

① 刑事司法过程必须保留充足的时间、保持一种适度的惰性，来让被告人说该说的话、完成一些规则外的必要程序。

罪犯进行科学的检测，了解他的生理特征、心理反应、个人生平、个人现状以及所处的社会环境，并专门为其建立一个"人格档案"。深受社会防卫思想影响的法国 1958 年刑事诉讼法典就明确规定：在预审阶段对轻罪罪犯可以进行社会、医学和心理学检查；对重罪罪犯则必须进行这种检查。西方国家对青少年犯罪人则普遍实行这种人格检查。①

实证学派以前的刑法学传统理论只知道犯罪和刑罚两个要素，今天的刑事司法实践过程似乎更多地告别了古典学派，继承了实证主义的传统，将犯罪、罪犯和制止的手段纳入关注的视野。②

今天定型的日常刑罚实践的演化乃至整个国家刑罚制度的调整基本上是由 19 世纪以来逐渐浮现的"罪犯"的特点所决定的。一开始，罪犯的个人本性只是调整法官确定惩罚分量的因素，其意味着司法可以将某个犯罪归因于他并因此而惩罚他。到今天，犯罪成了笼罩在罪犯身上的不祥阴影，它标志着在社会肌体中存在某种危险因素。为了审查、矫正、拉拢、挽救或者消灭对社会而言是如此有意义、比犯罪本身更危险的个人，罪犯这个阴影必须被驱散。

将罪犯置于犯罪之上，这一发展是在理性化和关注社会的名目下进行的：法律制度更多地将目光投向具体的个人，避免惩罚措施的盲目适用，在刑罚实践中植入更多的理性因素；调整法律的通则，以使之更接近社会现实。

"应当惩罚的是什么？如何加以惩罚？"这是 18 世纪伟大的法律改革家们必须面对的问题，他们也相信自己已经最终发现了其理性答案。不过，在他们远远未来得及完成对先前逐渐演变之成果的系统法典化、挖掘演变的全部可能性、对自己的辉煌研究成果孤芳自赏的时候，在法定惩罚的规则条令中就出现了一种新的危机，刑法学必须回答的这么"李斯特式"的问题一直绵延到了今天：应该受惩罚的是谁？这是认识论上的根本转型。

---

① 卢建平. 社会防卫思想. 刑法论丛, 1998, 1: 174.
② 所以，在这里呈现出刑法理论旨趣和司法实践立场的背离：刑法理论为防止司法作恶，总是对刑法客观主义的立场、罪刑法定主义的意义等大加强调；但是，司法为保持它的张力和效果试图极力脱离刑法理论框架的约束。

但是，人们并没有意识到，在犯罪的法定可归责概念之上再加一个从心理学、症状学角度出发的危险分子概念，不仅将走进一个非常昏暗的迷宫，而且会慢慢突显出一套从中世纪的讯问制度逐渐发展而来的法律体系。也就是说，人们必须通过一定的程序确认犯罪动机，在一些重大的犯罪（如杀人、重大伤害罪）中，更是如此。确认犯罪动机，进而确定犯罪人的人身危险性，成为今天刑事司法的必经程序。

在作为危险个人的"罪犯"的概念形成过程中，医学与法律的结盟对刑事司法体制的影响极其重大。福柯曾经指出：19世纪初精神病学开始插手法律领域，为一些没有原因的、反自然的、最为暴力和罕见的谋杀案件提供解答。[1] 换言之，是精神病学而不是刑事司法机构首先发现并提出"危险个人"概念。

不过，刑事司法体制也的确需要确认罪犯的动机。刑事古典学派并未论证犯罪和医学之间的关系；在19世纪颁行的法律也并没有接受精神病学上的"危险个人"概念，法官一开始也拒斥这一概念。但是，后来，法官不得不将对大量刑事案件的判决诉求于医学知识。所以，精神病学对刑事司法的渗透是"自下而上"地通过惩罚机制及其解释实现的。在所有控制和改造个体的新技术中，惩罚成为一种专门用来改造违法者的程序体系。在权利行使意味着对个体使用理由充分的技术的社会中，诸如刑讯或流放这样的令人恐怖的例子已不能再满足社会的需要。所有18世纪末的改革者和19世纪初的立法者所大力提倡的那些惩罚形式，如监禁、强制劳动、持续监视、部分或全部隔离、道德改造，都意味着惩罚更多地与罪犯本人而不是犯罪本身有关，即更多地牵涉到那些使他成为罪犯的因素，如他的理由、动机、内在意志、性情倾向以及本能。在较早的制度中，惩罚的恐怖程度必须反射出罪行的巨大程度；而从此以后，人们努力根据罪犯的本性来调整惩罚的类型。一旦法官无法发现罪犯的动机，其在处理具体案件时所遇到的困难就是以前难以想象的。

---

[1] 米歇尔·福柯. 法律精神病学中"危险个人"概念的演变. 苏力, 译. 北大法律评论, 1999 (2)：473.

今天的许多法官和刑法学者都认为，在犯罪事实已然形成，罪犯已经找到的情况下，只要被告人无法辩解并在犯罪当时不属于完全丧失辨认和控制自己行为能力的状态，司法人员就可以形成裁判结论，并确定惩罚的具体标准。

但是，一旦涉入具体的刑事案件，我们就会发现事情要复杂得多。如果一个人只是承认自己的犯罪事实，承认自己已经完全意识到先前的所作所为，但是对自己的犯罪动机完全不作交代，或者作虚假的、前后矛盾的表述，人们难以了解推动其犯罪的内心起因，此时要求法官毫不犹豫地作出被告人有罪的判断、宣告对被告人的处罚措施，实在是有些为难法官。我们仍然需要了解"罪犯"这个人的过去的所为，更需要去探求他的所思——犯罪意图产生的基本轨迹、有无避免犯罪的可能、内心中有无邪恶的倾向、犯罪行为和犯罪人之间是否有一个心理学上可以自圆其说的联系。① 如果罪犯的所思、他的危险性都无法查明，我们就无法确定面前的这个被告人身上的什么东西是应当惩罚的。

> 既然犯罪的理由已成了惩罚的理由，那么，如果一个犯罪根本就没有道理，人们又何以能实施惩罚？要想实施惩罚，人们需要了解这个犯罪人的本性、顽固性、邪恶程度及其利益和倾向。但如果一个人手上除了这个犯罪和犯罪的行为人之外，其他什么都没有，单纯的司法责任当然可以在形式上准许惩罚，然而却无法让人理解。②

所以，必须进入司法视野的不仅是行为主体，还包括对行为合理性的解释。此时，通过建立一种评估机制来实现——评估将行为同主体的利益、计划、性格、倾向和习惯联系起来的这一整套关系，从而探究犯罪人的动机就是十分重要的。对犯罪动机的审讯，是我们社会的一种根本性的权力—知识形式。这里的

---

① 在我们今天的社会里，对罪犯的道德谴责一刻也没有停息，国家并不压制，有时反而利用、煽起这种话语，从而强化罪犯是异常人的观念。在这种强势话语面前，罪犯本人难以自持，他会逐步开始反躬自问："我是不是真的错了？我是不是真的是一个恶人？我是不是真的与他人不一样？"这样一个过程，对"净化"罪犯的心灵，最终达到司法的效果是必需的。

② 米歇尔·福柯. 法律精神病学中"危险个人"概念的演变. 苏力，译. 北大法律评论，1999（2）：482.

"审讯",是一种提出问题、抽取答案、搜集证言、核对证词、确证事实的政治和司法的权力。通过审讯确定下列事实:行为和动机之间的联系越密切,主体可归责的可能性就越大;而这种联系越稀疏,被告人有罪的可能性就越小,行为更像是主体无法控制的力量的瞬间爆发,司法官员对这种行为作出果敢的有罪判决的决心就难以下定,他们会认为被告人更适合强制性的精神病治疗而不是刑罚处罚。

就是以这样的方式,在19世纪以来的刑事裁判文书中开始出现和记载了"危险个人"的形象。

> 19世纪的精神病学也将日益趋向于寻求发现那些可用来标记危险个体的病理性耻辱之印(pathological stigmata):道德错乱、本能错乱以及生物退化。这一危险个体的主题一方面将引出诸如意大利学派的犯罪人类学,而另一方面将引出由比利时学派首先代表的社会防卫理论。①

今天的刑罚实践乃至刑法理论都仍然趋向于以"危险的个体"作为惩罚性干预的首要目标。

上述见解也要求修正以往的刑事责任能力概念。以往的概念是:要确定某人有罪,就应当首先确定他是自由的、清醒的、不受痴呆和任何狂暴症发作的影响的。这一概念在某些方面与民事法律责任的归责原则相近。在依据危险个人所确立的刑事责任能力概念中,对清醒意识的考察是必要的,但仅此还不够,还应当延伸到在参照个体的行为、性格以及先前事件的条件下,一个活动是否说得通。一个行为越是没有动机或者动机难以确定,就越可能免责;我们越是可以从心理学角度来确定一个行为,就越有可能认定行为人负有法律责任。

由此,我们可以看到刑事司法机制的基本而隐秘的形态:从犯罪到罪犯;从实际干的行动到潜在于该个体之内的固有危险;从对有罪之人的调节性惩罚到对其他人的绝对保护。所有这些转变都隐含了一个相当明显的变化,即摆脱旧有的

---

① 米歇尔·福柯. 法律精神病学中"危险个人"概念的演变. 苏力,译. 北大法律评论,1999(2):484.

以行为为中心、以法律主体的可归责性及其法定责任能力以及法律界定的与行为严重性相当的惩罚为核心内容的刑法体系。无论是某个个体的"犯罪性",还是其危险程度的指标,也无论是他的潜在或未来的行为,还是为了保护整个社会不受这些潜在危险的伤害,所有这一切都不是古典意义上的司法概念。这些因素要想以某种理性的方式运作,其知识体系必须是技术的,可以从罪犯个体及在某种意义上透过其行为概括出该个体的特点,能够测度他所体现的危险指标,面对这样的危险能够确立所必需的保护。

12. 刑法对社会一般人的关注

刑法似乎心无旁骛地盯着犯罪的个人,但是刑法的余光始终在扫描社会中的所有人。

12-1 穿透个人、着眼长远的刑法目光

自 16 世纪以来,一种新的政治权力、政治结构形式——史无前例地高明的国家——在不断地发展。一般的看法认为,国家通常是某种忽略个人而只顾全体、某个阶层或者群体的利益的政治权力,这当然有相当的道理。但是,仔细地看,在现代国家中,个体化技术和总体化过程被复杂、巧妙地铰接在一起,国家权力同时是个体化和总体化的权力。前面所讲的刑法要确定"犯罪人"这种规范对象,是一种个体化技术;而我接下来要分析的刑法的规范目标——社会一般人,则是国家总体化权力运用的表现。它们都与社会治理有关。

治理是为了达到某个方便的目的而对事情所作的正确安排。按照福柯一贯的观点:国家所关心的是人,确切地说是人同财富、资源、生活资料和领土(气候、灌溉、肥力)等的关系,人同风俗、习惯、生活方式、思维方式等的关系,以及人同饥荒、流行病、死亡等偶然的和不幸的事件的关系。一个妥当的治理,必须在关照特定人的同时,用权力的"余光"扫描更多的人。所以,刑法必须针对个人,但指向更远。

孔德曾经说,形而上学已经死了。但是,科学并没有杀死形而上学。所以,

完全借助于实证主义的支撑来建构围绕具体个人的刑法知识存在不少的问题，形而上学关于人的观念能够更好地引导人类精神走在更为宽阔的道路上。

> 当一个科学家从实验室的结果出发，在本体论领域里进行外推，他也将重新落入幻觉之中。因为我们属于理性、理论理性，我们总是希望得到绝对的公理，最终的解释。这是人类精神的一部分。①

所以，在刑法学中，"抽象人"的形象始终是挥之不去的。罗斯柯在谈到贝卡里亚的观点对于现代美国刑法的影响时说：

> 我们刑事实体法的根据是惩罚罪恶意图的理论，其中假定具有自由道德意志的个人，面临着为善与作恶的选择，他可以自由选择作恶。②

所以，抽象刑法人概念是刑法根基中的核心部分。当然，真正的问题远比这一论断复杂，还需要仔细辨析。

刑事古典学派将犯罪完全地视作法律问题，企图在法律领域内部解决与犯罪有关的全部问题。③ 在刑事古典学派关于人的知识构造中，就法律、犯罪和惩罚的三角结构而言，罪犯形象的缺席是最为引人注目的。罪犯的位置被作为惩罚主体性基础的"自由意志"的假定所占据，这种意志是所有法律主体都共同具有的能力，其潜在的蕴含是任何人都可能走向犯罪的深渊——任何人如果由于对善恶的错误计算而犯罪，他就成为刑法人。所以，刑法人不是一个特殊的种类，或多或少仅仅是一个公民，是签订契约的人；它也不是某种特殊形式的知识的对象，而是一种功能。要解释刑法人的行为，我们并不需要作为特殊知识的犯罪学，而只要存在一种有关人类主体的一般理论、足以给人以时代错乱感觉的"一般人类

---

① 弗朗索瓦·夏特莱. 理性史——与埃米尔·诺埃尔的谈话. 冀可平，钱翰，译. 北京：北京大学出版社，2000：136.

② 休·泰特斯·李德. 古典学派、新古典学派和实证学派//外国刑法研究资料：第1辑. 北京：北京政法学院刑法教研室，1982：128.

③ 菲利. 实证派犯罪学. 郭建安，译. 北京：中国政法大学出版社，1987：24.

学"就足够了①，自由且足以令人承担刑事责任的意志使得古典刑法理论拥有了抵抗任何攻击的、屡试不疲的"挡箭牌"。

  刑法为什么要将警惕的目光投向所有的人，从而关注所有的人，这还可以从社会治理的角度进行讨论。刑法是实现国家治理化的一种手段，福柯曾经将治理国家和施行家政进行类比，认为治理意味着国家对每个人和所有人的财产和行为实施一种像家长对他的家务和财产一样专注的监视和控制，即在国家的层面上建立"家政"。所以，与社会治理相关的是"人治理事"（one governs things），治理的对象表面看是人和事的交织，但是从实质上看治理针对的却是"人"。这个人显然与财富、资源、谋生手段、习俗、习惯、行为方式、思维方式、精神疾病、伤害、死亡等事故相关联和纠缠在一起。所以，国家必须从犯罪这一逼仄的视角出发观察更大范围的个人和人群，达到观察每个人的一举一动的企图，从而使他们的行为符合既定的行为规范，避免出现国家意料之外的行为，也使他们生活得更有节奏和合拍。这与治家完全是一样的，治理家务不是为了单纯地看护家庭财产，与治家关联的是人或者说是人与事的复合体，即每个家庭成员以及他们的财产和幸福。治家意味着认真考虑所有可能突然降临的情况，像出生和死亡，以及所有可能做的事情（如与其他家庭的联姻等），并要防止天有不测风云。

  而从刑法理论起源的角度看，重视抽象人与限制恣意的王权有关，更与保护法律的运动有关。要确认一个人的义务，以及保障所有人对构成市民社会之基础的契约的尊重，就需要把所有人纳入刑法视野。因为只有通过为保障每个人在关涉到他人时的各种自由权而实施的个体意志和权力的联合，市民社会才得以建立。市民社会通过对一般意志（a general will）和宪法的服从而得以组织起来。而国家的目的在于承认并维持一种法制的状态，保障所有的人依照法律而和平共处。

12-2　对人类精神的假设

  无视植根于人性的责任情感，歪曲人的本性，否定刑罚的报应本质，都是对

---

① 实际上，这也是解释"经济人"（homo economics）行为的理论。"经济人"基于错误计算而亏损、破产与刑法人基于错误计算而犯罪、承受监禁等刑罚之间是完全可以通约的。

刑法的本质性误读，其根源是否定人的自由精神，这并不妥当。从人类发展史和人类文化来看，不承认自由精神、不承认意志形成自由就不能理解人类的历史和人类本身，从而必然否定人的本质。这一结论，显然适用于刑法领域。

对人的本性的理解在今天的刑事司法中具有举足轻重的地位，理解人的行为就一刻也不能离开现实存在的人的动机、性格、人格等。从行为是人的本性的外部表现的角度看，人的动机和性格对行为有决定性。不过，应当特别注意的是，我们要对动机和性格的形成、表现过程给予仔细的考察。在人的动机产生过程中，在一定程度上，人的精神有自发的自我决定能力，动机和性格只不过是人的精神过程中的一个阶段或表现形式。人的自发的自我决定能力是人的本质，是支配动机和决定性格的本质因素。自发的自我决定是人的精神的核心，是人类文化和人类历史的基础。在刑法范围内，无视人的自发的自我决定就无法讨论人的行为。人的善行和恶行是由自发的自我意识决定的，刑罚的报应则是对善行的嘉许和对恶行的责难，事实上这就是报应刑论的基础。所以，承认人在精神领域的自由，才能对实施犯罪行为者作出责任非难，受责任非难者必须承受刑罚所带来的痛苦。

在今天的刑事司法领域中，法官总是自觉地将各种各样的罪犯的特质缩小、抽象化和通约。也就是说，法官在审判中总是先假定被告人的意志是自由的，然后在此基础上考虑成文化刑法的规定，考虑道义的、法律的惩罚的意义。[①] 我们可以在无数次的庭审中听到检察官对被告人犯罪的如下论证：刚才的庭审表明，被告人并无生理上、心理上的疾患，他/她是一个正常的人，有着辨认、选择、决定、控制自己行为的自由。一个正常人在自己的意志处于自由状态的时候实施危害行为的，应当负故意或者过失的罪责。这似乎是一种陈词滥调，但是，当所有的司法人员都愿意在司法过程中重复它时，它就变成了合法化论证过程中的重要一环。关于自由意志的传统话语在今天居然能够复活并如此广泛地流行，要想隔绝它实在是太困难了。

---

① 菲利. 实证派犯罪学. 郭建安, 译. 北京: 中国政法大学出版社, 1987: 9, 12.

许多人都难以接受司法传统中的这种做法。早在实证主义的初创时代，菲利就认为，预先假设人的意志自由与司法的本质不相符合。事实上，法官"不能确定谋杀或盗窃的道义责任。只有通过实验方法和科学方法从犯人的生理、心理以及家庭、环境等方面，对我们称之为犯罪之痼疾的病因探究之后，在科学指导下的司法才会抛弃目前降临在那些可怜的犯人头上的血腥判决，而成为另一种以除去或减少犯罪的社会原因和个人原因为首要目的的医疗职能"[①]。菲利的批评并非毫无道理，但是，要求司法过程完全地"去意志自由化"实在是不符合实际情况，企盼司法裁判结论完全地"去道德化"也有悖于司法必须经常地去迎合大众的"道德胃口"的一贯做法，而且，长期的经验事实已经证明，所谓的用科学方法指导犯罪评价机制、把刑事司法还原为一种自然功能的设想在多数时候都要落空。

　　不过，在这里，我却能够大致预想到我的上述主张可能招致的通常的批评：它们只不过是相对的自由意志论的翻版。我不能接受这种批评，同时为了免受这种批评，我必须对自己的主张作详尽的论证。

　　我承认，要脱离有着悠久学术传统的相对自由意志理论的束缚的确是很困难的，自由意志概念的阴云始终笼罩在刑法学的周围，它对刑法理论的根本性影响完全超越了我们贫乏的想象力。但是超越传统理论或者提出新的关于犯罪人的精神领域言说方式是有可能的。

　　我认为，必须承认"在很多时候，人的行动与他的见解有关"这样一个朴素的事实。一般地说，人是由内在想法和外在行为两部分构成的，二者之间有着密切的不可分离的关系，在一定的想法的支配下，就可能实施一定的行为，此乃常识。人的行动，可以大致分为自觉行动、不完全自觉的行动和非自觉行动三种，与它们基本对应的犯罪心态是直接故意、间接故意和过失。凡是不是由于我们的预见或者同我们的整个意愿相反而产生的行动就是非自觉行动。自觉行动指的是，事情在发生以前已经预见到，而对那件事情的希望或者恐惧构成一种刺激，

[①] 菲利. 实证派犯罪学. 郭建安, 译. 北京：中国政法大学出版社, 1987：21.

第三章 主体的分裂

或者像人们常说的，一种动机①，如果这种动机是希望的情欲，它就诱导我们努力去促成它，如果是恐惧的情欲，它就诱导我们努力去防止它。自觉行动是伴随着预见的，然而预见并不是简单而直接的冲动，它包含一系列广泛的考察，使人能够从同样的原因推出同样的后果。

所以，自觉行动是由对于要产生的后果的认识所引起的，这使得人能够比较和判断自己的行为。许多行动都是在结果是行为人所希望的，或者是不太出乎行为人的预料的情形下发生的。当人有这种认识，他就会指挥自己的四肢和相应的器官，实施一定的行为（包括犯罪行为）。我们可以看到，在刑事司法实践中，基于自觉行动而实施的犯罪占据犯罪总数的绝大多数。每一自觉行动都有偏好或者选择，由此，我们可以看出人在各种情形下的自觉行动以及部分不完全自觉的行动都是从它们的见解中产生的。有时，虽然人的行为可能变化无常，但是，这与人的自觉行动产生于他们的见解这一命题并无根本的矛盾。一个谋杀犯产生犯罪意图后可能会处于思想激烈斗争的境地，他可能在一天之内，无数次地下定决心杀人，又犹豫不决地放弃、修正自己的犯罪意图（例如只致残，不杀人），他的内心可能受到莫名的恐怖、撕心裂肺的仇恨和持久的烦躁不安的反复折磨。但是，无论他何时作出自己的决定，都是受到了他推理的官能的启示；而当他决然行凶时，他能够强烈地感觉到的必定是他将要从实施的行为中得到一定的利益。

对于许多过失犯罪而言，前述的分析基点必须加以修正。过失犯罪中的危害后果是行为人不希望看到的，其对结果的出现完全是排斥的。但是，他对法益有消极的不保护态度，这是不容否认的。从这个角度讲，过失犯的危害行为在他行动之前的那一瞬间的思想状态中就已经产生了，只是不具有像故意犯罪者那样的自觉性而已。即使是在对危害结果可能没有认识的情况下，在行动之前，行为人已经在潜意识里依据法律、法规、生活常识、条理等对法律上应当保护的利益有

---

① 凡是无生命物质的正常作用受到了智力干预的情况，都可以使用动机这个词。造成这种干预的任何思想上的感觉或知觉都叫作动机。所以，对于一切来源于感觉或知觉的行动——无论是自觉的或者是非自觉的——都可以使用动机这个词。威廉·葛德文. 政治正义论：第1卷. 何慕李，译. 北京：商务印书馆，1997：39.

所认识，后续的行动就仍然是在对一件事物的判断或者见解中产生的。此时，行为人的见解或者判断也许是极端不固定的，它可能事前有过多次的犹豫甚至反感，事后又继之以悔恨，作出了积极挽回后果的姿态，但是，它无疑仍然应当是行动开始那一瞬间就存在的思想中的见解或者判断。

承认人的意志的存在，是为了确立一种关于人的确定性。对某种（包括人）确定性程度的追求在18世纪时达到了登峰造极的地步。对此，从有关的语义学中可以看出，M. 弗雷在《法国大革命时期的语词的嬗变》一书中就表明了这一点。① 这种传统的确定性观念后来受到实证学派的人类性格具有短暂性（temporaneity）和易变性（mutability）思想的无情批判。我认为，在今天的犯罪主体观念乃至刑法实践中，仍然必须坚持一种确定性理念。现在构成人类生活和共同生活的是一种世俗的义务和责任，是人的各种力量，人类的行动能力成了压倒一切的力量，它调整着确定性。这种确定性是一种有待于通过目的性的活动来实现并维持的东西，与18世纪的追求迥然不同。

在今天，当我们重新接触到康德在道德领域所建立的自由意志理论时，内心仍然激动不已。康德曾经说过，有两种伟大的事物，只要我们的思考贴近、附着在它们的身上，它们就会使我们心中产生永远常新和有增无减的赞叹和敬畏：我头顶上的灿烂星空和我心中的道德法则。前一种景象以世界的不可计数取消了我作为一个动物的重要性，后一种景象恰好相反，以我的人格把我作为一个精神所具有的价值无限向上提升。在我的人格中，道德法则向我展示了一个独立于动物性甚至独立于整个感性世界的生命。在这个意义上，人的存在才有其内在价值。也就是在这个意义上，"自由意志在古典理论中所发挥的功能使其成为惩罚权的主体性基础"②。

当然，承认人的意志的存在，并不等于完全承认"自由意志"概念在刑法领域的有效性，李斯特在其著名的教科书中也承认犯罪的意志，但是，他明确指

---

① 对此的详尽分析，请参见齐格蒙·鲍曼. 立法者与阐释者——论现代性、后现代性与知识分子. 洪涛，译. 上海：上海人民出版社，2000：120.
② 福柯. 犯罪学：一种特殊知识的诞生. 劳东燕，译. 刑事法评论，2001（8）：503.

出,这种意志与古典学派所说的自由意志完全不同。所以,意志自由概念在今天仍然必须重新承受学术上的拷问。

时至今日,在刑法学界影响最大的观点莫过于关于意志自由存在的说明:人们犯罪或者服从法律的原因很多,通常是因为个人承受一定的压力或者社会本质的关系。但是,最终是因为他们的自由选择。实施一定行为的人如果被发现是精神病、被强制者或者因其他原因难以践行自由选择的人,他们将无须承担刑事责任。①

必须看到,意志的存在,是许多哲学家都不否认的。朱光潜先生指出:

> 叔本华(Schopenhauer)以为世界中事事物物都受意志支配。低等生物也有意志,不过自己不能察觉。"隐意识"也可以说就是"不能自觉到的意志"。尼采(Nietzsche)以为人的根本冲动是"趋附权力的意志"(the will to power)。荣格和阿德勒的学说都很带些叔本华和尼采的色彩……后来哈特曼(Hartmann)把叔本华的学说应用到心理学上,其主张更与隐意识学说相近。比如他说"本能是受制于无意识的目的之有意识的意志"(conscious willing conditioned by unconscious purpose),就几乎与弗洛伊德同一鼻孔出气了。②

即便是尼采,也承认人的存在与自由意志:为了能够支配未来,人必须事先学会区别必然和偶然,学会思考因果,学会观察现状和远景,并且弄清什么是目的,什么是达到这一目的的手段,学会准确地预测,甚至估计、估算。换言之,为了能够最终实现关于自己的未来的预测,人本身必须先变得可估算、有规律和必然性。③

事实上,刑法学中,注重个人是在强调个人自由。具有自由意志的个人既然可以决定、选择适法行为,自然也有权、有能力对法律的明确性、可预测性持有

---

① Frank D. Day, *criminal law and society*, Florida: Charles & Thomas Publisher (1964), p. 58.
② 朱光潜. 变态心理学派别. 北京: 商务印书馆, 1999: 3.
③ 尼采. 论道德的谱系. 周红, 译. 北京: 生活·读书·新知三联书店, 1992: 39.

一种合理的期待，这也是罪刑法定原则产生的理论前提。罪刑法定原则要求法律成文化、明确化、可理解、可预测、轻缓化和符合理性，这与自启蒙思想诞生以来的法治立场是完全契合的。按照刑事古典学派的制度设计，在这种法律背景下的人应当是自由的、享有人权的，可以按照法治理念安排有秩序的生活的。所以，刑事古典学派将社会和生活过于理想化了，并试图要求公众、法官按照这种理论化的设计行事。

在现代社会，刑法是一切法律（包括宪法）的保障法，在刑法"缺席"的情况下，人们不能过一种安全、符合基本规则的社会生活和私人生活。有刑法保障的生活或许不是最自由的生活，但是，却不是境遇最差的，而是可以大致预期自己行为的妥当性、他人在一定背景下应承受的否定性评价的生活。所以，通过刑法可以获得自己的一些重大权益（例如生命、健康、财产和基本生活秩序）不受犯罪任意侵犯的自由；在基于故意或者过失实施危害社会行为之时，不会落入司法权任意处置的陷阱，这是相对于绝对自由的一种次级的自由。对许多人来讲，这是一种极其压抑的生活，但是，这是生存所必须付出的代价。出于对一些东西（例如天、自然、生命）的敬畏，我们不得任意实施破坏天人同构秩序的毁灭行为，出于对一些东西的恐惧，普通人不敢在同类间杀戮（战争狂除外），甚至不敢目睹这些血腥的场面。几乎所有的人都本能地认同这样的观念——时时刻刻存在的犯罪对整个社会肌体构成一种持续的威胁。对于犯罪的肌体恐惧，对这种看来是社会自身不可分离之一部的危险的困扰，也就因此永久地铭刻在每个个体的意识之中。"己所不欲，勿施于人"，因此，人生活在这个实质上并无规则、从总体上呈蜘蛛网状任意发展的星球上，我们每时每刻都要也都在约束自己的行为，不得实施将同类置于死地的行为，不偷窃，不杀生。唯其如此，我们才能维持起码的生存条件，也才能获得超过底线（而绝非最低限度）的自由。在今天，人们也的确通过刑法获得了许多自由。

刑法的影响力过去是如此之巨，绵延至现代也丝毫未见削弱。在今天，刑法始终在通过一种权力机制来插手现代社会中的社会肌体，任何个人都无法逃脱刑法眼睛的扫视、盯梢、搜寻、监控，刑法有君临一切的气概。刑法的特质决定了

它是从不合上双眼的"守夜人":成文刑法会产生无法否认的一般预防效果;在行为的危害性很大,其他法律对这种行为感到惊讶和不知所措,甚至还没有作出任何反应时,刑法就出击了,而且会产生"余音绕梁,三日不绝"的效果;有时,其他法律的出面并不能有效地"摆平"某一矛盾,求助的目光又投向了刑法,刑法作为一种最后的力量又开始粉墨登场,作为一种改造个体之技术的法律惩罚机制开始运作。由刑法的存在和运作所产生的权力和制造的话语,生活在今天中国的任何人都可以感觉到。广义上的"犯罪文学"(正规媒体和形形色色的街头小报对刑事案件连篇累牍的报道、侦探小说以及围绕犯罪和罪犯展开或者纯属虚构的罗曼蒂克文字)的传播在一定程度上可以强化刑法在现代社会的影响力。我这样讲,丝毫不意味着我主张刑罚威慑论,而只是在事实上揭示刑法的固有功能。

第四章　规范意识主体

康德曾经坦言道，他所关心的问题只是"人是什么"？这个问题可以分成三部分：人能够知道什么？人应当做什么？人可以希望什么？他的三大批判都围绕着人而展开。因为康德深刻地认识到，没有人，全部的创造都将只是一片荒蛮、毫无用处、没有终结的目的。只是在人之中，在道德律能够适用的个体的人之中，我们才能发现关于目的的无条件的立法。因此，正是这种立法，才使得人能够成为整个自然界都合目的地服从的终结目的。[①]

关注"人"的命运，不只是哲学的任务，也是刑法学的重要使命，惜乎我们以前的刑法理论在这方面做得很不够。

在传统中国刑法学的主流潜意识中，人基本上是可以任意威胁的对象，仅此而已。但是，"人是法的形成的中心点。他的身体——心灵的状况在法的一切领域里都起着一种决定性的作用……他的本能欲望和激情，他的精神生活的组织和内容：这一切对于法来说，都具有至高无上的意义"[②]。所以，刑法学必须像康

[①] *Kant's Critique of Judgement*, trans. J. C. Meredith, Oxford, 1955, Part Ⅱ, pp. 108, 100. 转引自赵敦华. 西方哲学简史. 北京：北京大学出版社，2001：284.

[②] H. 科殷. 法哲学. 林荣远，译. 北京：华夏出版社，2002：148.

德对"人"的态度一样,秉承一种理性主义和人本主义的精神来研究"人"及其刑法命运。

13. 中国刑法学中的犯罪主体观念

现代社会将人变为主体的"客体化"模式有两种:一是把对人的认识等同于科学的认识模式,它存在于现代西方的语言学、经济学和生物学等学科中;二是把人同自身或别人区别开来的"划分实践",如对罪犯(异常人)与正常人的区别。

在中国刑法中,也存在主体的客体化模式,刑法一方面把具体的犯罪人作为规范对象看待;另一方面又将社会一般人作为刑法长远的规范目标,在这一点上,与外国的刑法制度并无本质区别。如果说有所不同的话,那就是在揪住个人不放还是盯住更多的人方面,中国刑法选择的侧重点有其特殊性。在我看来,在中国的刑法传统中,一直以来都比较重视后者。

在这一点上,以往学术传统的影响是不可低估的。例如,在犯罪原因方面,蔡枢衡就认为犯罪的原因在物质,而不在心灵。因为心灵是物质的作用,所以心灵——意思绝不是绝对自由的,因而,否定了一元的自由意思论。心灵的作用浸透物质,也会发生绝对作用,意思也不是宿命的,所以,否定了多元的机械的犯罪原因论。他认为应该沟通二者,使之融为一体,才是创造中国刑法学的出发点。所以,他采取一元的意思决定论,把物质的力作为一元的犯罪的原因,把意思——意志也当作犯罪原因的一个形态。此外,他认为应区别犯罪原因的根据和条件,犯罪原因是犯罪原因中根据和条件的统一。根据是本质的原因,表现出来,便成为一种力。这种力是物质的作用,是行为人活动的原因,是现实行为的可能性,也是根据的现实。这种力包括生理的、心理的和病理的。犯罪的本质原因是生理的力、心理的力和病理的力以及促使实施犯罪行为的最后条件以前之主观的客观的诸条件二者的统一或总合体。因而,犯罪概念应该是社会生活一分子之反社会的危险性和反社会的现实性之统一。所谓反社会的危险性,就是基于生

理的力、心理的力和病理的力而产生的实施犯罪行为之实在可能性，反社会的现实性就是这种反社会的可能性的现实化。因而，刑事处分所要克服的是反社会的可能性，不是反社会的现实性。从性质看，犯罪和刑事处分间的关系是病和药的关系；从数量看，犯罪和刑事处分间的关系是"病小药量轻，病大药量重"的关系。恰好消灭反社会的危险之质和量，便是立法和裁判上的刑事处分适当的质量。①

中国社会对人的看法是，个人必须被放到社会中去理解，他是社会关系这一网上的一个结，中国传统哲学并不是不重视人，而是更看重他的社会责任。社会以及法律对人的要求都无疑是：从长远看着眼于所有人，但是需要时刻盯住的是少数人。②

我们今天对犯罪的思维从总体上停留在古典刑法理论的框架中，对一个犯了罪的人，人们甚至犯罪者本人无疑会说："我本来不应该这样做，但我却做了这件不该做的事。"刑法人首先是一个公民，这种人作为一种潜质存在于我们每个人之中，但只有通过违反法律的行为才在事实上成为刑法人，就像任何人可能由于对善恶的错误计算而犯罪。

在立法者眼中，刑法典应以现实生活中的何种人为原型进行设计？对此，民法领域的类似观点可资我们借鉴：在法国民法中，民法编纂者心目中的，给民法典的风格以烙印的理想形象，不是小人物、手工业者，更非领薪阶层的理想形象，而是有产者的市民阶级的理想形象。他们有识别力、明智、敢于负责，同时也精通本行和熟悉法律。而在德国民法典中，作为基础的人类形象，不再是小手工业者或工人的形象，而是富有的企业家、农场主或政府官员的人类形象。换言之，就是这样一种人，即人们能够指望他们具有足够的业务能力和判断能力，在于契约自由、营业自由的基础上成立的市民营业团体中理智地活动并避免损失。德国民法典理想的"人"是一个极其理智、成熟而又有社会地位的人。这样的一

---

① 孔庆平. 蔡枢衡的刑法思想研究. 刑事法评论，2001 (9)：365-366.
② 类似的看法，请参见孙隆基. 中国文化对人的设计//刘晓枫. 中国文化的特质. 北京：生活·读书·新知三联书店，1990：204.

个"人"之所以成为"人",其正当性在于他的理智、他的判断和思考能力。在法律上,这一能力被表述为"行为能力",该能力的有无及大小的判断依据在于他的理智成熟程度。

英美法认为民法中的"人"完全有能力照顾自己的利益、能够订立对自己有利的合同条款。A·P.赫伯特对这样一个的"商人"形象有极其形象的描述。[①] 他以理性为基本存在状态,很少有情感的流露,其举手投足都经过缜密的考虑和计算。他不会犯任何错误,哪怕极其微小的错误。在社会生活中,他是社会行为的标准,是法律树立起来的供人们效仿的榜样。在英美的立法和判例中,这样一个"普通谨慎人"(common prudent-man)的抽象人设计的目的在于判断责任的有无及大小。如《美国标准公司法》第8节第30条规定,董事必须尽处于相同地位的普通谨慎人应尽的注意,如违背这一义务,则需承担责任。抽象刑法人的观念,与近代民法对人的态度如出一辙。

古典刑法学中的一个"人"被描述成"强有力的智者"(星野英一语)。他被认为是自己利益的最佳判断者,是一个"理性人"或"精明人"。立法者相信人的意思是透明的,人完全有能力清楚完整地表达自己的意思,每个人的意思都能被精确地发现、被理解。

事实上,刑法典所想象的"人"也是大致相同的一个奇怪模式和混合体:一方面,它高扬人的主体性,强调一种几乎近于绝对化的意志自由。意志自由的全面实现必然以理性的成熟、智识的自足为基本假设。人们在"persona"(人)的法律意义之外,"还增加了一种道德的意义、一种自觉、独立、自主、自由与负责任的意义。道德意识把意识引入权利的法律概念之中。在职能、荣誉、责任与权利之中,加入了有道德意识的人"[②]。另一方面,又分别规定了法律错误、事实错误等内容,明显可以看出法律并不坚信所有的人都是精明而能干的,相反,他们的认识可能会处于受蒙蔽、欺骗的状态,法律有必要对其理性予以法律"监

---

① 具体的分析,请参见罗伯特·考特,托马斯·尤伦.法和经济学.张军,等译.上海:上海三联书店、上海人民出版社,1994:455-456.

② 马塞尔·毛斯.社会学与人类学.佘碧平,译.上海:上海译文出版社,2003:291.

护"。这本身也反映出法律对"人"的能力的不信任。

从这个角度讲，在立法活动、刑法本体理论中承认古典刑法学上的抽象刑法人概念就是有意义的。由此出发，我们就要承认刑法人在一定程度上的自由性。按照考夫曼德的说法，个人并非本质，个人是关系。在此意义上，个人集规范性对谈的"如何"与"什么"、"主体"与"客体"于一身，个人是在对谈的程序之中但也在它之外的，是已存在的也是被放弃的，个人不是静态且永远的，在其动态、历史的形态中个人并非可以被任意支配的。① 所以，古典刑法学派不把人看作具体人的看法，是有道理的。

刑法人作为社会一般人，一方面凝视着围绕在自身周围的自然的、必然因果法则；另一方面则能够运用这些法则，根据自由创造的意志活动，克服自然状态。在这一点上，我们需要继承古典学派的学术传统，我们需要像康德那样宣称人可以在自由和被决定之间进行选择，我们"必须设定人是自由的，否则就无法理解人的行为。如果人不自由，那么怎么理解到处都可以看到的完全根据对自然法则的尊重作出的无私行为呢"②？

所以，人这种存在物，能够在经营社会的共同生活中，遵守由人的智慧创造出来的规范，抑制自己的欲望和冲动，进行自我规律。这种主张自己的社会成员权利的人在社会上既然可以按照自己的意志行事，那么，其在绝大多数时候都能够抵抗犯罪的冲动和诱惑，采取谨慎的犯罪回避行为，洁身自好；同时在其行为对社会有害时，自然能够独立、积极地对结果负责。也正是在这个意义上，我可以说，承认抽象刑法人，是刑法本体论得以建构的基础，也是我们生活在其中的社会能够存续的一个基本的、共许的约定。

中国刑法中的刑法人有两种：一是理性人（抽象刑法人），他们能够收敛行为、自我约束其内心，他们的存在表达了法律的乐观；二是"恶人"（危险个体），他们原本作为具有意志自由的理性人存在，但是在具有危险性时，是法律

---

① 考夫曼. 法律哲学. 刘幸义，等译. 台北：五南图书出版公司，2000：293.
② 弗朗索瓦·夏特莱. 理性史——与埃米尔·诺埃尔的谈话. 冀可平，钱翰，译. 北京：北京大学出版社，2000：92.

特别关注的对象，他们的存在表达了法律的忧虑。①

这些人都是国家刑法防范的对象，同时国家强调他们在法律上的平等权。平等意味着一种均质化的治理，这是现代民主国家的治理策略，不过也正是在这种均质的治理的基础上，国家总体化的"利维坦"真面目才得以显露。

在今天的中国刑法理论中，人们在明确的意识或者在潜意识里赞成的观念是：刑法正义是由法律、犯罪和惩罚形成的三角所建构的。这三者之间的关系可以用刑法法治原则（罪刑法定）、惩罚均衡性原则来限定。

我们对刑法正义在实践中的建构的关心也是出于双重目的的：一方面，是对恣意的司法权力设定限制。另一方面，确保人们对法规范的尊重。事实上，这是古典刑法理论得以形成的双重运动。而我们今天所面临的情况和刑事古典学派当时所承担的使命基本上是相同的。

这就决定了，在我们的刑法学教科书中，就法律、犯罪和惩罚的三角结构而言，罪犯形象的缺席这一事实自然就是明显的，占据其位置的是作为惩罚主体性基础的"自由意志"假定。现在，正是就其性质而言，这种自由意志显然是为所有人（比如每一个法律主体）共同具有的能力。它本身不再是某种特殊形式的知识的对象。任何人都可能犯罪：刑法人不是一个特殊的种类，而是一种功能。用以解释刑法人行为的不是犯罪学，而是"一般的人类学"（这个词用来指有关人类主体的一般理论，给人以时代错乱的感觉），在本质上，这同样是解释"经济人"行为的理论。除了"计算现实生活的善与恶"的功利主义，无须假定任何其他特殊的、相应的知识模式，自由的、从而也承担责任的意志便使得刑法理论基本上可以自圆其说。

在刑法实践中，法官关注的是个人的行为与法律的抽象性规定是否符合，一般不再依靠想象来测度人们的内心，不再孤立地看待人们的思想；如果说内在动机对犯罪依然有意义，那也是因为思想已经转化为一种外在的可以观察到的行为，或者是由于这种思想使得行为成为可能。对抽象性、普遍性法律规范的重

---

① 胡玉鸿."人的模式"构造与法理学研究.中外法学，2000（5）.

视，使得刑法对行为的一般性、公众行为的约束力给予高度重视。

从这个意义上讲，在今天的生存环境中，无论在繁华的都市，还是在人迹罕至的乡村，刑法都是"在场"的，它如同我们日日呼吸的空气、从来没有离开过的一日三餐、穿着的衣物、周围的亲人一样，始终陪伴着每一个人。我们也许对它有一种拒斥的心态，因为它毕竟代表了一种冷酷、镇压工具的形象，它对每一个人的心灵所施加的压制是我们无法否认的。但是，要将刑法完全赶出我们的生活视界是根本不可能的，这是一种已经植根于我们血液和灵魂中、无时无刻不在发号施令的东西，是人类文明和野蛮行为的衍生物，是一种防止人类间相互自戕、自我毁灭的必要的"恶"。有这种"恶"始终与犯罪之恶对峙、有时是手挽手地前进[1]，人们的行为才能被框定在维持生存和大致和谐发展的范围内，才不至于走向整体性、灾难性的毁灭。

所以，我们需要通过刑法来构筑生存环境，刑法不能单纯地成为压制的东西，也要成为生活利益的保障者。

当我们讨论抽象刑法人时，理论思路背后隐藏着一个方法论整体主义问题。

方法论个人主义认为，社会是由无数个体组成的，没有个人也无所谓社会。因而对社会的分析必须从个人入手。[2] 在西方，方法论个人主义源远流长，在古希腊哲学及早期自由主义思想家的著作中，已依稀可见其痕迹。对这一方法论述得最为详尽、系统的人，首推奥地利经济学家米塞斯。其学生哈耶克对这一方法更是一往情深，推崇备至。在他看来，"我们在理解社会时没有任何其他办法，只有通过那些作用于其他人并且由其预期行为所引起的个人活动的理解方来理解社会现象"[3]。依这种观点，社会是否客观存在，是否是一种客观事实是大可置疑的，在日常生活中，我们无法感觉到社会的存在，我们感觉到的只是具体的人

---

[1] 福柯认为，有时权力要制造一些犯罪并循环往复地惩罚这些犯罪来论证自身的合法性。涂尔干广为人知的观点是，在有的情况下，犯罪是社会取得进展的助动器和润滑剂。刑罚和犯罪在这种情形下都存在为权力而共谋的复杂关系。

[2] 陈兴良. 刑法的人性基础. 北京：中国方正出版社，1999：24.

[3] 哈耶克. 个人主义与经济秩序. 贾湛，等译. 北京：北京经济学院出版社，1991：6.

与事。从这种意义上说,"社会"一词很大程度上是出于交流的便利而使用的,"社会"只不过是由人们想象、整合而成的,是一种"想象共同体"(imaged community),它本身并不是独立的、完整的。方法论上的整体主义与个人主义相反,它认为社会是一个整体,而且是客观存在、独立于个人之外的。这一方法滥觞于亚里士多德关于人是社会(政治)动物的思想。在社会学中,以"体系/系统"(帕森斯)或"社会事实"(涂尔干)为论述基点的均可归为此类。涂尔干对此作了精彩的论述。在他看来,"社会事实"是与个体脱离并深刻影响个体的客观存在,对社会现象的阐释必须从社会本身开始。① 马克思对人的阶级分析方法也可以说是一种整体主义方法。

作为刑法的规范目标的"人"不可能是具体的、单个的人,而是特定情境下作为"类"的人。因为一般而言,在立法上,"人"只能是一个类的概念,这与司法中活生生的个人明显不同,这是一种整体主义的研究方法。

在今天的中国,法治的理想对于我们有极大的诱惑力,建构并实现法治秩序、确立包含刑事司法公正在内的一般化正义是今后中国相当长时期的总体社会追求。基于此,大力贯彻与刑事法治立场相契合的刑事古典学派的理论观念是有实际意义的。

14. 犯罪主体观念的实践背离

就我个人的理论旨趣而言,我认为,把社会一般人作为刑法领域中的人,对刑法的存在有好处:这样的抽象人是一个世俗社会中的普通人,由此我们的刑法应当以新的标准对"人"提出较低的道德要求。人不再被想象为是大公无私的、毫不利己的、专门利人的"好人",也不是无恶不作的"坏人"。他本来就是一个"道德人",一个能够进行利益衡量、得失计算、理性自决和自治的"中人",他首先是一个自利主义者,其次才是一个利他主义者,而且,这种利他是有限的。

---

① 迪尔凯姆. 社会学研究方法准则. 北京:商务印书馆,1997:24-34.

在一般情况下,应认为他是善良的,对他"损人利己"的不道德行为刑法不应该干涉,这也为在刑法领域,国家一般不干预个人的"私"生活提供了理论支持,只有其行为超越了公众能够容忍的限度,刑法才能出面干预。

所以,现在和将来都必须坚持这样的观念:个人是因为其行为,而不是仅仅因为其性格、际遇而受到刑法的打击。例如吸毒者、卖淫者、四处流浪的乞丐等,就其个人际遇来讲是不幸的,他们的身份及其存在,对社会而言都是"异物"。但是,我们不能仅仅因为其个人际遇的不幸就确定对其的刑罚惩罚措施。否则,社会就是将不幸的人看作自己的敌人,而根本不是把不义(Unrecht)看作敌人。不幸者——也许有罪,也许无罪的吃亏者一出现,就遭到也许公正、也许不公正的驱逐判决,要为自己的行为负全责;因为他没有在生活中找到一个更好的位置,"社会迫害甚至出于一种并不光明正大的预先推定,似乎不幸的人至少接近对社会犯罪的边缘"①。

不过,在中国刑法中,有一个特殊的问题存在,那就是:在刑法理论对"人"的看法和司法实务对"人"的看法之间,存在严重的不协调,或者说是根本的断裂和分歧。

我们无法回避的基本事实是,虽然我们强调坚守法治立场、建构市民社会和尊重契约自由,但是,甄别个人的技艺在今天被发挥得淋漓尽致,关注、发现、惩罚、教育、挽救、矫正和淘汰罪犯这种危险个人的运动远未结束,而是以一种新的方式在今天又重新开始。这是一场战争,战火在少数人发动、鼓励下燃起,多数人直接或者间接地投入与犯罪作斗争而保卫社会的这场战役中,他们的作战对象是少数异常人。

所以,在今天,刑事古典学派的抽象刑法人观念不但没有得到复兴,而且在一定程度上还有被进一步颠覆的危险。人们对待刑法学中行为人的态度仍然沿用了刑事实证主义者的思路。加罗法洛早就说过的"将犯罪人看作是一种异常人的

---

① 西美尔. 金钱、性别、现代生活风格. 顾仁明,译. 上海:学林出版社,2000:129.

观点在当代事实上是非常时髦的"① 这句名言在今天的中国也完全应验了。

我们可以非常明确地看到，在今天的中国刑事司法中，对追问罪犯的个人危险性十分重视。实践中对大量案件的处理就表明了这一点。例如，1998 年 12 月上旬，被告人高某在深圳市福田通心岭住宅区见素不相识的被害人何某带一名女青年回家，即怀疑其养情妇，便于同年 12 月 21 日中午持刀将其杀害。法庭审判时，除查明高某有足以构成故意杀人罪的主、客观事实之外，还要查明其犯罪的真实动因和他的危险性。所以，今天的法官所做的，比法律要求他做的要多得多；今天的被告人所承认的围绕犯罪的事实，比法律要求他承认的要多得多。在本案审理过程中，被告人高某自称自幼家庭氛围灰暗，由于第三者的插足导致父母离异，家庭破碎。自此，失去家庭温馨的他对"喜新厌旧"的"坏男人"和"破坏别人家庭"的"坏女人"恨之入骨。正是由于这一"情结"使他想教训一下领"不三不四"的女人回家的何某。法院除查明高某的杀人手段、杀人过程和杀人故意之外，还要查明其辩称的心理障碍对定罪和量刑有无影响，在得到否定的回答后，法官还得审查由被害人领回家的人是否就是其情妇，只有证实这一女人是被害人所雇请的保姆时，定罪以及死刑的动用才能令人信服。② 所以，刑事司法机制仍然必须考察比行为、犯罪故意过失范围更广的内容，仍然要试图触及个人的灵魂深处的东西。伯尔曼曾经说过："法律应当裁判行为，但是为了知道那究竟是哪一种行为，法官应把自己置于行为者的位置上。"③ 而我们的刑事司法很多时候都在考虑这一点。

而在性犯罪、暴力特征明显的侵犯财产、侵犯人身罪当中，除了个人的人格、性格和经历之外，他的身体实际上也时刻受到刑事司法的关注。在这里，身体具有自我性和社会性的双重性质，这两者之间的张力导致了附载于身体上的意义的丰富、深入。这些不同的意义以细微、复杂而多样的方式彼此渗透。社会性身体限定了理解、透视生理性身体的方式。而身体的生理体验又须通过诸多社会

---

① 加罗法洛. 犯罪学. 耿伟，王新，译. 北京：中国大百科全书出版社，1996：72.
② 关于本案的详情，请参见《南方都市报》2000 年 10 月 24 日 A09 版.
③ 哈罗德·伯尔曼. 法律与宗教. 梁治平，译. 北京：生活·读书·新知三联书店，1991：134.

范畴被知晓,并总是被这些社会范畴所调整,维持了某种特定的社会观照。因此,理解身体的生物性与社会性关联,正确的途径是既看到身体的社会表象、范畴分类形塑作为有机体存在的身体,又看到后者对于前者的塑造。要努力探索融通"社会—自然"的途径,充分考虑自然进化选择中的社会性因素,同时考虑社会文化发展中的自然生物性因素及其演变。这就将身体的生物性—社会性、个人性—社会性、实在性—历史性结合在一起考虑了。

这种观点,与社会学上的看法完全是暗合的。按照社会学上多数人赞成的观点,由于个体是双重意义上的个体,它可以把身体和心灵、社会和个体这两个层面的要素共同媾和到个体人格之中,所以,刑法学对个人的关注实际上是在透过他来审视社会,察看社会肌体自身的疾患。换言之,个人灵魂的双重属性为刑法功能的广泛发挥提供了最大可能。在这个意义上的"个体",不只是能够为自己行动作出规划并对自身进行训诫的存在,他还是社会的产物,是一个观念、感觉和习惯的意识系统。在这个意义上的"人格",从根本上来讲,仍是社会化的产物,具有社会属性。人格的本质在于个体意识作为一种更高的精神生活形式,可以把集体精神内化在身体之中。这些都说明,刑法对个体的严密监视和毫不放松并不是无功而返的。

所以,问题的另一方面就是:甄别、审查、考察、追问个人的技术在今天的中国刑法中得到了充分的重视。刑法规范和制度在很大程度上以此为基点而得以确立。

而中国刑法就是在这种社会一般人和具体个人之间举棋不定、来回摇摆的,并经过反复斟酌之后选择最有效果的社会治理策略和手段。在一定意义上,也正是因为这一点,中国刑法在对犯罪进行定义时,总是矢志不移地寻找犯罪的实质定义与形式定义的结合,将犯罪的形式定义框定在"法律有规定"上;将犯罪的实质定义界定为"对社会有危害"。这种界定方式并没有充分考虑刑法中"人"的问题。如果要在犯罪定义中兼顾"人",同时考虑惩罚实践运作的态势,也许我们借用意大利学者曼多瓦尼(Mandovani)将实质与形式熔为一炉的犯罪定义更为妥当。

第四章 规范意识主体

> 犯罪是指由不具有溯及既往的法律用明确的方式规定的，以客观方式表现于外部世界，侵犯具有宪法意义的价值（或有悖于宪法），可从原因和心理上归咎于主体，因侵害的价值与非刑法性制裁不相称，而应受抽象与宪法维护的价值相适应，具体与行为人人格相适应、符合人道并以对服刑人再教育为目的刑罚制裁的事实（行为）。①

这种定义内涵广泛，既考虑了行为层面，又兼顾了价值层面；同时对刑法的规范目标和规范对象都有详尽的说明，与中国司法机制所实际探寻的犯罪观念基本符合。

15. 犯罪主体概念的整合：规范意识主体

不过，意大利学者的折中立场总是一种敷衍的方法或者权宜之计。或许我们没有更多的办法改变刑法领域中"危险个体"这种关于人的知识体系被进一步强化的现实，那么，我们在今后就得仔细探究：这种局面是如何形成的？它可能使我们今天的刑法理论陷入何种境地？我们作出何种努力才可以适度扭转刑法学中过分看重具体个人的危险性的现实？

我认为，要消除理论和实践对主体定义二元化的做法，就有必要提出一个含义较为广泛的概念，来包容、统合犯罪主体概念。从我一直提倡的规范违反说的立场出发，建构"规范意识主体"这个概念，就基本上能够达到我所预设的目标。

15-1 理论前设

在世界上只有一个人生活的时候，一个孤单的个体每次能够意识到的，总是他自己的苦与乐，而不能把世界从自己的意识和感知的现实状态中分离出来。"由于该个体是无限制的他自己，因此该个体就肯定不会做错什么，并且肯定不

---

① 杜里奥·帕多瓦尼. 意大利刑法学原理. 陈忠林，译. 北京：法律出版社，1998：译者序：9.

会耽误什么。"① 个体可以进行自我观察，但是，此时还显示不出一个具有新秩序的世界。

  在两个孤立的个体并存的场合，个体 A 会将个体 B 视作外在环境的一部分。"如果这一个体遭遇另一个体，这一个体就会判定，环境的这一部分相对于他至今所认识的部分凸现出来：另一个体追求这一个体所追求的东西，并且逃避这一个体所逃避的东西。"② 此时，个体之间的差异性也基本可以忽略，"社会越原始，构成它的个体之间就越具有相似性。"③

  在这种情况下，个体之间的规范性理解和规范性期待都会落空：一方面，这些个体不知道他们本身也可能是不同于出现在其意识中的各种追求的管理中心即喜好中心的东西；这就已经排除了某种规范性的相互理解。另一方面，个体之间的相互理解是一种在约定时约定者的恒常性没有得到保障的互相约定，如果双方中的一方丧失了他满足该约定的意志，他不再认为具备这种约定的世界比不具备这种约定的世界更值得选择，那么，援用这种约定就无益于另一方；因为缺乏其他方式的保障，约定的承续就取决于事实上的意志一致，并且与其一起消失，换句话说，这种约定无论如何只会建立一种认知性希望，而不是一种规范性期待。这样，秩序性世界根本无法形成。

  如果更多的具有同样素质的个体加入各个个体的世界中，那么，在其世界中定位这一需要每个个体来完成的任务就扩大化了，但是，每个自己的世界中的相互生活准则却无须什么改变。由于加入者的数量不断扩大，以致既不能避免遭遇又不能用实际上足够的准确性来预测遭遇，各个个体就可能会无控制地到处漂荡。有的人认为，人类社会生活是一种自然秩序，"人类相互的交接就像一群蜜蜂，或一群蚂蚁，可以自然推行。在这种社会生活的基础上，自然而然有一种与法律相和谐的确定适合性。只要放任人们完全自由，一切都可调顺和适。所以用

---

① 雅科布斯. 规范·人格体·社会. 冯军，译. 北京：法律出版社，2001：4.
② 雅科布斯. 规范·人格体·社会. 冯军，译. 北京：法律出版社，2001：7.
③ 涂尔干. 社会分工论. 渠东，译. 北京：生活·读书·新知三联书店，2000：93.

第四章 规范意识主体

强制方法及法律,用警察及军队的国家实在是阻害天然自由及善良社会情状"①。但这种观点并不正确,因为只有把个人看作离群索居的单位,他的内心、欲望等才等于是整个世界。但是,一旦无数欲望不同质的主体存在,个人的社会目的多样化就出现了,个人为谋取利益而妨害他人的情况就出现了。

为防止社会生活过于无序,一般的思路是通过暴力协调群体生活。把由于遭遇其他个体而产生的危险降低到实际上可以接受的程度。

不过,在将权力赋予某些个体时,会面临这样的困难:如何约束这些个体,使他们不滥用让与他们的暴力,并且结果不是唯有他们从所设立的机械装置中得到好处?

因为存在上述困难,由单个的诸个体的协调行动来设立暴力就是不可能的:如果诸个体追求它,但是,实现不了它,那么,所有的东西都处于先前一样的混乱之中;如果它不依赖甚至违反众多个体的意志而产生并且是有效的话,那么,它就与缺乏一种事先的同意完全无关;因为重要的不是一种服从的意志,更不是一种服从的义务,而是服从的事实。在设立暴力时,情形就像给一头野生动物戴上口兜,使之今后不再造成损害。

不管这种暴力是以何种方式设立的,它无论如何都只属于在进行合理的预测时,必须对其加以考虑的环境的形态。但是,它对被征服者的意义仅此而已。"没有一个个体能够改变自己的秩序图式并接受暴力拥有者的秩序图式;对被征服者而言,暴力拥有者的秩序图式毋宁是外在的。"②

最终地看,通过暴力协调群体会陷入恶性循环,注定难以成功。拥有最大力量的人就具有了针对所有人的最大权力,他可能暴力地强制所有的人,并且以所有人都同样会恐惧的严厉惩罚来控制他们。但是,在力量更强大者出现时,原来的暴力行使者就会被迫沦为服从者。所以,世界在设立暴力之后,也还是一个认知的世界,这个世界对每一个体来说无限制地是他自己的世界——个体还是

---

① 司丹木拉.现代法学之根本趋势.张季忻,译.北京:中国政法大学出版社,2003:69.
② 雅科布斯.规范·人格体·社会.冯军,译.北京:法律出版社,2001:19.

个体。

为了使世界能够成为长久的存在，就需要协调人们的生活，从而形成社会。社会是由规范加以定义的群体生活；群体里的个人是规范意义的个体，而不是自然意义的个人。如果没有规范，那么许多个人的集合，也是毫无意义的混乱，不能产生什么作用。

15-2 规范的产生与主体概念的出现

刑法通过针对个人的惩罚来威慑、指向更广范围的人群。历来的惩罚策略都或明或暗地承认这样的命题：社会基于规范而建构、存续和有意义，规范是社会的基本属性，生活在社会中的任何个体的意识和行为都摆脱不了其作为社会存在物的属性，或者说是由社会秩序本身所定位的。所以，个人必须以普通人的姿态进入社会日常生活，受到规范无所不在的笼罩和关切，才能反思和获取自身的权利。从这个意义上讲，这里作为社会平均人而存在的"人"成了刑法中指向遥远的"规范目标"。

古罗马的刑法模式开宗明义地强调：人之所以为人，是因为人是人。[①] 而在今天的刑法理论思路中，个人必须首先是风险意识主体。

在20世纪六七十年代开始，由于现代科技促成经济生活的多面化，生产和消费形态都进入一个新的时期，环境遭受破坏，各种事故频发，危险源增加。人不再只是和其他个人发生关系的社会人，而且是有着和环境协调义务的"生态人"，个人被附加更多的义务，被作为风险意识主体看待[②]，刑法上人的图像有了变化。

个人在意识到风险以后，必须遵守规范，从而过一种有规则的生活，所以，个人还应当是规范意识主体。人的本质就是对一种规范中所说的当为、一种自由空间的准确的形容，这完全是一种规范的定义。如果脱离了规范，个人就可能完全是动物。"人类的历史完全应该根据规范的有效性重新加以描述，如果没有规

---

① 赫费. 文化际的刑法 I. 蔡庆桦, 孙善豪, 译. 二十一世纪, 2000 (1).
② 在这个意义上，可以为抽象危险犯为何在现代会不断增加提供解释。

范,没有效力,人的历史就没有开始;若是有规范,有完善的规范,有效力,那么才有人类的历史的成长轨迹。"①

刑法谴责破坏社会生存环境的人,旨在维护规范的效用。这一方面说明规范的存在与否是重要的;另一方面也说明个人在规范的背景下,其利益受到了尊重。规范是否有用,是个人所认定的优先顺序决定的。法益的重要性如果能够满足个人优先利益的要求,个人能够依成文法律的规定请求另一个人为对自己有利的行为,规范就是有效存在的。这样,任何个人都必须遵守规范,也有权利要求其他人信守规范,人在这个意义上成了规范意识主体。

规范意识主体,具有尼采意义上的"存在者的强力意志"②。尼采曾经说:强力意志是"存在的最内在的本质"。凡一切存在者都是强力意志。人们通常愿意认为,尼采的强力意志说是对生命力量的张扬。这没错。的确,尼采经常从生命现象入手来讲强力意志,其典型的说法是,意志是做主人的意愿,是要支配、控制什么。对于强力意志的普遍性,尼采用一句话表达:意志"宁求对虚无的意愿,而不是不愿意"。因为在"对虚无的意愿"中,强力总是还有所求,总还为自己保证了命令的可能性。凡是生命者都是强力意志,强力意志是"生命"的基本特征。但尼采讲的"生命"就等于"存在",所以,说尼采的"强力意志"是一个表示存在者之"本质"的形而上学名称,应该是没有问题的。

强力意志是存在者的本质,但存在者整体的在场方式如何,还需要进一步讨论。尼采对这个"实存"问题也给出了形而上学的回答。一切存在者都是强力意志,"强力意志"的本质在于不断提高、永恒生成,但提高与保存是一体的,否则强力就会无限泛滥。因此,强力本身必须为自己设定提高与保存为一体的条件。这些条件,尼采称之为"价值"或"支配性构成物",即科学(认识)、艺

---

① 这是冯军教授2002年6月19日在北大法学院第24次刑事法论坛上的发言,陈兴良. 法治的界面. 北京:法律出版社,2003:461.

② 海德格尔称尼采为"最后一个形而上学家",认为尼采哲学可以被看作一种存在学,因为其有别于传统柏拉图主义的形而上学体系把essentia(本质)思考为"强力意志"。孙周兴. 形而上学的尼采. 读书,2003(2):93.

术、政治、法律、宗教等——实际上就是强力意志的价值表现形式。如果强力意志既永恒生成，又在其形态方面受到限定，那就必须得出一点：作为强力意志的存在者整体就必须让相同者重新出现，而且相同者的轮回必须是一种永恒的轮回。这就为生存者打下了存在之特征的烙印。

风险意识主体和规范意识主体，在意志上都必须是自由的。在现代，要达到刑法"规训"所有人的目标，就需要建构一些共许的前提，承认相对的意志自由就是这些前提之一，换言之，在刑法领域，承认人的意志是有意义的。人是精神的存在，是自由人格的存在。这种自由的人之所以能够存在，是因为人伦共同体在个人生活中发挥作用。

对于规范意识主体的出现过程，按照雅科布斯的进路也可以加以说明。

个体必须在社会中生存，社会应该是一个超越诸个体系统的东西，它不能由诸个体的秩序图式加以说明。对社会中"规范同一性"的保持，个体必须尊重通行的社会"规范性理解"方式等，都对犯罪主体的观念有决定性影响。

因为个体根据其与每个自己的苦、乐相关联的秩序图式，而不会从自身出发给一个群体提供服务，所以，暴力拥有者（群体利益的代表）就会力图整合单个的个体，使其产生对群体的支持。

> 此时新产生的、其中——不是除去，而是——超越了个体性利益的秩序的诸规则，在这里就称为诸规范（Normen）。也就是说，暴力拥有者必须给只将自己的喜好最大化的生物世界，烙上一个适合于群体的生物世界的模型。①

所以，这个有秩序的规范社会是被人为"建立"起来的。

在规范性社会中，暴力拥有者定义着群体性生物，在此称这种生物为"诸人格体"（Personen），也就是"规范意识主体"。

> 这一个体本来对另一个体而言只是环境。为了把他从这种关系框架中解放出来，他就需要一种任务。这种任务只有通过一种诸个体自身不能获得的

---

① 雅科布斯．规范·人格体·社会．冯军，译．北京：法律出版社，2001：24．

第四章 规范意识主体

联系才能被完成，以至于个体性作为标准的说明图式必须被人格性即基于规范的确定性所替代。但是，他也需要这种共同的任务！谁对一个群体的存续来说是完全不重要的，他就不可能在该群体内拥有一个人格体的地位。①

人作为规范的评价对象，规范对他的意义是不言而喻的。而规范既是为了群体而存在，也是于群体中去定义个人。个人在群体中的意义应该是人与人之间的交换价值。如果没有交换价值，没有互相往来的必要，一个完全孤单的个人，真的只能依靠他的感官系统，以是否愉悦决定行动与否。所谓的交换价值，就是权利义务关系，用自己的权利换取对方的义务，或者自己承担义务使对方行使权利。人在群体中的规范意义，就是用权利义务装备的个体。由这种个体所组成的群体，不是没有联系的"乌合之众"，而是可以满足特定规范目的的社会。在这个依规范目的而定义出来的社会中，个体之间依规范所设定的沟通模式往来，如果有人背离了这种沟通模式，规范必须及时作出反应，反对这种干扰，以确保既存的沟通模式即规范，继续有效。

由此可以看到：如果交往的过程是根据规范决定的，且规范是真实的，社会就存在着。在这种社会中，成员之间的交往不是发生在诸个体之间的，诸个体是根据他们的快与不快这种图式来行动的，并且也可能听从于统治者的鞭笞；这种交往是人格体的行动，人格体是由他们遵循规范这一标准定义的，也就是说，人格体被赋予了忠诚于法律的市民这一角色。"真实的人格体按照规范组织他的行动，要满足两个条件：必须由规范来调整行动；必须按照规范组织行动。"②

构造规范意识主体的秩序图式是角色恒常性/非约束性，其同义词是当为/自由空间。由此，产生了具有义务/任意这种秩序图式的主体。

为什么正好是在这里产生了主体性？如果某一个体只要显示出意识，人们就认为其具有主体性，那么，主体性就已经存在于工具性的世界中；当然，在那里主体性只是意识的另一个名称。如果主体性是指自我意识中的反

---

① 雅科布斯. 规范·人格体·社会. 冯军, 译. 北京：法律出版社, 2001：52.
② 雅科布斯. 现今的刑罚理论. 冯军, 译//夏勇. 公法：第2卷. 北京：法律出版社, 2000：388.

思状况，那么，个体就不能单独地获得它。①

在规范性社会中，主体都是具有自我意识的人。为了能够产生自我意识，他已经将两个图式导入同一个意识中去，即一个意识同时包含着两个图式——具体地说：一方面涉及快/不快，另一方面涉及当为/自由空间或者义务/任意。这样的主体是规范意识主体。②

在规范意识主体产生以后，主体之间就有一种相互"承认"的关系。承认不能被理解为两个（或者更多）个体的相互关联性服务，而只能被理解为通过构造他们的规范——所形成的诸人格体的结合，只能被理解为诸角色的归属，在这一理解过程中，主体自己构造了自己。

必须明确，个体和规范意识主体完全是意义不同的范畴。个体这一概念把单个的生物作为单个的东西来整序；规范意识主体这一概念整合着社会。由规范意识主体介入的人格性世界在它固定着诸人格体的范围内使其成为安全的。

相应地，合作就变得更容易，完全匿名的交往就成为可能。人格性世界给个体提供了他至今所不知道的安全，而且不必为自己的优势或者至少是非劣势操劳。进而还有：如果个体在人格性世界的条件下得到其满足，那么，他就不会继续培养或者甚至会停止培养其开辟通向他自己的目标的新道路的能力；也就是说，他的能力至少被"封盖"。这样，安全引起了满足，而满足引起了倦意：自然的生物变成了主体的家畜。③

需要特别强调，在社会中生活的人应当被整合为规范意识主体，他们和人格体之间可以画等号。

---

① 雅科布斯. 规范·人格体·社会. 冯军，译. 北京：法律出版社，2001：25.
② 在雅科布斯看来，身体与人格体有关。"为了能够评价一个实际的过程，也就是说为了能够评价通过身体的相互交往，更准确地说，为了能够评价此时服务于群体利益的交往，在此，完全是相应地构造了人格体这一概念。"这不是说，人格体是与身体自然而然地连接在一起的。涉及的不是自然的原生性，而是归属。人格性是一个应该由规范来烙印的"意识的秩序观"，在此，无论如何涉及对身体的行动进行整序。雅科布斯. 规范·人格体·社会. 冯军，译. 北京：法律出版社，2001：35.
③ 雅科布斯. 规范·人格体·社会. 冯军，译. 北京：法律出版社，2001：39.

第四章　规范意识主体

人格体是各种规范性期待的接收者，是各种义务的担当者，并且，作为各种权利的拥有者，人格体就向其他人格体提出这些期待；就像人们所看到的一样，人格体不是由什么自然所提供的东西，而是一种社会性构造物。①

除生活中的正常人之外，规范破坏者必须也是人格体。

规范破坏者的行为显示的是真实性社会的对立物，并且因此只有通过社会向行为人提出对其人格体的抱怨才能与社会相联系——因此维护着规范破坏者的人格性。②

换言之，犯罪是仅仅作为形式存在的人格体的行为。为什么罪犯也是有人格之人，因为犯了罪的人拥有重新回到社会参与正常生活的权利，对此，他必须无论如何要留存其在法律上作为一个人格、一个市民的地位，并且，就此他也负有弥补所犯错误的义务，而义务，是以具有人格作为前提条件的，换言之，犯罪者不会因为其犯行就随意地与社会脱离。③ 所以，即使是已犯罪之人，社会对他的期待仍然存在——犯罪人理应返归社会，弥补过去所犯的错误，营造自己的独立生活。

学者指出，将人理解为全部刑法制度的出发点和归宿，是指刑法必须以维护人的自由和尊严为自己的终极目标；从强调行为人的作用出发，开始有越来越多的刑法学者把"行为人"视为刑法学中一个独立于犯罪和刑罚的范畴。④ 也正是在这个意义上，规范意识主体这种"刑法人"的存在使得规范主义的刑法观念能够立足和发展，刑法规范在社会中获得公众的认同也就具有了可能性。

---

① 雅科布斯. 刑法教义学中的规范化理论. 冯军，译//现代刑事法治问题探索：第1卷. 北京：法律出版社，2004：76.
② 雅科布斯. 现今的刑罚理论. 冯军，译//夏勇. 公法：第2卷. 北京：法律出版社，2000：390.
③ 雅科布斯. 市民刑法与敌人刑法. 徐育安，译//许玉秀. 刑事法之基础与界限. 台北：学林文化事业有限公司，2003：21.
④ 陈忠林. 刑法散得集. 北京：法律出版社，2003：295.

第二编

规范违反说与犯罪论

第五章　社会的规范性

社会是一个规范共同体，规范使得个人之间能够产生联系，也使得社会更为有序，这些命题的存在，对于刑法理论的建构至关重要。

16. 规范的含义

16-1　规范的界定
16-1-1　宾丁的主张
犯罪是对规范的违反，这是相当古老的观念。对此，宾丁就曾经说过：

> 无论过去或现在，人们都将犯罪的本质视为破坏和平、法及规范。犯人的称呼也因此而来，于是乎犯罪人违反法规、犯法，或者他不适应法规，蔑视法规等，不仅古希腊罗马人这样想，在现代的各民族中也普遍能看到这种情况。①

不过，宾丁进一步指出，人们对规范的理解存在根本性错误，这在刑法学中

---

① 竹田直平.法规范及其违反.东京：有斐阁，1961：73.

会得出不当的结论。因为它将犯人所违反的法规和据以评价犯人的刑罚法规视为同一了。① 例如，出于非法剥夺他人生命的意图而杀害他人的，是故意杀人罪，应受惩罚。在对杀人犯的判决中，将刑法关于故意杀人罪的规定作为大前提，犯人的行为作为小前提，判决结果则是这两个命题逻辑上当然的结论。由此可见，对行为人之所以能判处刑罚是因为杀人犯所实施的行为同上述法条中所记载的行为一致。因此，犯人与其说是由于其行为违反了刑罚法规而受罚，倒不如说是由于与刑罚法规所规定的构成要件相一致才受到处罚。因此，犯罪人所犯之法，在概念上、原则上甚至时间上，都必须在规定判决方法的法律（即刑罚法规）之前便已存在。换言之，犯人的行为，是对广义的法——作为刑罚法规前提的一定的行为法即规定禁止或者命令一定行为的规范——的违反。这些规范是制定刑法的前提，犯罪所违反的就是这种规范。②

在宾丁看来，犯罪的本质在于蔑视法规范的要求，即违反法规范性。宾丁进一步认为，刑法学的出发点不应当是"刑罚法规"，而应当是作为其前提而存在的"规范"。刑法学的任务首先是应当研究存在于刑法分则各个条款之中的"规范"，明确把握其内容及意义。③

按照宾丁的观点，犯罪的本质不是法益侵害，而是规范违反。那么，什么是宾丁意义上的规范呢？"规范就是行为的命令及禁止，它是作为一定的刑罚法条的前提而存在的行为法即行为规范。它表现为国家为实现自身目的而命令其国民及其国家机关为实现目的而进行必要的行为，禁止实行被认为是有害的行为，体现的是国家意志。"因此，"规范是有行为能力的人的行为准则，又是自由的限制。规范对于个人来说，便是必须为和不得为"④。

---

① 小野清一郎. 犯罪构成要件理论. 王泰, 译. 北京：中国人民公安大学出版社, 2004：23.
② 张明楷. 法益初论. 北京：中国政法大学出版社, 2000：30.
③ 宾丁将规范和刑罚法规严格区分，为德、日刑法学中构成要件论的展开开辟了一条新路。宾丁认为，犯人的行为一方面符合法规前段的规定，另一方面同时侵犯了规范，但其中只有符合刑罚法规前段所规定的行为才具有犯罪论上的意义。这种观点，通过后代其他学者的进一步发展，形成了当今德、日刑法学中的构成要件学说。
④ 竹田直平. 法规范及其违反. 东京：有斐阁, 1961：76.

因此，宾丁所理解的"规范"是具有与刑法各本条的构成要件相同的禁止对象的、被"细分化"了的各种不成文的规范。

学者认为，这样的理解导致大陆法系犯罪论的三段论中违法性与构成要件符合性"二合一"，犯罪成立条件只需要有构成要件符合性与有责性就可以了。显然，这样的理解，并没有为确认犯罪提供可操作的、有意义的指南。因为，在大陆法系决定是否构成犯罪的三段论中，之所以有违法性的阶段，就是考虑到符合构成要件的行为的范围会比最后确定的犯罪行为的范围要广，即符合构成要件的行为，存在不符合违法性的可能，因此违法性这一阶段具有拦截的作用。而在宾丁理解的"规范"的内涵中，由于刑法各条文禁止（或命令）的内容与不成文的规范禁止（或命令）的内容是完全重合的了，因此，违法性阶段就失去了拦截的作用。[①]

但是，这一批评可能并没有道理：宾丁只是指出刑罚规范的来源，刑罚规范和规范之间并不完全重合，违法性的拦截功能仍然存在。

16-1-2 麦尔、迈兹格的观点

M·E. 麦尔（Max Emst Mayer, 1857—1923）将作为刑法前提的"规范"观念，完全同刑法的构成要件规定相脱离，他认为规范是在人类的历史社会生活中自然发生和成立的，内在于现代所有成人的意识之中，从内部指导其社会行动的道德、宗教、习俗等文化规范。犯罪所现实否定和违反的也是这种文化规范，行为违反文化规范时，就违反了法律秩序的精神，违反了社会的正常性，因而值得处罚；违反文化规范的行为符合刑法各本条所规定的构成要件时，就是可罚的行为即犯罪行为。

虽然麦尔并不认为法令是指向一般国民的，而是指向法官等司法人员的，但是由于法规范与文化规范在内容上是一致的，国民能够认识到命令或者禁止法令所命令或禁止的行为的道德、宗教、习俗等文化规范，因此，在服从文化规范的

[①] 张明楷. 法益初论. 北京：中国政法大学出版社，2000：66.

命令与禁止的同时遵守了法令的命令与禁止。①

迈兹格（Edmund Mezger，1884—1962）将规范分为评价规范和命令规范。违反前者是违法的问题，违反后者便是责任的问题。他还进一步指出，所有法规范均是客观的评价规范，是认定一个"非个人的应当规范"，它们使得从共同秩序的立场出发来评价人的行为成为可能。②评价规范是对一定事态同法理念在客观上是否一致的评价，无须考虑行为者的个人情况；命令规范是对行为者作出的，其违反，必须在考虑包括行为者的个人能力在内的个别事情之后才可以判断出来，即责任判断是个别的判断，是人格的非难可能性。这样，迈兹格便在不法和责任之间划出了一条明晰的界限。

对于迈兹格的客观违法性理论，大塚仁先生的评价是相当中肯的：

> 在刑事审判中认定犯罪事实时。不只是使外表上容易认识其存在的客观要素先行于难以认识的主观要素，也使对一般性要素的判断先行于对特殊性要素的判断，使只要抽象的判断就已足够的东西先行于需要具体判断的东西，这从思考经济上来看，具有合理性。③

16-1-3　雅科布斯的见解

雅科布斯认为，如果每个人都按自己快与不快的图式生活，社会就会陷入混乱之中，此时群体利益的代表必须确立超越个人喜好的知识系统，来整合社会生活。这一知识系统就是"规范"。

在规范支配下的社会，是一个有秩序的世界。社会不能被理解为单个个体的意识过程的合成；因此，只要根据某一个体的意识或者也根据更多个体同样的意识状况来确定如何与个体的行动相联系，就不存在社会。用这种方法和方式，摆脱不了工具性的即每个自己的世界。只有当诸个体的互相理解发展为一种不依赖于他们的原动力时，才结束每个自己的个体性领域。

---

① 张明楷. 法益初论. 北京：中国政法大学出版社，2000：75.
② 耶塞克，魏根特. 德国刑法教科书. 总论. 徐久生，译. 北京：中国法制出版社，2001：291.
③ 大塚仁. 犯罪论的基本问题. 冯军，译. 北京：中国政法大学出版社，1993：46.

第五章 社会的规范性

在社会的开始时并不存在合意,存在的是神圣性的确实性。当然,可以通过契约产生一幅社会的自我原动力的漫画,即一种契约当事人所屈从的暴力。这个通过契约设立的暴力不仅是秩序的条件,而且作为与个体相对立的东西,也是对公共的认知力量的个体主义契约理论上的代替物。只要暴力停留在暴力上,暴力就不会是比暴力更多的东西,也就是说,它能够强制,但是,却不能够从其自身来适应它的环境或者以其他方式发展自己。当霍布斯向暴力拥有者的智慧推荐如何操纵暴力时,那是为了把早已发生的、即使是容易破坏的、被制度化的规范性相互理解置入暴力之中,这不是规范上强制地——非智慧的法律也是正当的——而是由暴力拥有者智慧地选择的可能性。这些智慧规则涉及的不仅是事实性强制,而且是规范性相互理解。①

雅科布斯进一步说,由于犯罪破坏了规范,刑法的目的是保持规范的有效性,即"使弱规范(schwache Normen)稳定化"。

在雅科布斯看来,弱规范是与"绝对规范"(absolute Normen)相对应的概念。绝对规范是指数学的逻辑规则以及自然科学的因果法则。这些规范的绝对性表现在它们并没有规定什么,而只是固定地实现自己。换言之,这些规则的实现与人的意志无关,无论人是否知晓和认同这些规范,它都会自我地、绝对地实践。在雅科布斯看来,一个向自然和逻辑抗议的行为,在一个"文明化"的世界里,是和自己互相矛盾的:承认规范是绝对的,就已经使主体确定,并因而使他的意志也确定了,此时违反这种规范对一个正常人来讲是不可能的。否认这种规范绝对性的人是一个精神错乱或有待教育的人,而不是一个有罪责的人。②

弱规范的效果与绝对规范的大不相同,它不能固定地实现自身,它的实践取决于人的意志内容(是否认识到有规范、是否愿意遵守规范)。

在一个文明化的生活世界里,一个向社会规范表示抗议的行为,显示出社会

---

① 雅科布斯. 规范 人格体 社会. 冯军,译. 北京:法律出版社,2001:32.
② 雅科布斯. 罪责原则(Das Schuldprinzip). 许玉秀,译. 刑事法杂志,1996,40(2):53.

的可塑性（Plastizität）。① 这是因为社会运作所依照的社会规范有可能因为对它的抗议而不被实践，甚至因而改变其内容，从而由此展示出社会的变化可能性。

因此，社会规范是一种弱规范，正是因为其"弱"，它才需要一些"外力"，即人的意志来帮助或者证实它的实现，所以，社会规范的不被尊崇、实践只能依靠这种方式获得补救：破坏规范的行为本来是不应该存在的；即使本身不是错的行为，也应当按照"错"的来看待。这在刑法上是通过刑罚效果的赋予来展现的。对于任何个人而言，补救这种社会规范意味着：每个人在生活中要将遵守规范当作首要的任务。如果受规范框定者不履行这个义务，就有可能被当作归责对象，而这种归责通过刑罚的作用能够使已然受到侵害的规范重新被确证，重新稳定化，而且这样的效果会维持相当长的时间。在这个意义上，我们可以认为，赋予罪责的目的在于使社会规范稳定。罪责归责和刑罚因此是证明秩序能够知道自己弱点的证据。②

> 规范是社会的结构，换句话说，是规定人们之间那种可以被期望并且不是必须考虑其对立面的关系的内容的。因为涉及人们之间的关系，而不是仅仅涉及某个个体及其心理状态，因此，规范是一种社会事件，并且，它的稳定就是社会的稳定。这绝不意味着主体要奉献给社会，而是意味着，重要的不是作为个别部分的主体，而是与自己在社会结构中的地位相联系的主体，即作为人。作为没有联系的孤立的私人而生活着的，但是又要享受一种由社会所组织的刑法保护的人，其实并不知道自己想要的是什么。③

所以，刑法中的规范，是指规定人们在面对刑事法上的某些重大事项时应该如何行动的准则。对雅科布斯意义上的规范概念的理解，需要注意以下内容：

首先，规范不同于奥斯丁意义上的规则。奥斯丁指出：法律是一种命令。命令"与其他的意愿表达之间的区别在于……发出命令的一方有权力在其意愿被违

---

① 雅科布斯. 罪责原则（Das Schuldprinzip）. 许玉秀，译. 刑事法杂志，1996，40（2）：65.
② 雅科布斯. 罪责原则（Das Schuldprinzip）. 许玉秀，译. 刑事法杂志，1996，40（2）：66.
③ 雅科布斯. 刑法保护什么：法益还是规范适用？. 王世洲，译. 比较法研究，2004（1）.

背的情况下强加某种罪名或痛苦"。法律是一种特殊类型的命令,因为它们是一个独立的政治社会的主权者向其臣民发出的。当"一个特定社会中的大多数人都形成一种习惯去遵从或顺服于某一确定的或共同的上级"的时候,我们就可以界定出该社会中的主权权力。奥斯丁认为规则是一种一般性的命令,义务仅仅意味着有可能受到制裁或者强加一种罪名,而他对主权权力的界定没有借助于权威这一概念,而是通过一种对习惯性的服从模式的考察。[①] 但是,规范不是规则,不是一种一般性的命令。刑法规范具有社会性,是一种社会规范。社会规范具有两重含义:一方面,它表明通常的或者多数人的事实行为;另一方面,社会规范通过其存在和发展,影响着集体的、社会的意识;它调整着人们的行为,并因此"规范地"发挥作用。一个人如果(并且因为)不想被孤立,就必须将社会规范作为自己的行为标准。[②]

其次,在一个现代法治国家中,规范是主导法共同体成员生活的一种方式,甚至就是共同体成员生活的一部分,规范受法律原则、法律精神的引导,它与人们的价值观念有关,与一种法治立场有关,也与道德判断有关,但并不绝对等同于团藤重光意义上的"社会伦理规范"[③]。雅科布斯意义上的规范概念,和日本学者们所理解的规范的含义,就有很大的区别。[④] 就我的知识范围来看,将规范违反说中的规范,完全等同于伦理规范的做法,基本上可以看作是日本刑法学者的"独特贡献"。如果不是将规范狭义地解释为社会伦理规范,法益侵害说的主张者对规范违反说会导致刑法与道德纠缠不清,会导致正义标准丧失,会压制伦理价值观的多元化发展等批评[⑤],是否还完全站得住脚,颇值得怀疑。对此,我会在本书第七章中做进一步阐述。

[①] 马丁·洛克林. 公法与政治理论. 郑戈,译. 北京:商务印书馆,2002:32.
[②] 伯恩·魏德士. 法理学. 丁小春,吴越,译. 北京:法律出版社,2003:49.
[③] 团藤重光认为,违法性实质上是对整体法秩序的违反,是对作为法秩序基础的社会伦理规范的违反。团藤重光. 刑法纲要总论:第3版. 东京:创文社,1990:188.
[④] 当然,雅科布斯也从来没有完全割裂社会伦理规范和法规范的联系。法益侵害论者所主张的在理论中彻底抛弃对行为进行伦理评价的观点,究竟有多少合理性,是否行得通,我一直持怀疑态度。
[⑤] 类似的批评观点,张明楷. 法益初论. 北京:中国政法大学出版社,2000:276-322.

再次，从内容上看，规范具有当为性，事实如果是不应当发生的，规范就会要求人们反事实地行动，规范反事实地确立人们对当为的期待；同时，规范还具有客观性，规范能够在同样的条件下再现，规范保障着人对当为的抽象化能力。例如凡具有国家公务员身份的人必须履行职责，司机必须遵守红绿灯信号，否则就可能承担对己不利的后果。

最后，雅科布斯意义上的规范理论与哈贝马斯交往行为理论中的"承认和尊重共同的规范标准"要求具有大致相同的内涵。哈贝马斯认为，要在市场上和其他任何一个领域建立起正常的人与人之间的秩序，必须承认和尊重社会中存在的共同的规范标准。因为这些规范标准影响和约束着每个人的行为，所以它们是社会关系能够不受干扰和破坏而得以维持的前提。这样哈贝马斯就把交往行为的合理化寄托在社会成员对共同规范标准的认可上。那么，这些规范标准是什么呢？我们应该承认和尊重什么样的规范标准呢？哈贝马斯提出了"普遍化"原则，即加以承认和尊重的规范标准应是能代表大多数人的意志，能为大家所接受和遵循，如主体间的相互承认，相互尊重。[①] 因此，不难看出，雅科布斯的规范论明显受哈贝马斯交往行动理论的影响，虽然刑法规范是影响人们社会生活的一般准则，但不在维持市场秩序方面发挥作用。

16-1-4　行为规范说

行为规范说的源头可以追溯到康德那里。康德认为，自然科学代表理论理性，与自然科学的因果法则和数学的逻辑规则有关的，是绝对规范。在人类道德生活中，存在实践理性以及与人类的社会实践有关的规范。按照康德的立场，规范来源于理性。人类理性认识到，要共同生存，就必须具备某些共同条件，以统一人们的分歧。要做到这一点，就需要依靠规范。规范内含维持秩序、保障社会共同生活、确保个人得到发展的内容。由此，可以推导出保护个人的生命、身体，保护财产权利等若干的具体规定，行为规范概念由此得以产生。与自然科学领域的强规范不同，行为规范是"弱规范"。法规范是行为规范，也是一种弱规

---

① 张传开等.西方哲学通论：下.合肥：安徽大学出版社，2003：328.

范。犯罪，就是对这种弱规范的破坏。①

学者指出，刑法以行为人和被害人二元主义的规范为存在的前提。一方面，该规范作为行为规范（Verhaltensnorm）存在，其要旨在于不允许实施对被害人产生威胁的行为；另一方面，作为保护规范（Schutznorm）存在，即不允许对被害人的安全造成现实损害。前者对应于行为无价值，后者对应于结果无价值。②

> 所谓的行为规范按照其内容是指示了一定的行为样态正当或不正当（的规范）；按照其目的，是提供了规制人们行为的一定方向的规范，比如"禁止杀人"、"禁止偷盗他人财物"这样的命令。③

因此，行为规范违反说认为，规范的本质是对人的行为所发出的命令，即人究竟应该如何去行动，该行为才是法律所不反对的，从而对人类行为进行引领。刑罚法规设定行为基准，基于刑罚法规对违法进行事前告知，进而发挥一般预防的效果；公众按照这一基准参与社会生活，违反刑罚法规所设定的行为基准、行为样板或者标准行为样态的行为，就具有违法性。对偏离行为准则的行为进行惩罚，就是为了回复和强化行为规范的一般预防效果。④ 在这里，作为违法性判断基准的规范，针对抽象的、一般的人而存在（客观的违法性论）。在违法性判断阶段的行为规范违反，和在责任阶段的判断完全不同，后者要考虑有关的个别的、主观的意思相关的意思决定的违反问题。在精神病人杀人的场合，杀害行为违反一般的行为规范、行为准则，具有违法性，但没有违反主观的、个别的意思决定规范，有责性被否定。

赞成结果无价值论的学者会主张刑法规范只是评价规范，而不是行为规范，从而反对行为无价值论。但是，即便承认刑法规范是评价规范，也可以认为评价规范中包含行为规范和保护规范两方面的内容，同样可以得出行为无价值论能够

---

① 李文健. 罪责概念之研究. 作者发行，1998：190.
② 陈璇. 德国刑法学中结果无价值与行为无价值的流变、现状与趋势. 中外法学，2011（2）.
③ 高桥则夫. 规范论和刑法解释论. 戴波，等译. 北京：中国人民大学出版社，2011：3.
④ 井田良. 讲义刑法学·总论. 东京：有斐阁，2008：239.

立足的结论。①

16-2　惩罚规范与法规范的区别

宾丁很早就指出，法规范与规则（刑罚规范）并不相同。对此，还有进行延伸讨论的必要。

国家必须对法律秩序负责，所以，它必须行使法律权力，制定法律规范体系。社会中存在的规则体系主要由与权力强制有关的两部分组成：

一是引导结构的法律体系。这类规则只是界定一些条件，在这些条件下某些行为可以是合法有效的行为。国家正是通过这些规则来引导、鼓励、保障公众实施与生活上的日常需要相关的行为。这样的规则主要存在于民商事法律领域，它们涉及债权、债务的产生与消灭、婚姻关系的成立与解除等，系统地界定了个人意志转化为行为的合法、可能的途径。这类规则本质上是假设性的，一般来讲，个人要采取何种行为，法律并不指手画脚，个人对自己事务的自主，或者说"私法自治"在这里是主要的。但是，如果法律所特别预设的条件不被遵守，个人行为将变成无效，尽管没有实际的惩罚发生，但是形式化的规则的强制性仍然是存在的，对那些对规范的敏感度较高的个人而言，这样的规范强制效果有时还是巨大的。

二是禁制结构的法律体系。这类规范主要就是刑法，在其观察视野范围内的行为是无条件地禁止的，例如刑法在任何情形下，都禁止杀人（无论被害人有多大的过错）、偷窃（无论被告人是何等的饥寒交迫）、强行奸淫（无论被害人何等放荡不羁或者其长相何等诱人）、收受贿赂（即使用收受的财物资助社会公益也不允许），不服从这样的规则，就会导致刑罚上的禁止、抑止的效果。

作为禁制结构的惩罚规范是一种有强制能力的制度，由于这种强制来源于人，所以它与自然的强制不同；又由于这种强制具有法律约束力，所以它与习惯、道德的强制不同。惩罚规范的强制性有两个明显的特征：

一是惩罚作为非假设的、绝对的强制，其目标是论证政权的合法性和犯罪的

---

① 周光权．法治视野中的刑法客观主义．2版．北京：法律出版社，2013：311．

值得非难。表面上看，刑法的强制具有形式化特征，与任何一个非法组织内部的管理措施、处罚方式没有区别，但是，必须注意，法要求是权威化了的，是不得已而出面的权威性强制方式。

二是刑法强制与人类正义、秩序的实现有一定关联。历史法学派的主要代表人物萨维尼在《当代罗马法体系》中亦曾强调：

> 人生存于外在世界之中；对人来说，这个生存环境中最重要的因素便是与那些和他在天性及归宿方面相同的人之间的接触和交往。如果要让自由的人能在这种接触和交往中共存并互相促进，而不是互相阻碍对方的发展，那么只有通过接受一个看不见的界限方能实现。在这个限度中，每一个体的存在和作用都能获得一个安全的、自由的空间。决定这个界限和由这个界限所确定的空间的规则就是法律。①

经验事实证明：在刑法发挥作用时，因强制而受益的群体与受强制的群体之间有叠合关系，即刑法不仅约束犯罪者，还对普通公众以及立法者、司法者产生效果，此时，刑法以行为规范和裁判规范的面目出现。而在法律可能对被统治者的分配性利益有利时，它就与（起码的）正义的要求有着内在的契合。

对此，赫费正确地指出：

> 属于法定义的正义之基础层次还具体化为某些法规定，如禁止谋杀和害命，也禁止抢劫和偷盗。因此，这样的规定——在不同范围和强度上——可以毫无例外地在所有法制度中找到，它们比法典还要古老，并在完全没有意识到所有制法权的界限时，至少被法历史上的第一批法典完好无损地继承了下来。②

刑法能够限制专断、促进平等对待、保证审判的公正性，它自然就具有正义

---

① 弗里德利希·冯·哈耶克. 自由秩序原理：上. 邓正来，译. 北京：生活·读书·新知三联书店，1997：368.

② 奥特弗利德·赫费. 政治的正义性——法和国家的批判哲学之基础. 庞学铨，李张林，译. 上海：上海译文出版社，1998：144.

的意义,所以,通过形式化的刑法规则和刑罚强制所实现的惩罚并不是为社会带来了恐怖,而是对正义的实现或者有助于正义的实现。远离刑法规范、刑法强制的社会,肯定是远离生活和谐性的社会。也正是由于刑法规范中蕴含的正义要求使得在形式上表现出来的(法定义的)正义要素具有了实质的意义,从这个角度出发,我们就能够区分国家刑法和强盗组织的极端化处罚规则。

问题是,刑法作这种禁制的合法性何在?一方面,刑法的这些"禁制"规定是对惩罚合法性的宣称:任何人都有平稳生活的起码权利,所以禁止杀人;由此类推,任何人都有财产、自由上的权利,所以禁止强取财物、强行奸淫和非法拘禁;如此等等,不一而足。这样的刑法禁制对社会中的任何个人都是极其重要的,同时在分配正义的角度上,对增进社会福利、保障社会整体的稳定性也是十分重要的。另一方面,社会中的个别人可能会无视他人及其权利存在的意义,或者自己事实上可以因为实施犯罪而获利。此时,刑法禁制规范效力的存在,对于法律体系中这些"搭便车"就能够发挥费尔巴哈意义上的"心理强制"的效果。通过明确禁制效果,使其比较犯罪的预期所得与刑罚惩罚的风险大小,使之有所畏惧。如果个人的行动意向是自由选择的,那么,通过熟悉禁制规范,他就可以知道自己继续实施犯罪是无利可图的,就会放弃犯罪,法律秩序就得到了保障。这里,并不是要简单地"返归"费尔巴哈,而是因为"心理强制说"的意义没有被我们充分认识和准确理解,费尔巴哈及其"心理强制说"都是讨论刑法问题时无法绕过的、意义深远的"一道槛"[①]。

考夫曼认为,规范具有以下特点,这也使得它和规则能够得以区别:

一方面,规范是正义的表达。依实证论的观点,法律是合乎形式的具体颁布的法律规范的总称,法律完全不在于其"自身",而仅是法律规范的集合符号,法律的内容是随意的。但拉德布鲁赫反对这种看法,他强调:只有与正义有关且以正义为取向的规范,才具有法律的品质。[②]

[①] 对于费尔巴哈刑法理论尤其是"心理强制说"意义的深入探讨,请参见庄子邦雄. 近代刑法思想史研究. 东京:NTT 出版株式会社,1994:54.

[②] 考夫曼. 法律哲学. 刘幸义,等译. 台北:五南图书出版公司,2000:43.

第五章 社会的规范性

另一方面,规范的相对恒定性。实证法是具有可变性和恣意性的,规范、正义的观念也是相对的。

帕斯卡(Pascal)早在1670年就指出:

> 无法找到不随着气候而变更其本质的法与不法,移近南北极点三个纬度,就可以把整个法学弄得乱七八糟,经度决定了真理……法律有其时期,土星进入狮子座表明了此种或彼种犯罪的发生。有趣的正义,被一条河所限定。在庇里牛斯山那边是对的事,在山的这边则是错的。①

不过,与实证法的可变性相比,规范的稳定性更强。

对犯罪行为定罪的时候,要求"法有明文",以成文法规范的存在为限,此乃罪刑法定原则的基本内涵,也是刑事领域法治化的起码要求。② 因为刑法规范的含义在一般情况下蕴含于惩罚规范或者说是成文法(规则)之中。

规则的重要性一直为人们所重视,早在古希腊时期,人们就已经认识到制定成文化法律的重要性。

> 把法律写出来,这不仅保证了法律的永久性和稳定性,还使法律摆脱了以"言说"法律为职能的巴赛勒斯的个人权威,变成了公共财产和对所有人都一视同仁的普遍规则……法律是一种适用于所有人、但又高于所有人的规则,是一种理性的规范,它可以讨论,可以通过决定来修改,但它仍然表现一种被认为是神圣的秩序。③

这种思想在今天更是得到了强化。

但是,在要求公众遵守规范,或者公众自己对规范有所感觉时,其规范形态决不限于成文刑法。

---

① 考夫曼. 法律哲学. 刘幸义,等译. 台北:五南图书出版公司,2000:65.
② 关于罪刑法定原则与法治立场的关系,请参见周光权. 刑法诸问题的新表述. 北京:中国法制出版社,1999:255.
③ 让-皮埃尔·韦尔南. 希腊思想的起源. 秦海鹰,译. 北京:生活·读书·新知三联书店,1996:40.

需要公众认同或者公众自觉认同的刑法"规范"具有广泛性、本质性、应然性特质。广泛性是指规范的范围基本没有限制，在其他法规范（如民法、行政法）的背后，都存在规范有效性的刑法支撑的问题；本质性是指规范不仅能够大致表述犯罪的表现，而且能够揭示犯罪的本质和对生活秩序进行侵犯的性质，说明何种行为应当在国家刑法中有所反应，以及对国家刑法应当如何规定才符合人类利益；应然性是指规范不仅对解释个别犯罪具有指导意义，而且它会对成文刑法应当是怎样的提出要求，国家刑法立法必须积极回应这种要求。如果立法不能回应公众在规范上的应然性要求，刑事司法就很难完成保全社会的责任。

社会认可的规范具有广泛性、生活关联性特征。帕森斯认为，当社会成员对规范秩序有了一致性的理解后，通过社会成员的同化过程，成员得以共享这种秩序。这样，社会规范秩序（normative order）变成了事实秩序（factual order）。这当然不是新观点，但它说明了这样一个道理：刑法作为行为规范，只有在成为一个刑法人不加反思的生活经验的一部分时，刑法人的活动才能与社会秩序息息相关。

而在社会化生活中，当事人不再被视为仅仅有一张人格面具的抽象人，而是充满着悲愁或欢喜的人，当事人也不再被视为利益针锋相对的双方，而是休戚与共、相互依赖的关系共同体。确立当事人权利义务的基础不再是当事人的合意，而是当事人之间的社会关系及共同体规范。

需要公众认同的刑法规范，与其他规范之间有着密切的关系：社会关系中的个人受历史社会法则的支配而形成统一的社会，并且通过自己的经验来认识社会历史法则，以在社会生活中维持个人的生活、发展个人的生命。而法律、风俗、习惯、道德、宗教等都是社会历史法则和个人统一之结晶，也是社会秩序之固定化了的形态或类型，是社会历史法则演变的结果，也是社会历史法则的现实。社会历史法则或社会秩序是原因，法律、风俗、习惯、道德、宗教等是结果。尽管法律、习惯、风俗都是社会历史法则交互作用之一环节、因果法则之一表现，但是，法律不仅是把社会作前提的概念，而且是把国家作前提的概念。法律不仅是社会规范，而且是国家规范。因而，法律是法律的特征和社会规范的通性之统

第五章　社会的规范性

一，是国家的目的和社会的现实——自然的、历史的、社会的法则的现实之统一。国家目的和社会现实构成了法律产生的二因素，国家目的就是法律的特征，也是区别于道德、风俗、习惯等的地方；社会现实就是法律的本质，也是相同于道德、风俗、习惯等的所在。但是法律并不是最初的国家目的，也不是最初的社会现实，而是获得具体内容后，深刻化了的国家目的，也是发展了的社会现实。自法律看，法律是国家目的的现实化；自国家看，法律是实现国家目的的手段。

各种法律都是互相补益、分工合作的，妥当的分类求之于各种法律内在的特质。因此，各法的区别，没有性质的不同，只有作用的差异。作用本身没有大小的不同，只有方向和层次的差异。社会的整体发展需要宪法、行政法、民商事法律，它们对个人的实体权利作了规定，是维系社会统合性的重要力量。但是，社会也时刻不能离开刑法。刑法以矫正违法为归依，以此来保障现实的公共秩序、善良风俗以及其他重大社会利益之总体。违法是一种判断，是形式上的违法判断和实质上的违法判断的统一。犯罪概念问题的产生，是把违反其他法律规范作前提的。所以，自犯罪概念本身看，特定利益的侵害是特定犯罪概念的一个因素；从刑法和其他法律规范的关联看，特定犯罪概念是国家保护特定利益的后盾，也是其他规范或特定利益的保障。据此可见，刑法实际上是其他规范的一种保障法。如此给刑法定位，避免了刑法泛化的毛病，保持了刑法在法律体系中的谦抑性。[①]

公众认同的规范和作为惩罚依据的刑罚规范是不同的，刑罚规范主要在罪刑

[①] 由于规范具有稳定性，国民的规范意识、对犯罪的集体情感也不会瞬息万变，刑法的进化速度也就会十分缓慢，具有惰性。涂尔干指出：刑法不仅比习俗更难改变，而且即使在实在法中也是最不易发生改变的部分。"比如，我们只要看一看本世纪以来立法者在各个领域所取得的成就，就可以知道刑法的革新究竟有多么的罕见和有限。相反，在诸如民法、商业法、行政法和宪法等其他领域，新法规层出不穷地涌现了出来。如果拿《十二铜表法》所规定的罗马刑法与古典时期的情况比较一下，我们就会发现，它的变化与同期的民法相比是微乎其微的。梅茵茨（Mainz）认为，自《十二铜表法》产生以来，主要的犯罪和违法是这样被增加和修订的：'历十代之久，公共犯罪的审案日程仅增加了几款，如侵吞公款、结党营私，或许还有拐带人口（plagium）.'对于私人罪行来说，只增加了两个新的内容：抢夺或劫掠（actio bonorum vi raptorum）和恶意伤害（damnum injuria datum）."涂尔干. 社会分工论. 渠东，译. 北京：生活·读书·新知三联书店，2000：41.

法定的意义上加以理解：近代以来的刑法文化，罪刑法定主义在其中是占尽风光的，罪刑法定主义的变化说明着刑法的发展方向。罪刑法定主义是一个政治原则，不同于刑法上之一般概念问题。其表现于刑法，是民主主义与三权分立主义结合后的产物，内容是受三权分立制约后的民主主义的内容。罪刑法定主义克服了中世纪罪刑擅断主义的弊端，严格规定立法者为法律之正当解释者，司法官员只是适用三段论的机械，禁止司法官员解释法律。但禁止解释，事实上，造成了静的法律无法适应动的社会，因而，贝卡里亚禁止解释法律的主张，随着社会发展而成为不切实际的空论。所以，从"无法则无罪，无法则无刑"的原始含义来看，罪刑法定主义从没有严格得以确立，随着社会发展，不断丧失其自身的基础，改变着自己的命运。从法律解释理论的角度出发，为了缩减法律和社会间的矛盾，刑法应同民法一样，准许根据法律意识或法理认定罪刑，但这并不是要恢复罪刑擅断主义，而主要是为了避免凝固、僵化的概念制约发展的社会，通过解释使法律与社会相适应。

法治国家体现了某些公正和法权原则，在很大程度上，现存的法律代表着某些人类价值，那些价值是正当的人类价值。成文的刑法作为自由民主变体的法律体现了一种现代的自然法传统，所以刑法的合法性在很大程度上是因为它承认和继承了正义的本质。

这里，实际上涉及刑法角度的"人权"问题。以往在刑法领域讨论人权时，一般都注重对被告人、罪犯的权利保障，实际上这只是问题的一个方面。法律保护生命、财产和婚姻、行动自由，这与一般认同的人权概念是相符合的。刑法运作的过程也在实践着对这些人权的保障。"现代性的特色不在于人权本身，而在于对人权的全面承认"[①]，刑法的实践理性（Practical reason）是在人权保护的机理指引下依照这样的逻辑展示的：一是规则的明确化，由于立法的选择，使某些规则被引进，法律从形式上得以实现。二是法律合法性的确立，个人认同这些规范并严格地按照规范体系确立的大致框架生活。三是法律实施的标准化，司法官

---

① 赫费. 文化际的刑法 I. 蔡庆桦，孙善豪，译. 二十一世纪，2000 (1).

员在操纵规则的过程中同时回应规则本身的道德要求。刑法存在和运作的这三个向度无非是想表明：任何个人都应当有不被他人任意侵害、不作他人屠刀下的"冤魂"的权利，而这就是刑法领域中的能够被一体接受的"普遍人权"。因为如果放纵人的生物性，人的攻击本能就缺乏约束，有身体、财产优势者可以侵害他人，但是又可能被更有势力的人所侵害，一方面侵害他人，另一方面又成为暴力的受害者，如此的恶性循环，无异于人类的自戕。所以，刑法运作所维持的实践理性就是为了回应人类的生存窘境而提出的适当的解决预案。从刑法的角度观之，任何个人的利益和权利与他人的利益和权利之间具有相互性，我要生存，就要求他人不要侵害我的生命和身体；我基于意思自治要出卖自己的财物，就要求他人以一定对价、用平和而非暴力或欺诈的方式取得该财物。反之，我要保障自己的生命、财产权利，必须得对应地、相互地、同样地尊重他人的权利和利益。

对此，赫费的话可谓一语中的：

> 一个人权体系之所以存在，并不是因为每一个人的存在都以生命和身体为一个（优先的）利益，而主要是因为：（1）利益只有在相互性中才能实现；（2）在"相互性的体系"中，每一个人所宣称合理的作为（别人应该放弃使用暴力），只有以相对的作为（自己放弃使用暴力）为条件，才能成立。①

所以，正是对通过刑法实现人权保障功能的普遍重视，今天我们很容易看到对许多犯罪的认定，都具有世界的、整体的同一性。杀人、财产方面的犯罪以及性犯罪、放火、收受贿赂这些罪名几乎在所有的文化背景下都属于刑事犯罪的范畴。

对国家存立而言，刑罚规范的存在，其意义不可低估：通过刑罚规范使国家权力进一步渗入社会内部。因为法律将在国家的每一个角落取代旧的知识体系、旧的规范秩序，习惯法将逐步消解，或沦为地方性知识、非正式制度。国家将是刑罚规范君临天下的国家。此外，国家还将人从神圣价值中解放出来，人不再是彼岸世界中的人，而是在此岸世界中的人。

---

① 赫费. 文化际的刑法 I. 蔡庆桦，孙善豪，译. 二十一世纪，2000（2）.

在现代社会里，规范，这个似乎包含了真理、价值和意义的术语变成了规范化的"等价物"。正是这些"规范"强制地构成了对个体的统合。黑格尔认为规范发展的逻辑导致了"自由意识"的进步。事实上，从启蒙运动的伟大改革者边沁、贝卡里亚开始，人们只是发现了日益精巧的统治技术。在这个意义上，从某个谱系学的观点看，人们可以把规范说成是本质上功能性的东西。这是福柯强有力地、毫不含糊地给予阐明的一个见解。如他在"权力与规范"中所说的那样："现代扣押制造了规范。劳动力法案、扣押机构、规训的社会、规范化的永久功能。这一系列东西规定了我们这个社会类型的特征。"[①] 权力在现代社会中体制化的方式是"规训"和"规范化"，是对"柔顺的身体"的系统锻炼和生产。

国家所掌管的刑罚规范具有法定性和"必要性"特征。法定性自不待言，必要性则指：刑法以剥夺公民自由为主要制裁手段，"恶"的刑法无疑是对公民自由的最大威胁，因此孟德斯鸠很早就得出了"公民的自由主要依靠良好的刑法"的结论。如何防止和限制立法者滥用刑法规范的制定权，是自启蒙思想以来刑法学上的永恒话题。以刑罚这种刑法特有的调整手段来说明刑法和其他部门法律的区别，也是学者们普遍赞成的。我们由刑罚手段的特殊性入手可以得出刑法规范都是直接或者潜在地限制罪犯人身自由的手段的结论，并以这一结论为根据来说明当一种规范制裁措施直接或潜在地涉及剥夺人身自由时，立法者是不能随心所欲的：只有在规范的确立完全必要时，立法者才有权制定刑事制裁规范。所以，刑法必要性成为规范存立的基本原则，也是一切刑法理论的基础。与此相关的是规范的确立问题。

公众认同的刑法规范是在长期的社会生活实践中形成的，与自然法意义上法的"日积月累"有关，也与国家利用现成的成文化惩罚规范的引导有关。

而国家承认的惩罚规范则是由立法机构确立的。一般认为，按照罪刑法定原则的要求制定明确化的成文刑法就能够保障规范的合理性。但是，形式化的罪刑法定原则有很多局限性，仅靠规范的确定性并不足以保障公民的自由，一个含义

---

① 理查德·沃林. 文化批评的观念. 周宪, 等译. 北京：商务印书馆, 2000: 271.

"确定的"犯罪规范，完全有可能是专横与无理的产物。要防止规范形式化危险性的出现，充分发挥罪刑法定原则保障公民自由的作用，就必须由最具代表性的机关来制定刑事法律，有一个能够通过辩论机制来确定哪些行为应当给予处罚的立法机关。

必须指出，对形式化的惩罚规范给予强调，不追问其实质合理性，仍然蕴含着一些缺陷。将刑法的调整重心倾向于社会保护，就可能对刑事法领域中国家观念的形成产生误导，在刑法学上如果过分强调通过刑法实现社会治理，这种国家观念极易被推向极致，而且在这种国家观念与实证的科学方法相结合时，由国家强权来出面"探究"犯罪原因，"谋求"消灭犯罪的原因，个人权利被侵害的可能性事实上就在增大，也就不得不防止刑法专制、武断的危险。

刑法规范的基础，部分来源于政治权威，这是没有问题的。关于政治权威合法性的传统定义，古典功能主义认为：只要权威（Herrschaft）是内在地可以得到巩固的，便是一个"好"的权威。换言之，只要得到弱者的承认，权力便是合法的。这是马克斯·韦伯的基本观点。不过，这一观点的片面性是较为明显的，权威除了结合合法性来定义以外，还必须结合"非法性"来界定，即权威必须同时是被抗拒和颠覆的东西。刑法规范就是如此。

刑法规范具有历时性、权威性。国家通过规范，将自己所期待的意思内容传达给国家机关及国民，以期待实现国家的目的。因此，对国家及国民来说，都必须尽可能地承担最低限度的牺牲，来保持合理的生活秩序。要确保规范能够有效地发挥其功能，规范自身就必须具有履行可能性，不能强人所难；必须具有明确性；必须将能够理解规范意义的人作为约束对象，精神病人、未成年人不能理解规范的含义，所以他们与规范的形成与适用无关。

17. 刑法规范与社会

17-1 社会作为共同体

人的社会性本质，使其发展从来就是在一定的共同体形式中才能得以进行；

他的发展权利及利益的保护,也是依凭于一定的共同体形式而获得的。所以,共同体是社会结合的最紧密形式。对此,德国学者鲁道夫·斯塔姆勒(Rudolf Stammler,1856—1938)早就指出:如果以为人们的社会生活即为各个独立单位的个人的总和,那当然是不对的。

> 人类生存的社会性为一实物,并以之与个人的总和相对照,好如一样特别有生的实体一般,而且唤起人们的确信。①

在共同体内,每个成员都把群体及其事务作为他的自我的一部分,这种共同体的思想意识不是瞬间的现象,而是持恒的和稳定的。在共同体的各个环节里,占统治地位的是共同的愿望和共同的利益,爱慕的思想,乐于助人和对成员们、对奉身于共同体本身的爱。共同体成员相互之间有一种承认关系,他们各自都是独立和自由的,仅仅为了达到某些共同的目的,根据"契约"团结在一起。② 社会就是一个共同体。

社会这个共同体,不是一种简单的模态(modality),而是权力关系的具体搭配、组合和断裂,它本身就是逻辑整合的社会范畴。

社会是一个自定体系(homeostatic system),它是许许多多相互关联的社会现象之间的某种平衡。这种平衡可以是明显的,也可以是隐伏的;可以是静态的,也可以是动态的。社会体系和秩序的大致平衡和整合,都需要规范来维系。今天,人们对这一点似乎已经没有异议。但是,在以前,传统思想对社会如何才能得到稳定和发展曾经有相当多的争议。

亚里士多德曾经教导说,人是一种社会动物,因此在社会中不应该出现问题。生活在社会中是一种自然现象,社会混乱是因为人的恶毒和缺乏教育,因为"一个恶人所做的坏事要比一只野兽多一万倍""罪恶就在于过度的追求"③。后来,在亚里士多德这种最初的观念之上,又增加了来自基督教思想的另一种观

---

① 司丹木拉. 现代法学之根本趋势. 张季忻,译. 北京:中国政法大学出版社,2003:55.
② H. 科殷. 法哲学. 林荣远,译. 北京:华夏出版社,2002:136.
③ 亚里士多德. 尼各马科伦理学. 苗力田,译. 北京:中国社会科学出版社,1990:147、159.

念。欧洲中世纪以来的教士思想的本质是把社会当作一种自然现象，所以有一种神圣的天意，有一种神圣的秩序，而且拥有权力的首脑掌握的是上帝的权力。当然上帝有时的行为方式很含混，他想要的似乎是行动不得体的首脑。但人们一直在假设这个问题终究会得到顺利解决。总之，社会、政治的世界是作为既定秩序出现的。

但是，自马基雅维里以来，这样的思路已被动摇。马氏设问：是什么使社会成为一个整体的呢？人们可以通过何种方法避免内战并确保他们所处的社会的和谐和强大的呢？他的答案就是：保障社会统一，同时保障其存在、维持与永久的东西，是政治。而政治首先是一种行为。换言之，为了使社会作为一个整体而存在，需要创建一种行为。马基雅维里把一个他竭力训练、教导经验的人（君主）放在这种政治行为的开端。他认为，君主要得到民众的爱戴，就必须知道他自己在干什么。君主应该懂得运用两种方法：一种是属于人类的特有的法律，另一种是属于野兽的武力。君主要善于运用人类和野兽的方法进行斗争，同时斗争要有技巧，要效法狐狸与狮子的方式。

马基雅维里的学说后来遭到了非常严重的误解，人们把他当作所有政治算计者的鼻祖，这是极不公正的。利用法律、确立操纵法律的统治技巧、增强社会的规范性都是我们今天耳熟能详的社会治理技巧，统治者们总体上遵循着马基雅维里的思路：通过按照治理者的意愿进行的统一的规范行动来建立、维系社会。[①]

社会作为整体或者有机体，汇集和结合了构成社会的各个要素或细胞，形成了超出个体之外的总体形式和力量。这是一个令人触目惊心的"利维坦"式的隐喻：人彻底放弃属于其主要属性的东西，以便信赖由他创造的这种统治权所作的决定。在这种社会契约中，缔约各方，即集体成员放弃他们的欲望，以使统治者对这种欲望作出裁定。因此，由个人联合起来而形成的集体不同于单独个体的实体，整个集体的心理状态产生并存在于群体之中，继而以相对外在的形式作用于

[①] 弗朗索瓦·夏特莱. 理性史——与埃米尔·诺埃尔的谈话. 冀可平，钱翰，译. 北京：北京大学出版社，2000：92.

个体，并在个体身上以一种新的形式形成一种完全内在的存在。换言之，社会并非以纯粹外在的形式独立作用于个体，它的整体形式产生于个体在现实生活中构成的群体，并内化为个体存在的基本因素。所以说，只有社会才能直接地和整体地，或者通过它的某个机构产生约束作用，因为社会是唯一胜过个人的精神力量，个人必须承认它的优势。在这个意义上，社会的优先地位不仅体现在人们的道德、宗教和伦理等精神生活中，而且也体现在这些精神生活所产生的整合功能中。

涂尔干的社会理论在承认社会结构特性的同时，始终包含着某种超结构（superstructure）的方面，这就是集体意识（collective consciousness）的问题。涂尔干指出，集体意识是精神生活的最高形式，集体意识本身就是意识的意识，是所有个体意识的统一体和集合体，是社会生活的首要条件。在这个意义上，集体意识是各种观念和感情的综合，它构成了独立于个体意识之外的力量，即社会力量。

集体意识既来源于个体意识，又游离于个体意识之外，成为一种具有优先地位和独立地位的社会实在。这种实在可以在两个维度上展开，操纵和影响个体的思维和行动：一方面，在道德领域，集体意识是完全内在化的社会事实，它可以通过散布的方式存在于个体意识之中，引导个体的行为取向；另一方面，集体意识可以通过结晶化的方式形成物质力量，即道德规范或法律规范，从外部对个体的行动作出规定。由此看来，集体（collective body）或集体意识对涂尔干来说不仅构成了实在的和客体意义上的实体，社会本身也变成了一种更丰富、更具体的存在。社会具有自己的人格特征，群体也有自己的思考、感觉和行为方式，尽管它们与个体的人格有所不同。

从某种意义上来说，集体意识不仅使社会具备了整体的形态，也赋予了社会以能动的特性。社会由此就是一个有感觉、有欲望、会思考和会行动的有机生命，而不是一种超验的孤立实在。社会既然是有机的整体，它就应该在组织和结构方面调节自己的机能，更应该在意识和精神方面维持心理的健康发展。因此，社会自身的变迁不仅意味着它的结构和结构要素的变化，更意味着它的超结构因

素，即集体意识的变化。由涂尔干的集体意识概念，可以引申出集体的"规范意识"范畴。

社会是客观的规范和公众的集体规范意识的"在场"①，或者说只有在规范和规范性意识充分在场的情况下，社会本身才能保持活力，才具有能动作用，并能够衍生出自身存在的意义。亚里士多德就曾经引述阿那克萨德利的话："一个不关心法律的城邦，凡事只能勉勉强强。"② 因为社会是以有机体的形式存在的，它的各个器官和组织相互协调地发生联系，可以为各种需要提供必备的功能，社会肌体在相互匹配的结构模式中，始终处于正常周转的状态。从这个意义上讲，任何社会事实都是普遍的和符合规则性要求的，都把社会本身作为自己的起点和目的。

17-2 社会作为规范共同体

社会是由个人组成的，个人离不开社会。法律规范在社会中调整着人们的行为。"我们非常习惯于把法律看成一种维持秩序的手段，以至于有可能忽视法律在帮助社会履行其职能方面的作用。法律通过保证人们可以预期他人怎样做而促进了人们的合作的努力。"③ 社会是由人群组成的，人不可能脱离社会而独立存在，同时，人要生活在社会中，就必须作为一个"社会学习者"和一个"社会参与者"而进入社会。这实际上也就是社会学意义上的"人的社会化"问题。人的社会化包括两个方面的含义：一是个人在社会中通过学习活动，掌握社会的知识、技能和规范；二是个人积极地参与社会生活，介入社会环境，参加社会关系系统，再现社会经验。

所以，人都是"社会人"。

作为一种社会存在，除了物质经济利益之外，人还追求安全、自尊、情

---

① 在场（presence）是西方哲学的重要范畴。西方哲学传统往往把整体意义上的存在确定为在场，它常常借助于理念、起源、目的、实体或者本质等概念对在场作出指涉。我在这里使用在场概念无非想表明社会的意义是在言说者意识在场的前提下得到表达。
② 亚里士多德. 尼各马科伦理学. 苗力田，译. 北京：中国社会科学出版社，1990：154.
③ L. 布鲁姆，等. 社会学. 张杰，等译. 成都：四川人民出版社，1991：647.

感、社会地位等等社会性的需要；人所做出的选择……要建立在他个人的社会经验、不断的学习过程以及构成其日常生活组成部分的个人之间相互作用的基础之上，因此，人的行为是直接依赖于他生活在其中的社会——文化环境的。①

社会人必然要形成共同体，才能维持其本性。从社会学的意义上说，社会人集合的结果就是形成社会共同体。

> 在政治和社会思想中，共同体……意思是指社会中的一群人（这个"群"可大可小），在这个"群"内有比较强的纽带相联络，有一种共通的身份感。所以一个真正的共同体，其特点应当是忠诚、归属、互助等纽带。②

即便是规范破坏者，也"不是规范上不相联系的、由不同的人构成的相互冲突的环境意义上的社会的敌人，而是社会的成员"③，他们与社会共同体之间存在紧密关联。

在社会这个共同体内部，规范调节着属于一个特定群体的人们的共同生活，使之井然有序。它确定这个群体的成员的相对位置，它划清他们相互之间的活动范围，并且创造种种有可能赖以合作的形式；它规定群体得以进行统一行动和法的制度本身得以贯彻的种种形式。

因此，科殷才指出：

> 世上没有任何一个共同体，它的成员的个人彻底地和毫无例外地融化在它上面；一般总是还存在着某些个人的利益，它们是不能被共同体化的，毋宁说，在它们里面，个人才感到他的特殊性，感到他是作为一个个体存在的。④

在结构的层面上，涂尔干在《社会分工论》中最早讨论了分工、规范和社会

---

① 杨春学. 经济人与社会秩序分析. 上海：上海三联书店，1998：225.
② 秦立彦. 面对国家的个人——自由主义的社会政治哲学. 济南：泰山出版社，1998：31.
③ 雅科布斯. 现今的刑罚理论. 冯军，译//夏勇. 公法：第2卷. 北京：法律出版社，2000：394.
④ H. 科殷. 法哲学. 林荣远，译. 北京：华夏出版社，2002：140.

之间的关系。在涂尔干看来，社会是一个共同体，共同体内的成员应当有共同的规范意识。他曾经说：

> 如果人们相互结成一个共同体，并在其中感受到了某种信念或感情，那么这种信念和情感会给我们带来多么大的力量啊！今天，这一现象的根源终于尽人皆知了。相反的意识总是相互消解，而相同的意识则总是相互融通，相互壮大；相反的意识总是相互减损，相同的意识总是相互加强。[①]

按照涂尔干的观点，规范是从分工中自然而然地产生的，它们是分工的延伸。规范的形成是与社会结构的稳定状况休戚相关的。当然，这里的规范必须具备有用和必需的特征，即对特定条件下的社会整体而言，必须具备满足社会普遍需求的功能。

福柯也曾经仔细地讨论过规范与社会之间的复杂关系。按照福柯一贯的观点，规范是一项重要的权力策略。在车间、学校、军队、医院甚至家庭里，人们根据时间安排，对迟到、缺席、旷工和失约加以惩罚；根据道德规范和处世原则，对各种漫不经心的行为、桀骜不驯的举止、不合体统的言谈、有失整齐的身体以及伤风败俗的性行为加以拒斥。规范始终在着力刻画微小的羞辱，并以平等的名义实施微观的裁决；正是在这种有法可依、有据可查的规范体系里，各种权力仪式、实验形式、力量分布和真理体制进行着前所未有的密谋，共同编织密匝匝的权力之网。所以，在我们所生活的现代社会里，每个人，无论身处何地，都会发现他的身体、姿态、举止、才能和成就都在受到规范的制约。

对于规范和共同体之间的关系，冯军教授也有精辟的见解："规范是为了共同体充满活力的发展而存在的，没有共同体，规范就不可能出现。规范通过给人们为共同体充满活力的发展确定一个角色，而给人们在共同体中的存在赋予了地位。当人们在为共同体充满活力的发展正确地扮演自己的角色时，规范必须最大限度地保障人们为正确地扮演自己的角色所必须得一切权利，否则，共同体就会

---

① 涂尔干. 社会分工论. 渠东，译. 北京：生活·读书·新知三联书店，2000：61.

衰落甚至灭亡。"①

　　社会的规范性决定了规范与社会相关,也使得规范与社会中个人的日常生活紧密相关:犯罪对法律秩序的挑战导致了日常生活情境的失态。这里的情境失态指的是行动者的社会能力陷入缺失状态,使行动偏离了日常接触的公共安排,使日常秩序陷入了混乱。在这种人们习以为常的既存模式遭到破坏乃至崩溃的时候,具体事件或实践就不再是连续或确定的了,情境本身威胁了日常惯例。人们必须通过调整自己的思维方式来评判当前的事件,重新思考生活秩序的新的场景。

　　强调社会的规范性是一种现实主义的立场。信奉法治的人们相信,法治是迄今为止相对来说更加符合人的本性和需求的较好的规范性制度安排。法治之下的生活是相对比较合理、比较有意义的生活,在这样的制度之下的生活很可能不是最好的生活形式,但绝对不是最坏的生活形式。因而在法治之下生活的现实的人们基本上都认可、接受这种生活,并小心谨慎地维护着这种生活,他们特别重视从历史和现时之中得到的经验,并希望而且也身体力行地从点滴的积累中获得进步,倡导并实践着在秩序稳定的和平环境中通过渐进的改良或改革来改善目前的生活状况。然而,信奉法治并愿意在法治之下生活的现实的人又并非没有理想、对未来生活计划没有进行安排的人,他们都满怀着对理想生活的希望,只不过认为理想的实现必须始于当前的足下,理想的完成需要漫长的时间,更需要脚踏实地的不断努力,所以他们把理想分解为一定的片段,在一个个小片段的真实实现之中最终向理想靠近。因此,他们反对在现实和当前全面构建,并通过激烈的社会变革、在全然不顾自身的历史与现实条件的情况下实践"乌托邦"理想的蓝图,或者说,法治的人生态度的现实主义立场是根本拒绝那"在场"的"乌托邦"的。由此当然也体现出法治所具有的那种对人的生活远景的有限的、谨慎的乐观主义情绪。正因为如此,法治特别关注对现实的人的现实生活,特别关注对

---

① 这是冯军教授2002年6月19日在北大法学院第24次刑事法论坛上的发言。陈兴良.法治的界面.北京:法律出版社,2003:439.

第五章 社会的规范性

现实的人的财产权利和自由权利的充分而有效的保护。

强调社会的规范性，是因为我们知道，法治是而且必须是奠基于现实的人的生活场景之中的。人们之所以选择、信奉并实践着法治，是由于在法治的实践过程中，人们逐渐建立起了对于法治机制的规范性的制度性信任与信心。这一信任与信心的建立不是靠外在的强力压制、威胁与推动的，它们的建立是因为法治机制的运作使现实的人在其日常生活之中得到了法治的真正关爱与庇护，其生存与生活之权利和自由通过法治机制得到了最大限度的落实并得到了充分有效的保障，使绝大多数现实的具有七情六欲的世俗凡人既得到了实"利"的优惠与生活的甜头，又对未来的生活前景抱有合理的可以预期的乐观与希望。既然法治机制的运作能够最大限度地满足其现实的需求与关爱，现实的人们焉能不对法治机制抱有信心并加以信任？这种信任与信心也十分自然地就成了现实的人们的人生态度的一部分。

所以，法治必须立足于现实的人的日常生活世界，必须时刻关注现实的人的具体的生活场景，并充分满足现实的人的正当合理的生存与生活需求。果真如是，则法治的实践与法治的人生态度便能形成一种良性的互动，它们彼此形塑、彼此推动并增益对方。

强调社会是规范的共同体，对于促进公众对刑法的认同，具有现实意义。个人在生存过程中依附于主体间共有的传统，并塑造了规范认同的共性，使每一个个人的认同与公众的认同紧密联系在一起，并建立在相互承认的基础上。对此，拉兹（J. Raz）认为："获得文化资源的相同路径可以用内在的根据来加以证明，这个内在根据就是捍卫自己的认同。"[①] 马格利特（A. Margalit）和哈尔伯托（M. Halbertal）也认为："个人的文化血统权利源于这样一个事实：每个人都高度关心自己的个人认同——在于保护他的生活方式，保护他的特性。"[②]

社会的规范性联系表明：规范存在于社会中，社会因为规范而有意义，社会

---

① 尤尔根·哈贝马斯. 后民族结构. 曹卫东，译. 上海：上海人民出版社，2002：127.
② 尤尔根·哈贝马斯. 后民族结构. 曹卫东，译. 上海：上海人民出版社，2002：86.

与规范的关联意味着社会是"关系性"的,刑法在关系中存在。① 关系是一个开发性概念,它与布迪厄所提出的著名的"场域"概念紧密相关。他指出:根据场域概念进行思考就是从关系的角度进行思考,"从分析的角度来看,一个场域可以被定义为在各种位置之间存在的客观关系的一个网络,或一个构型"②。规范意味着社会与个人、个人与个人之间有复杂的关系,关系促进了沟通,关系促进了人们对规范的认同和遵从。

17-3 规范对于保全社会的意义

对社会而言,规范作为特殊的命名和引导机制,不仅以知识的名义配置了社会生活,确立了各个社会要素之间的联系与区别以及其间的游戏规则,而且也常常会把这种命名规则注入人们的观念、行动乃至身体中去,从而构成了人们的思维要素乃至本能。所以,规范不仅意味着被确定了的行为归属关系,也可以把制度思考的逻辑带入最具体的行动筹划和意义解释之中,成为制度运作和权力运作的毛细机制。

福柯指出:

> 现在总是伴随着规训权力的话语是对规范进行论证、分析和专门化的话语,以便能够按部就班地实施它。国王的话语可能消失,并且由这样一个人的话语取而代之:他将制定规范,实施监督,区分异常和反常……逐渐地形成了一种规范化的话语。③

从表面上看,所有关于罪与非罪的分类都是刑法规范某种既定图式(ready-made scheme)的表现,这种分类似乎只具有外在约束或强制的作用。但是,它的真正作用决不限于此,它还是人们在日常生活实践中看待自身和言说自身的方式。换言之,利用规范对行为进行归类所得出的结论(分类图式)与人们进行行

---

① 对此的开创性研究,请参见储槐植.刑法存活关系中——关系刑法论纲.法制与社会发展,1996(2).
② 华康德,布迪厄.实践与反思——反思社会学导引.李猛,李康,译.北京:中央编译出版社,1998:133-134.
③ 理查德·沃林.文化批评的观念.周宪,等译.北京:商务印书馆,2000:272.

第五章 社会的规范性

动筹划的解释图式是相互钳制的：规范因素始终潜藏在行动者的知识库存中，并通过实践、事件或仪式等可见形式表现出来。所以，规范化因素对日常生活的介入，并非像人们通常认为的那样非得采取诱拐、胁迫或强制的方法，分类图式与解释图式之间的铰接完全是在潜移默化中完成的。

规范的这种意义决定了规范"缺席"和社会治理之间存在紧密而又紧张的关系。换言之，一旦规范缺席或者不充分在场，社会就可能重新陷入混乱。在社会日益分化的情况下，必须加强对个人的规范约束，否则就会有犯罪行为出现。

一般的社会研究总是趋向于将社会整体置于优先地位，但是，我们对个体的讨论也应该加强。涂尔干在关于有机社会的讨论中，分析了个体分化的问题。涂尔干认为，在现代社会中，劳动分工已经把社会机体分化为彼此不同的专门职业，把原来具有同质性特征的"个体"变成了彼此不同的个体，使个体的异质性程度加大了。这主要归功于三个原因：一是职业群体造就的职业精神只能对特定的职业生活产生影响，个体首次具有了游离于职业生活之外的自由生活空间；二是相对于社会总体规范而言，职业规范的强度减小了；三是职业的异质性带来了职业群体的异质性，在职业群体自身发展和相互参照的过程中，绝对的机体规范意识逐渐衰弱下来，个体意识生成了。在这种情况下，社会倾向和个体倾向之间第一次出现了紧张状态，或者用卢曼的话说："现代社会之所以区别于传统社会，就在于现代社会所包含的不是一个实体或一种人格，而是两种人格：即集体人格与个体人格相互共存。"①

个体和社会之间的关系决定了，一方面个体逐渐跳出了集体意识的羁绊，从集体行动和遗传作用中摆脱出来，开始具有了自己的观念、情感和欲望，获得了一定程度的自由和自主，并最终形成了人格力量，传统的集体意识已经无法涵盖个体意识的扩张趋势了。另一方面，个体解放的实质在于个体的自我调节（self-regulation）和自我控制（self-control）。"借助道德规范的实践，我们发展了自

---

① Lehmann. *Deconstructing Durkheim. A Post-post-Structuralist Critique. N.Y.*: *Routledge* 1995, p. 85.

己控制自我和规定自我的能力,这才是自由得真正要义",换言之,"个体持存、规定和克服自我的力量"才是个体的真正本质。涂尔干明确指出:"人是有限的存在。从生理上讲,他是宇宙的组成部分;从道德上讲,他是社会的组成部分。因此,如若他不去牵制自己的本性,他就无法超越方方面面的限度……人的本性无法成其自身,除非他受到了训诫。"[①]

因此,现代社会始终贯穿着两个维度的控制过程:一是外在的社会控制,它以训诫为主要手段;二是内在的自我控制,它以个体反思为基础。在涂尔干看来,个体意识形成的前提是在道德基础上对自我进行约束和控制,个体反思的归宿应该是集体意识。就此而言,个体分化和发展的实质是个体具备了主动理解、把握和贯彻集体道德的能力,绝不是个体在行动和意识领域的无限膨胀和扩张。然而在某种意义上,现代性的发展却似乎呈现出了相反的趋向。尽管以自由和自主等观念为代表的自由话语(the discourse of liberty)在现代性的形成过程中占有主导地位,但在这种话语的背后,却始终潜藏着另一种话语,即纪律化话语(the discourse of disciplinization),对自由话语形成一种霸权力量。也就是说,在现代社会里,外在的社会牵制力量通过资本和知识等形式相应地得到了扩张,但是个体内在意识扩展的深度和广度都超过了我们的想象。在这个意义上,原有的集体意识被逐渐消解掉了,新的意识没有通过个体意识的内化作用形成新的整合力量,社会的存在受到严重的威胁。因此,在涂尔干看来,在社会急剧变化的时期里,道德的防线顷刻之间崩溃了,个体的欲望(而非个体的自我规定能力)汹涌地喷发出来。

集体意识的衰落无疑会使社会陷入道德真空状态(the moral vacuum),社会成员失去了社会的引力,在意识领域内各处闲散游荡,变成了毫无控制的非社会存在(asocial being)。社会的缺席(the absence of society)使个体意识不再具有内在的限制和约束,陷入了规范缺席的状态,"旧的道德和法律"被取缔了,"新的道德和法律秩序"还远未确立起来。在这种情况下,个人的欲望和情欲突破了

[①] Durkheim. *Moral Education*. Glencoe,1961,p.76.

原有的界限，无限膨胀起来，集体意识所承载的社会已经完全丧失了它的普遍性和目的性。

那么，我们可以看到，在犯罪、规范与社会进展之间有着复杂的关联：（与犯罪有密切联系的）社会基本条件是法律正常进化的必不可少因素。法律不仅随着社会类型的变化而变化，而且在同一社会类型中，集体生存条件的变化也会带来法律的变化。犯罪在自身得到实现的过程中，不仅可以越出集体情感的限度，而且也可以突破道德意识的僵化模式，从而间接地引导个人"独创精神"的实现。因此，犯罪的功用在于，它为必要的改革直接做了准备，"哪里有犯罪，哪里的集体感情就处于为形成新的形式所必要的可塑状态"，在这个意义上，犯罪既是对未来道德的预测，也是对未来道路的开拓。[①] 犯罪这类特殊的社会事实能够为通过建构新的规范来调整社会秩序，提供新的资源。

18. 刑法规范如何导致秩序

法规范与秩序之间存在正比例关系，一个规范共同体比较稳定的社会，必然是秩序更多、生活利益更易于得到保障的社会。

18-1 规范与个人生活

对生活在社会中的个人而言，规范是社会成员理解、解释和说明行为的源泉。社会中广泛存在的、千百年来人们认可的自然规范，例如，不得杀人、盗窃、强奸、抢劫等，以及由后来得国家制定的强行法，例如规定严重破坏经济和社会秩序的行为为犯罪等，都会在每一个人的脑海中打下烙印，形成"知识库存"。由规范所大致框定的客观意义脉络赋予了行动的可说明性（accountability），并为人们提供了观察、转述、评价行为的犯罪性质的客观依据。

在指导行为方面，借由规范的客观意义脉络所决定的各种规范来决定实施或者放弃一定的行动，并在具体行动中通过肢解或破坏这些规范的方式来不断利

---

① 渠敬东．缺席与断裂——有关失范的社会学研究．上海：上海人民出版社，1999：25.

用、生产或构成这些规范，这就是日常生活的基本特征（形式结构）。

在评价行为方面，对人们来说，客观意义总是理所当然的，但这种意义不过是筹划或观察的既定假设而已。在评价犯罪的具体场景和具体实践中，人们总是从权宜的角度出发，利用规则并构成规则。规则本身就是以实践的方式利用规则的结果。我们不能将犯罪放在规范之外考虑。犯罪是反秩序行为，是规范内的现象，是与集体规范意识有关的因素。犯罪不仅仅是个体与社会之间的差异，更是社会生活自身的差异，它不仅仅带来负面效应，也是构成性和生产性的。犯罪俨然是各种类型在交互移动和重叠时所产生的阴影，不仅使各种事物之间浮现出模糊的轮廓，也使事物之间的差异成为可能，使各种界限以及借此而确立的秩序成为可能。

承认规范的重要性，实际上是承认哈特所说的"自然法的最低限度的内容"。按照规范的要求进行生活，就是一种理性的生活，而理性所要求的是在一个强制制度中的自愿合作。沿着哈特的思路，我们可以看到，人们之所以愿意承认规范的重要性，在理性原则的指导下生活，是"人的脆弱性""有限的利他主义""有限的资源""有限的理解力和意志力"等因素所决定的①：（1）人的脆弱性。人们既会偶然地进行肉体攻击，又一般地容易遭到肉体攻击，所以，人本身具有脆弱性。如果人类一旦失去相互之间的脆弱性，法律和道德的一个典型规定——汝勿杀人就会消失。在这个意义上，法律的大部分内容不是由提供积极服务而是由消极克制构成的。这种克制通常是以禁令的否定形式来表达的。其中对社会生活最重要的就是限制使用暴力杀人或施加肉体伤害。这种规则的基本特征可以用提问来说明：如果没有这些规则，对像自己一样的人来说，其他任何一种规则都将毫无意义。（2）有限的利他主义。人并不是受相互灭绝的愿望所支配的恶魔，也并不是天使，而是处于这两个极端之间的中间者，这一事实使得相互克制的制度既有必要也有可能。当然，人的利他主义的范围是有限的并且是间歇性的，而侵

---

① 更为详尽的分析，请参见哈特. 法律的概念. 张文显，郑成良，等译. 北京：中国大百科全书出版社，1996：190-193.

犯倾向却是时常存在的，如果不加限制，就足以导致社会生活的毁灭。（3）有限的资源。人类赖以生存的资源不是无限丰富的，而是稀少的，必须有待成长或从自然中获得，或必须以人的辛勤来制造。这一事实使得某种最低限度的财产权制度以及要求尊重这种制度的特种规则必不可少。刑法关于财产犯罪、危害经济秩序犯罪的立法根源都可以从这里寻找。（4）有限的理解力和意志力等。

惩罚必须针对犯罪的个人，才能体现一种公正的观念，刑法的规范化训练机能也才能达到。亚里士多德曾经说：一个违反法律的人被认为是不公正的。同样明显，守法的人和均等的人是公正的。因而，合法和均等当然是公正的，违法和不均是不公正的。而公正对于社会的重要性主要体现在"公正是一切德性的总汇"。公正不是德性的一个部分，而是整个德性；相反，不公正也不是邪恶的一个部分，而是整个邪恶。①

18-2 法规范与法治秩序

在近代，霍布斯提出了一个尖锐的问题，即社会在无外力介入的情况下，人与人之间的交往如何能继续维持？人为何没有陷入"一切人对一切人的战争"？也就是说，人为什么始终生活在争斗中，却没有走向毁灭。其实，类似的隐喻，早就有了。自古希腊以来，在西方文化传统中，始终存在人的理性（ration）与炽情（thumos/passion）的对立。理性的一半是天使，炽情的一半是魔鬼。苏格拉底的"战场"命题即提出了这一问题：人的心中是个战场，是理性与炽情激战的战场，是好马与驽马争斗的战场。②

作为一个客观的社会事实，我们必须承认，就常态情形而言，人类社会并不是作为个体的人的孤立存在与活动，而是人的相互关联的存在与彼此发生影响的活动。这种现象的存在，客观上使人与人之间的联系变成恒常而普遍的关系，这种由观念、行动与行动结果构成的关系的复杂网络与结构，也就是我们常说的社

---

① 亚里士多德. 尼各马科伦理学. 苗力田，译. 北京：中国社会科学出版社，1990：90.
② 关于古希腊的这一观念及作为自我技术之一的"节制"，请参见让-皮埃尔·韦尔南. 希腊思想的起源. 秦海鹰，译. 北京：生活·读书·新知三联书店，1996：70-79.

会或者人类社会。显然，人与人之间的关系网络与结构即人类社会的产生、存在和发展，离不开人与人之间的理解与意义沟通、离不开由这种理解和沟通所形成的共识，当这种就人自身的行为及其目的所形成的共识为绝大多数社会成员共同维持并自觉遵循时，这种共识也就成为人们在思想观念与行为及对行为进行评价方面的习惯，习惯的演化发展为规范，尔后再产生出成文法律。也正是这些基本的人的生活共识、习惯、规范和法律，既使人们的生活有序化并形成人们可欲的社会秩序状态，又使这种社会秩序状态或者说人类社会得以持存与发展。

所以，加塞特（Gasset）就认为"秩序并非一种从外部强加给社会的压力，而是一种从内部建立起来的平衡"①。

哈耶克也认为：

> 人的社会生活，甚或社会动物的群体生活，之所以可能，乃是因为个体依照某些规则行事。随着智识的增长，这些规则从无意识的习惯（unconscious habits）渐渐发展成为清楚明确的陈述，同时又渐渐发展成更为抽象的且更具一般性的陈述。②

规范就是在这一过程中形成的。所以，完全可以这样说：法规范是也应当是源于并发展于人的真实生活之中的。从事物的本来逻辑来看，法规范始终且必须立足并奠基于人的现实生活世界，而且也只有在人的现实生活世界之中，从现实的人的具体生活场景及其现实需求与法治的原则、规范、制度、组织机构及其组合方式与具体运作的密切联系之中，法治的理想和原则才能真正向人的生活真实回归，才能充分实现于人的生活实践之中。法治作为一种社会秩序状态，作为塑造这一社会秩序状态的规范设计、制度安排与组织形式的有机组合及其运作，也作为现实的人的一种生活方式，所反映或者折射出来的是人对其自身命运或前

---

① 弗里德利希·冯·哈耶克.自由秩序原理：上.邓正来，译.北京：生活·读书·新知三联书店，1997：183.
② 弗里德利希·冯·哈耶克.自由秩序原理：上.邓正来，译.北京：生活·读书·新知三联书店，1997：184.

第五章　社会的规范性

途,对其自身现实生活与理想生活的根本看法与可能把握。

对规范的认同,为什么会形成一个有秩序的世界?

第一,从规范确立的方式看,规范形成是个人因素、社会因素与国家(政府)因素、主观因素和客观因素的彼此契合与不断协调的结果。或者说,从基本途径或确立方式来看,规范形成首先是个人、社会与国家就法治下的人生立场彼此契合、相互妥协的结果。

第二,从社会的视角看,从现实中的由单个人的集合或者说由单个人的观念、行为相互影响形成的关系结构与网络系统,它的基本形式是一个个由个人结成的社会团体与非政府组织的系统,属于个人与国家(政府)之间的中介或中间的层次。这一个一个的社团或组织都有各自的需求、愿望与目的,它们对法治的各种原则与要素的组合及其实践运作,显然也有自身的不同于单个的个人的切身感受与体验,这种感受与体验当然也就成为这些社会团体与组织的生活经验与经历,这些经验与经历在它们彼此的交流与理解之中,会逐渐形成占主导地位的有关法治生活的共识,这些共识会成为这些社会团体和组织思考其在法治之下的种种可能与可行的选择与安排的背景与参照。正是在各种社会团体与组织的这种在法治之下不断进行生活体验与感受,并不断进行交流以形成共识而又反复地校正、修补、丰富这种彼此的共识,社会由此形成其占主导地位的规范体系。

在现代国家,强制执行权为国家所垄断,但这并不意味着刑法领域的法规范只有通过一次次的司法实践才能为个人认同。涂尔干认为,分工不仅仅表现了我们所界定的道德的特性,而且它越来越成为社会团结(solidarity)的基本条件。因为社会成员融合在相似的活动中,结果,他们分享同样的价值和理想,这些价值和理想构成"集体表象"(collective representation)。由集体表象产生集体良知,所以每次有人犯罪,所有耳闻目睹的人都会油然而生一种愤恨之情。"只有集体感情的性质才能够对惩罚作出解释,进而对犯罪作出解释。"[1] 对犯罪的集体愤恨,是控制犯罪等失范行为的民间机制,是国家刑法得以启动的前提。

---

[1] 涂尔干.社会分工论.渠东,译.北京:生活·读书·新知三联书店,2000:67.

第三，从国家的视角看，从本来意义上讲，法治本是社会生活自发形成的规范与制度自然演化的结果，其现实的存在与运作也基本上是以自然的、渐进的方式进行的，国家的力量受到法律的严格约束限制，在法治生活之下，国家的力量是比较被动和消极的，因其根本目的是以个人的权利为依归的，故其实际的法治生活地位尚无法与个人相比。

而在现代社会，许多实行法治或者宣称实行法治的国家，其法治的实行基本上是"国家推进型"的：国家在法治生活中扮演着极其主动和积极的重要角色，个人的权利虽享有或主张享有神圣的法律地位，但个人在法治生活中应有的主动积极姿态尚需国家引导。但无论如何，在法治生活中，有一个基本的事实不容否认，这就是：不管法治的具体类型和国家的角色如何，国家本身依其对自身的功能定位，而必然对法治有着如同个人和社会般的感受与体验，这种感受与体验当然会成为国家在法治之下活动的前提。尊重和维持刑法规范，从而推进法治进程就是国家的当然义务。

第六章　刑法与规训机制

尼采曾经说过：

> 在漫长的历史中，"法律"一直就是一种禁律，一种罪孽，一种发明，它伴随着暴力出现，作为暴力而出现，人们正是由于对自己感到羞愧才服从了它。①

不过，在今天，这种将刑法等同于杀戮的观念需要改变：个人对自己没有把握，需要约束，所以并不拒绝刑法。但是，刑法不是要压制人，而是要让人活得更好，即不是"杀鸡吓猴"，刑法只是社会整体的规范化训练机制中的重要一环。刑法之所以有效果，决不只是因为它能够制造恐惧，是强者向弱者的宣战，而更多的是因为它能够触动人类心灵的隐秘之处。

对此，德国学者说得很清楚：

> 适当地、平稳地、有效地实现刑法的压制功能，使得刑法发展了那个"构成道德的力量"（sittenbildende Kraft），通过此等"构成道德的力量"，

---

① 尼采. 论道德的谱系. 周红，译. 北京：生活·读书·新知三联书店，1992：91.

使得全体公民对法秩序的权威性确信无疑。①

19. 规范融入刑法领域

19-1　社会对刑法规范的接纳

社会是一种规范联系，这里的规范必须从广义上理解，而不能将其简单地视为由立法者所确定的、成文化的禁止、命令规则，否则，就可能使规范论陷入国家强权主义的泥潭。

在社会中生存的人，一般而言，会习惯性地认同规范的存在。如果因为特殊原因，这种认同感缺失，他们可能就会犯罪，"认同感被伤害的人，比那些拥有稳定的认同感的人，更易有犯罪行为；认同的问题促进了犯罪"②。

所以，一个社会有规范而规范不被遵守的现象并不少见，这就需要我们进一步思考，为什么仅仅有规范对于一个社会来说是不够的？接下来的问题就是要是社会有序，必须在有规范的基础上保证规范的被信赖和被遵守。今天出现的许多白领犯罪，罪犯都知道规范的存在，也知道犯罪后被查获的概率很大，但是他们仍然在对因犯罪得到的好处要大于失去的利益这一具备事实作出估计以后，实施犯罪行为。这就说明规范的效力有限，也说明这种规范从根本上看属于国家惩罚的规范，而不是公众认同的规范。所以，在看到规范的效果的前提下，引导公众认同、信赖规范，是国家不可推卸的使命。

刑法制定和运用的基本原则绝不是单一的，因为社会的目标是多重的、复杂的，一种社会目的不能承担排斥其他社会目的的任务，也没有能力去牺牲其他的社会目标。例如，要达到防止一些特别的犯罪或者总体上预防犯罪的目的，就必须一方面保证刑法不伤及无辜者，另一方面要使整个社会的安全感能够有所提

---

① 汉斯·海因里希·耶塞克，托马斯·魏根特. 德国刑法教科书. 徐久生，译. 北京：中国法制出版社，2001：5.
② 赫费. 文化际的刑法 I. 蔡庆桦，孙善豪，译，载香港《二十一世纪》2000 年 2 月号（总第 57 期）.

第六章 刑法与规训机制

高,从而实现社会的复合功能。① 所以,刑法负载着多重使命。

国家是由许多个人组成的,他们生活在同一地域,彼此不是孤立地存在,彼此之间当然也会有对抗行为,但是相互合作和互助,从而形成共同体是主流。共同体是一种自由个人的联合体,或者是含有合作和冲突诸因素的、在一定程度上具有制度化、结构化、组织化特征的关系结构。共同体是一种比一般的、临时性(社会)关系结构层次更高的制度机构。在家庭、村庄、乡镇这种机构里,一些通行的规则会限制行动自由,而在法和国家这个统治结构里,确定了社会允许的且对社会有示范作用的所作所为的规范,并且这种确定了的东西借助于积极的和消极的认可得以实行。社会正是借助于强制规定的行为规则和规范把自己组织起来。与社会相协调的行为,可以得到承认和鼓励,与社会基本准则相悖的行为,则会得到反感、歧视、指责和惩罚。

在作出"赞成"与"反对"的表态时,共同体必须考虑如何组织、控制公共权力和公共暴力,以及使之更为有效。规范共同体用于处置个人和治理社会的手段不是风俗习惯和普通的道德规范,也不仅仅是由法的约束力所构成的行为强制规则。法律规则,作为特别意志和行动统一体,涉及命令、禁止以及附带的执行程序,此外还包括对规范存有争议时的权威性解释机制,而规范的指涉更多。在共同体的规范约束力中,刑法规范处于关键地位,人类目前尚未达到可以抛弃刑法规范的地步,但是它的意义却一直被人诋毁,因为刑法的强制限定了行动自由,这对被限制者来说是不利的,所以需要合法化。合法化的任务因此指向了强制权限。

刑法针对人的不合规范行为作出反应,而且这种规范反应具有普遍适用性,借用卢梭的说法就是,它"只考虑臣民的共同体以及抽象的行为,而绝不考虑个别的人以及个别的行为"②,所以,单纯从外在形象、法的形式特征看,刑法的正义性是易于被接受的。但是,仅仅从行为概念出发还不能论证刑法约束的合

---

① Frank D. Day. *criminal law and society*. Florida: Charles & Thomas Publisher, 1964, p.51.
② 卢梭. 社会契约论. 何兆武, 译. 北京: 商务印书馆, 1982: 50.

法化。

　　使一件事情取得合法化地位，意味着对这件事情的认可或证明了它在法律上的合法性。在现代法治社会，合法化主要诉诸相应的规范来实现。

　　但是，国家的公共惩罚权力的合法化论证却不能走这种途径，这种实证的现实（社会强制）本身不能自言其明，"所以，必须用一种规范评价的或批判的合法化，一种出自前实证的和超实证的理由而实现的合法化，来代替实证的合法化"①。要对刑法实践进行批判的合法化评价，就应当收集大量的材料来证明刑事制裁为社会带来的好处多于没有制裁的情形的。

　　惩罚制度的存在自有其弊端。但是，离开刑法，离开刑法规范，我们没有其他方法和途径来保障有序的共同生活。既然刑法规范有其存在的理由，我们就得施行这些规范来切实地实现正义的社会关系。由此，使得施行规范的过程具有一种正义的意义。而在法规范已然具备的情况下，切实实现社会正义的社会关系，要追求的实际效果在于保障权利。显而易见的道理是，利用刑法进行强制的社会制度固然可以保障一个社会的协调、安全、稳定和有效，可以实现社会的整体利益和公共福利。但是，社会整体利益或者公共福利的说法，将一个群体或共同体视为一个同质意义上的构成物，试图将这一个人与其他个人的幸福简单地加以协调，而忽略了个体之间、个体与群体之间的利益纷争。所以，通过蔑视个体利益或部分群体的利益来保障共同利益的做法，显然不具有合法性。

　　也正是在这个意义上，赫费才指出：

　　　　在社会规章及其法律形式被证明是合法的前提下，权利保障是一个不可放弃的合法化原则，并可以具有重要的宪法权利的结果……一个能产生这样的结果并确保权利保障的法和国家，在最初的意义上，即在规范性最弱的意义上，是合法的。②

---

① 奥特弗利德·赫费. 政治的正义性——法和国家的批判哲学之基础. 庞学铨，李张林，译. 上海：上海译文出版社，1998：53.

② 奥特弗利德·赫费. 政治的正义性——法和国家的批判哲学之基础. 庞学铨，李张林，译. 上海：上海译文出版社，1998：55.

第六章 刑法与规训机制

19-2 刑法规范与正义标准

自康德以来,政治正义性这一拒绝与其他评价相妥协的规范性评价被认为是绝对有效的。在行将解散的海岛,在监狱里的最后一个杀人犯也应当被处死,市民社会的成员才能执行他们解散的决定。

> 应该这样做的原因是让每一个人都可以认识到自己言行有应得的报应,也认识到不应该把有血债的人留给人民。如果不这样做,他们将被认为是参与了这次谋杀,是对正义的公开违犯。①

在这里,正义性是适合于具有强制权力的社会境况的绝对命令,它是一种不受限制地适用的义务,其约束力不依赖于任何经验以及经验上的证明。康德的正义绝对约束力原理是否会造就人们的不人道的盲目信仰,在世界行将灭亡时,仍然不惜代价地执行相应的命令和禁忌?康德强调的是在严禁伤害无辜的道德合法性前提下,实现一种公正的法制度本来的正义性。当然,要避开令人担忧的对正义的盲目信仰,就需要考虑分配性利益的正义的问题。

被理解为分配性利益的正义,只有通过两个层次的程序才能予以证明。首先要证明,设立具有强制力的社会制度及法和国家是为了相关的群体利益;其次要证明,群体的利益对多个群体成员都有好处。换言之,正义是不违背相关人员的利益的。相反,它要照顾到集体得益的社会境况中不是只让一些人得益,而另一些人只是或主要是受到损害。那么,刑法的强制的合法性相应地也必须在这种意义上加以理解:公共的刑事强制权力能够使每一个人都得益,而且个人(无论其是罪犯还是普通公众)的获益应尽可能均等。

而法律实证主义反对将法的定义与正义性联系起来,认为可以有非正义的法,并且尽管是非正义的,只要它是有力量的,就是有用的。法道德主义②则强调正义的重要性,认为在相信完全没有正义仍然行得通的法制度中,其强制性质

---

① 康德. 法的形而上学原理——权利的科学. 沈叔平,译. 北京:商务印书馆,1997:167.
② 这里的道德是批判的道德而非传统的道德,不是个人的而是制度的观点,表示的是对法和国家的道德立场。

与一伙罪犯的赤裸裸的暴行不再有什么区别。一个与一般公认的正义原则相矛盾的法律，就是不适用的法，正义是法的定义特征，所以，拉德布鲁赫才指出："法，也即实证法，根本不能定义成别的什么……而只能定义成按其意义确定地要为正义服务的规章和条例。"①

在我看来，要将一种彻底的法道德主义贯彻下去，是很困难的。因为它强调法律必须和正义相符合，在整个法的制度体系中是如此，在任何个别的法规范中也应当这样。这种立场有矫枉过正之虞。至少在刑法领域，我们可能更为需要一种修正的或者温和的法道德主义，即并非任何具体的法规范都要求与正义相联系，尽管这是作为整体的法制度所要求的。换言之，单个的法律规则的实际作用不取决于规范与某些正义原则保持一致。拉德布鲁赫对这种受到削弱的法道德主义进行了表述：国家法律即使在内容上是非正义的，也可以把它看作是有用的，除非法律与正义的矛盾达到无法容忍的程度，以致作为不正确的法，法律不得不向正义屈服。

在我所关心的刑法领域，也应当特别注意软化正义的绝对性，适度考虑正义原则和法的实证性之间的沟通，尤其要审视不考虑正义要求的刑法强制与实证法的义务之间存在的概念的差异，同时从接受正义的角度来理解实证法。刑法规范应当从总体上区分正义与非正义，个别刑法规则即使在内容上是非正义的，也可以把它看作是有用的，除非它与正义的矛盾达到无法容忍的程度，以致无法将其作为正确的法来看待，在此，正义成为法和国家的规范性约束力量；刑法又借助于正义原则而使国家强制摆脱纯粹权力的控制，在此，正义是法和国家的结构性要求。具备这种正义特征的刑法，能够发挥它的诱导功能，获得公众的认同，同时对保障公众的有秩序的生活有根本的意义。

刑法的正义、有效和对权利的适度顾及，我统称为刑法的合目的性。关于法以及刑法的正义，我在前面已经讨论了很多。关于刑法的有效性，中国学者已经

---

① 奥特弗利德·赫费. 政治的正义性——法和国家的批判哲学之基础. 庞学铨, 李张林, 译. 上海: 上海译文出版社, 1998: 101.

第六章 刑法与规训机制

有很多讨论。对于刑法的权利保障机能的实现,陈兴良教授、曲新久教授等有相当多深刻的论述。① 但是,过去的研究没有很好地认识和处理权利保障在刑法实现中的地位和意义,它只是一个重要但却是(实际或要求)附带取得的结果。规范主义下的刑法必须适度考虑保护人权。

法律有时并不代表真理,而只代表(政治)权威的意志,这是霍布斯等人以及其他的法律实证主义者一直赞成的。而刑法,在很多时候都是如此:它不是现成的、人们随时可以发现的,而是人"造"之物,它由权威制定。这里的权威是一个多层次的概念,它首先意味着成文法的制定者及其意志;其次,它还指涉借以实现意志的权力。所以,刑法中的权威的意义内含于一种制定法的意志之中,意志不仅与实施法的权力联系在一起,而且也与制定法和实施法的权限联系在一起。

刑法依靠权威而变得有力,可以从两方面加以理解:其一,刑法因为权威而变得有意义,并不是说刑法只是单纯地演化为杀戮或者镇压的工具,也不是一种任意的具有法的特征之"暴力性"强制。刑法是一种植根于强制权限的强制,是一种权威化了的法定惩罚权力。成文法与刑法权威的关联、法制度的合法性,恰好可以解释今天西方国家尤其是英美国家刑法不断成文化趋向的内在原因。其二,关于犯罪和惩罚的决定依靠权威而生存,它们是实证法的组成部分,这并不是说任何这方面的决定都不能质疑,实际上在社会中存在的权力形式有可能提出重新论证惩罚的正当性的要求。

当然,在讨论到通过规范的惩罚的权威性时,涉及的问题就是这种权威从何而来;人们为什么愿意有约束力的规范伴随在他们的周围,时刻为其生活设置羁绊;人们为何渴望自由又不得不让自己不自由?按照贝卡里亚的说法,刑法的权威来自人们相互之间达成的契约。② 霍布斯则提出,强制权限不是产生于法和国家权力的特殊恩赐和上帝的恩赐,它来自"被统治者的赞同"。也就是说,法权

---

① 陈兴良. 刑法的价值构造. 北京:中国人民大学出版社,1998:113;曲新久. 刑法的精神与范畴. 北京:中国政法大学出版社,2000:36—45.

② 贝卡里亚. 论犯罪与刑罚. 黄风,译. 北京:中国大百科全书出版社,1993:11.

力的正统性就在于那些服从这种正统性的人们的自由认同。在这个意义上，我们可以说，刑法的制定和实施都是一种经过同意的法的适用。在这里，应当特别强调的是，公众认同与惩罚的权力、刑法权威之间紧密的关联，正是公众的刑法认同感的存在，使得所有关于惩罚的理论都获得了明确的正义的意义。

　　刑法规则并不是立法者在封闭的场所经过简单的讨论就可以产生的，它意味着讨价还价、争斗和妥协，所以，是一种选择的结果。① 这种制度选择要体现正义的要求。正义在形式的意义上意味着每个人单独地表示其自由的赞同，因为每一个人都希望从统治者的举动中得到好处和分配性利益。形式上的正义在很多时候是无法实现的，此时，实在的正义——通过法律包括刑法来实现的正义——的存在就是必要的。在我看来，刑法就是强行地追求实在的正义的一种手段：通过对规范违反者的制裁、对个人相互间自由的限制来达到相互间自由的保障。刑法规范的选择、刑法力量的登场、我们对刑法合法性基础的赋予，都是一种不得已的办法。因为按照霍布斯的说法，假如每个人都要保持自然权利，任何人都不能安然地生活下去，于是要遵循理性的一般法则：每一个人要获得和平的希望，就应该力求和平；在不能获得和平时，就可以寻求并利用战争的一切有利条件和助力来保全自己，在此范围内，应该满足他人的自由，也就是己所不欲，勿施于人。② 所以，为了消除人类生存中的战争状况，就应当承认规则的意义和作用，承认对规则的普遍认同。

　　强调对刑法规范的认同，容易引起的误解是将刑法与命令模式等而视之。命令模式把法规范看成是由占优势的权力发布的命令，这种命令以惩处为后盾，它要求民众按照习惯服从。换言之，"法的约束力是一种必须（müssen）；占优势的权力借助于卑鄙的威胁简单地强求获得法的服从"③。法的命令理论通过法服

---

　　① 周光权．公众认同、诱导观念与确立忠诚——现代法治国家刑法基础观念的重塑．法学研究，1998（3）．
　　② 霍布斯．利维坦．黎思复，等译．北京：商务印书馆，1996：98．
　　③ 奥特弗利德·赫费．政治的正义性——法和国家的批判哲学之基础．庞学铨，李张林，译．上海：上海译文出版社，1998：137．

第六章 刑法与规训机制

从的威慑理论予以完善，在威慑理论背后隐藏着一种消极的心理享乐主义的心理学。将法视为一种命令模式，有着久远的传统，例如，托马斯·阿奎那（Thomas. Aquinas）就一直坚持这种见解，他把"法"定义成，为了公共利益而关心社会的人所制定和颁布的理性的命令，是对于种种有关公共幸福的事项的安排，并由负有社会管理之责的人予以公布。循着这条思路，阿奎那指出：法首先是"命令"，它是一种强制性的指示并以此与劝诫性的规则相区别。"法"这一名词由"拘束"一词而来，是人们赖以实施某些行动和不作其他一些行为的准则和尺度。① 事实上，法律与命令模式之间的关联是无法否认的，但是，我们不能夸大这种联系的紧密程度。

命令模式与刑法规范之间肯定存在差别，即使在霍布斯那里，法律与命令也不完全等同。虽然他曾经说过，法律是一种命令，而命令是通过语言、文字或者其他同样充分的论据来发布命令的人之意志的宣布或表达的，但是，他并不赞同那种专制统治者可以任意地为所欲为的朴素的国家绝对主义，而是希望统治者关心他所提出的正义原则。他的政治哲学中蕴含的命题就是：不应当不必要地干预公民的自由行动，而应当在主体间的力量范围内保障这种自由。因为任何力量都意味着一种强制，所以在交给的任务之规定中包含着对国家强制权限的限制。② 在福柯那里，权力与法律、权力与命令、法律与命令都没有必然的关联，所以，他反对一种法律——命令模式的知识形态。

刑法是一类特别的具有强制力的规则，其特殊性就在于其中包含的大量的惩罚条文，惩罚与唤起民众对法的服从之间有着事实上的关联。此时，我们需要讨论的，可能不是命令模式的存在性，而是刑法规范范式的特质。从实证意义上讲，禁止抢劫和谋杀意味着对他人权力的保护，原则上讲是有利于所有禁令涉及者的。通过刑罚剥夺犯罪者的生命、自由、健康、财产，是在对正义和社会利益重新组织分配，这是法律制度规则的普遍功能。利用刑法所实现的社会秩序就是

---

① 阿奎那．阿奎那政治著作选．马清槐，译．北京：商务印书馆，1963：104.
② 霍布斯．利维坦．黎思复，等译．北京：商务印书馆，1996：260.

一种强制秩序（coercive order）。① 凯尔森把法理解为一种权威化的应当，法总的来讲是有效的。但是，它是因为在其基本功能中表现出来的优点而有效还是因为被接受者认同而有效，凯尔森没有进一步加以明确。关于法规范的有效性的问题，哈特又作了详尽的论证，他借助于服从法的多数人的赞同来定义法的有效性。哈特认为法仅对少数人，也即对那些只因害怕惩罚而服从的人来说，是一种必须；相反，对绝大多数人来说，服从则成为一种自由意志的认可。这与卢梭对此问题的认识大致相同，他把法律视为社会结合的条件，由于组成社会的人们有权规定社会条件，是法律的创作者，所以他们就应该服从法律。②

20. 规范化训练机制的转型

在现代刑法制度中，惩戒个人只是表象。在总体上通过刑法规范进行诱导，才是刑法制度运作的真正动机。

20-1　社会治理策略的改变

19世纪以来，国家对个人的态度事实上存在着一个根本的转型：权力开始负担起保障生命更有活力和更为持久的职责。换言之，权力开始从以往的只关心社会中的异己分子以及如何决定他们的生杀予夺转向了关心活着的更多普通人的生存状况。

至少在19世纪以前的过去，针对破坏社会规范的人适用国家强行法加以处置，是国家一项持久的、根本性的任务，而且这种单纯的惩罚有时并不依照法律而进行，超法规的裁判和处置都并不鲜见。这当然有很多极其复杂的原因，其中至关重要者为，在当时的某一国家内的政府的合法化危机没有解决，政权何以建立，统治关系和统治秩序何以合理，都有待于政府当局用实际的行动加以说明。但是，这种对统治权的合理化解释无论多么精巧都会遭到广泛的质疑，所以，此

---

① 凯尔森. 法与国家的一般理论. 沈宗灵, 译. 北京：中国大百科全书出版社, 1996：18.
② 卢梭. 社会契约论. 何兆武, 译. 北京：商务印书馆, 1982：52.

时的统治者就显得十分敏感和脆弱，对民众的任何不满情绪的流露都会有极其强烈、积极和及时的反应，任何与现存秩序、生活规则不相符合的行为都会被冠以"越轨"之名，侵犯特定公民利益的行为也会被视作对统治关系稳固性的窥探和挑衅，至于一些具有重大危害的行为，自然应当作为犯罪加以处理，即或是这种行为法无明文规定；而且对犯罪的个人的处置，统治者首先会考虑死刑刑罚方法的适用。在相当长的历史时期内，权力的杖柄就是刀刃，沾满了血腥气息。因此，权力具有扩张性、总体上倾向于以惩罚方法作为社会治理的关键手段，是理解19世纪以前权力关系的玄机的关键钥匙。个人的死亡，在很多时候都不是自然的、直接的、偶然的、原始的，而是在"刑法"的名义下被决定的、被操纵的，是权力领域内的必然现象。

19世纪以后，世界上的多数国家都通过一系列的民主化进程摆脱了政权的合法化危机，实现了统治关系的平稳化、日常化，个人或者部分个人纠结起来实施暴力或非暴力的欺骗行为都无法轻易地实现政权的更迭。政府在以最为简便和有力的方法回答了政权合法性问题以后，就解决了统治的后顾之忧，就有可能实现统治关系、统治策略的调整。此时，权力由决定个人的"死"缓慢地转向了决定关心大多数人的"活"。

权力转向的结果，并不是国家不再关心与社会离心离德的个人的死，而是说，它已经不是权力关心的根本。而且，即或权力仍然保留了让人死的特征，但是，"如何"让人死，其中的实质条件是什么，具体步骤是什么，如何让他"死得其所"、死得体面，这些关键性的问题，都以一种全新的、严肃的、无法回避的面目出现。

19世纪之后尤其是20世纪以来的权力更加地关心人，它要使人活得更有尊严、体面和享受生活的秩序和生活的利益，就需要有新的统治的策略和技巧。这种新的统治方法必须超越和改变过去的传统方法。①

---

① 对过去的一些统治方法，在今天只能是超越它、部分修正它和包容它，而不能将其完全地抛弃和改变。我在本书中的其他地方多次提到，自18世纪中期开始发展起来的统治技巧和（惩戒）权力策略，在今天和将来相当长的历史时期内，都会在国家治理中发挥关键性的作用。

在 17 世纪和 18 世纪，出现了主要围绕着个人肉体的权力技术。通过特定的权力运作程序，围绕这些个人的肉体和整个可视范围，人们保证了个人肉体的空间分布（他们的分离、他们的行列，把他们分类和进行监视）和组织。也正是通过这些技术，人们对肉体负起责任，通过锻炼、训练等，人们试图增强对他们有用的力量。权力的合理化技术，通过监视、等级、审查、诉状、报告的系统，以最便宜的方式运转起来。按照福柯的经典说法，这种技术从 17 世纪末开始并在 18 世纪建立起来。而新的非惩戒技术不是针对个人的肉体和死亡，而是针对某一类别的人及其生命。换言之，过去的惩戒技巧有时针对个人，剥夺其生命，多数时候针对由危险个人组成的群体，将他们控制在监禁场所并加以分解，使之成为被监视、被训练、被利用的个体，从而操纵其有用的肉体。新的技术虽然也针对人的大众，但是，不是将他们归结为肉体，而是相反，使人群组成具有整体性的大众，这个大众受到生命特有的整体过程，如出生、死亡、生产、疾病等的影响。因此，按照福柯的说法就是，在 18 世纪以个人/肉体为目标的权力模式（肉体人的解剖学）出现之后不久，就有了沿着大众/类别的方向上完成的新的权力构造（生命政治学）。①

这种权力的转型使统治策略倾向于具有一种"总体化"的特征，包括对人口总数的清点及对总体化人口的健康状况、生存环境的关切。福柯对相关的这些问题曾经做过精辟的分析。他认为，在这个生命政治学中，出现了前所未有的重要的出生率、死亡率、再生产比率、人口繁殖的整体过程。这一过程与所有经济和政治问题相联系，构成了知识的首要对象和生命政治学控制的首要目标。例如，对人口状况进行调查就建立了干预（控制或者鼓励）出生率的草图；又如，那些自中世纪以来就屡次威胁政治权力的地方病在 18 世纪之后被视为从总体上减少人口、削减力量、减少工作时间的现象。国家以新的更有效率的方式对这些现象开始负起责任，以开展全民卫生学习为目标的公共卫生学和以协调医疗、集中信息、规范知识为宗旨的公共卫生机构应运而生。此外，对人类的"生存环境"的

---

① 福柯. 必须保卫社会. 钱翰，译. 上海：上海人民出版社，1999：229.

关注，也是生命政治学一个重要领域。这里的生存环境既包括人文环境——人作为种类、作为活着的生物的相互联系，又包括自然环境——地理的、气候的、水文的、居民自己创造的环境。基于此，福柯概括地指出，出生率、发病率、各种生理上的无能、环境的后果，等等，都是生命政治学进行活动、提取知识的首要干预领域、知识领域和权力领域。[①]

而在刑法学领域，"人格体是各种规范性期待的接收者，是各种义务的担当者，并且，作为各种权利的拥有者，人格体就向其他人格体提出这些期待；就像人们所看到的一样，人格体不是由什么自然所提供的东西，而是一种社会性构造物"[②]。

20-2 刑法规范机制的转型

犯罪只能存在于社会之中，或者说是由权力/知识所搭建起来的社会之中，它始终无法逃脱真理体制控制和规定的范围。

从刑法发展史来看，在纯粹的自然世界里，并不需要刑法。人类出现以后，秩序和混乱的冲突不可避免，基于生物本能，人们在早期对犯罪倾向于实施报复。但报复必然带来更多的混乱，所以刑法逐步出现：一方面，在人身上，存在着不可磨灭的伦理本能，由此我们可以对有过错的行为加以评价——具有行为危害性认识就属于故意，具有危害结果重大性认识即属于过失；另一方面，权力发现和利用了社会中所存在的规范联系，人性"善"的角落被触动，人具有生存本能和欲望，知道"己所不欲、勿施于人"，在这个意义上人们之间达成了规范联系。再后来，由于刑法权力运作的隐蔽性，个人对权力运作的"出格"之处已经无法控制，结果是：一方面，个人由于渴望和平和秩序，而被称为惩罚的共谋者；另一方面，由于刑罚残忍、刑罚用法不当、容易造成社会成员之间的隔离等因素，个人对惩罚有本能的抗拒和恐惧心理，对刑法规范的认同感也存在一些问题。

---

① 福柯. 必须保卫社会. 钱翰, 译. 上海：上海人民出版社, 1999：231.
② 雅科布斯. 刑法教义学中的规范化理论. 冯军, 译. 现代刑事法治问题探索：第1卷. 北京：法律出版社, 2004：76.

在我所关心的范围内，19世纪以后新的统治策略的"总体化"趋势带来的积极后果是，国家对"总体人口"的行为的合规范性的重视和诱导，空前地加强，而正是这一变化，带来了刑法运作的宏观策略根本转型的重要契机：国家根据这种生命政治学得以有机会和有可能去有计划、有步骤地训练、培植守法的个人，国家刑法更多地有可能通过公民的内在约束而被遵守，而不是非得以暴力的方式加以实现。

在这里，"总体人口"这个概念就十分重要。过去的刑法理论以及实务都只认识个人以及他与社会之间的关系：订立契约的个人和由个人自愿或默认的契约建立起来的社会实体，通过刑罚的惩戒在实践上与个人及其肉体接触。在这个新的权力技术中接触到的不完全是社会实体，也不是单独的个人——肉体之关系，而是更为新颖、复杂和不可数的实体。生命政治学开始发挥作用。

国家制定刑法，自然要对具有普遍化特征的总体人口发挥作用，不是单纯地为了威慑，而是要对在大众层面上的集体现象产生"政治"的效果，实现霍布斯所说的在总的安排下的公开教导。国家利用刑事法律惩治个人，如果从个人的角度看，这是一些偶然的、难以预测的现象，但是运用刑法的最终着眼点并不在于个人，而是为了追求比"杀鸡给猴看"更为深远的效果。"像我们在霍布斯那里所看到的那样，属于法和国家的，不是人们对赤裸裸暴力的屈服，而是对权威化权力的服从，是一种法定权力，而不是一种暴力行为。"[①] 所以，如果从延续的时间中，和从集体层面考察，刑法的运用表现出一些可能建立的常数和系列现象。

任何犯罪成立理论都是内部矛盾丛生的体系，在很多时候都是被惩罚的权力所架空的空壳，这样讲并不是贬低犯罪成立体系的价值，而是揭示一种司法现实。针对犯罪的权力新技术的运用建立了一些与惩戒机制功能很不相同的机制：首先，当然是预测、统计评估、总体测量；其次，这种权力机制并不是试图要改

---

① 奥特弗利德·赫费. 政治的正义性——法和国家的批判哲学之基础. 庞学铨, 李张林, 译. 上海：上海译文出版社, 1998：124.

第六章 刑法与规训机制

变某个特殊的现象，也不是改变某个作为个体的个人，而是主要在具有总体意义的普遍现象的决定因素的层面上进行干预。如同国家要制定政策和采取、推广技术来降低发病率来保证多数人的健康、减少社会恐慌一样，国家必须通过对个别罪犯的惩治和刑法的运用，来建立一种灵敏的反应机制和调整机制。一个国家的总体人口和社会平稳度有时严重地受一些偶然因素的制约，例如传染病会减少人口，造成社会大面积混乱，犯罪尤其是恶性犯罪的增多也会同样地减少人口，使社会显得动荡不安，所以，国家必须承担起对生命的责任，安排它，繁衍它，针对带有偶然性的总体人口建立一种平衡、保障机制，使之保持一种恒常值，并优化人们的生活状态。对犯罪的处置就是这种努力中的重要的一环。

过去的刑罚惩戒技术是着眼于个人的，它围绕着肉体，产生个人化的后果，把肉体视为力量的焦点来操纵，通过对肉体本身的影响来训练和改造个人，使之既有用又臣服；新的刑法手段绝对不会将关注的目光最终停留个人身上。换言之，刑法将惩罚之剑加诸犯罪人之时，顾盼的目光投向围观的大众以及范围更广的总体人口，关心的是刑法的这次运用会对大多数人的生命和生活状态产生何种积极的影响。所以，刑法作用于生命和生活，刑罚技术的运用试图控制可能在自由生活的大众中产生的一系列突如其来的（恶性）事件，追求相对于内在危险的整体安全，改变犯罪发生概率，并尽可能地补偿其不良后果。虽然两种技术都与人的肉体脱不了干系，都是肉体的技术，但是，过去的刑法将肉体个人化，个人成为有能力的有机体；在新的刑法技术中，肉体被置于整体的生命政治学之中。

当然，需要指出，在现代社会，针对犯罪的惩戒技术和调节技术、针对肉体的惩戒机制和针对人口的调节机制是相互地铰接在一起的。一方面，操纵生命的死刑在很多国家依然存在，监狱作为一个冷森的形象依然矗立，这些都表明刑法中"司法机构—个人—肉体惩戒"思路的生命力。但是，另一方面，针对犯罪的综合应对机制的确立、新闻媒体对犯罪的危害性的渲染和对公众的道德情感的引导、对被害人的百般抚慰、对悔罪者的宽容和被改造者回归社会步骤的确立等，都是调节机制的一部分，都揭示了新的刑法技巧的逻辑特征：国家—总体人口—总体调节。由此看来，罪犯是肉体和人口的共同指向目标，犯罪因此同时揭示了

惩戒和调节。只不过，在今天，国家通过刑法调节整体人口的意图表现得更为充分而已。

在这个时候，由于刑法的真正着眼点不在于规范化地训练"个人"，它就可以不在过于具体的细节上考虑个人，重要的是通过总体机制来获得总体平衡化、稳定化和有规律的状态，保证调节的延续性和有效性，对更多的人的生命和生活状态负起责任。那么，从这个角度而言，在今天，确认犯罪的成立要件理论越来越注重要素之间的沟通，是一种趋势。而这种趋势与权力模式的转向是一脉相承的。

21. 通过法律的诱导何以会成功

早在20世纪40年代，康吉兰（G. Canguilhem）就曾指出：正是反常才会引起人们对正常的理论兴趣。规范只有通过这种偏离才能得以确认，功能也只能因为被破坏才得以揭示。[1]

霍布斯认为，罪恶、罪行之间，自然法与民约法之间有着根本的界限。循此思路，我们可以看到，当个人的意图不正确（例如有破坏信约、忘恩负义、傲慢骄纵以及其他违背任何道德的事实），按照永恒存在的自然法，在他身上存在罪恶。但是，我们不能按照自然法来判断一个人是否有罪行。对于罪行的有无，必须依照人定的法律来判断。"没有民约法的地方就没有罪行……没有主权的地方就没有罪行。"[2] 所以，对罪行的界定、对违法的惩治、对适法行为的表彰以及对公众的诱导都必须依赖人定的法律。只有这样，社会秩序才能得到维持，而按照卢梭的说法，"社会秩序乃是其他一切权利提供了基础的一项神圣权利"[3]。

对罪犯肉体的惩戒和对社会总体人口和秩序的调节要取得成功，必须依赖"规范"这一要素。作为社会的通用语言的规范，既能作用于需要加以规范化训

---

[1] 刘北城. 福柯思想肖像. 北京：北京师范大学出版社，1995：25.
[2] 霍布斯. 利维坦. 黎思复，等译. 北京：商务印书馆，1996：227.
[3] 卢梭. 社会契约论. 何兆武，译. 北京：商务印书馆，1982：8.

练的肉体，又能运用于需要调节的总体人口。所以，社会因为规范而存在并且变得有意义，规范构造组成了社会的整体框架。亚里士多德指出：法律颁定了各种行为的准则，例如做勇敢的事就不准脱离岗位、逃跑或抛弃武器，做节制的事就不准通奸和粗暴，做温和的事就不准殴打和谩骂，对其他德性和恶行也是如此。法律鼓励德性而禁止恶行。① 社会中存在多种类多层次的规范构造，而刑法是保障其他层次法规范的有效性的根本性规范。

21-1 刑法规范的独特意义

刑法规范作为一种规范化训练机制，其独特作用是需要我们特别重视的：犯罪是具有不法性的行为，刑法通过对不法性的确认来对人加以训练。在行为具有不法性这一点上，刑法与民法相同。将犯罪界定为符合形式的构成要件、违法和有责的行为，这就同时回答了刑法中的犯罪和私法中的不法概念是否具有统一性的问题。黑格尔将刑法上的不法规定为有意识的，将民法上的不法规定为无意识的。但是，梅克尔（Merkel）对此进行了反驳，认为这样的区分与法律生活的不容争辩的事实相矛盾。民法和刑法中的不法概念虽然没有任何区别，但是，它们的法律效果是不相同的。换言之，由于刑事不法和民事不法（侵权或者违约）的构成条件、行为人责任大小的不同，法律对实施这两种不法行为的人的惩罚、训练手段各不相同。所以，私法中的处理方式并不能用来对付所有的不法行为。

社会作为一个规范化构造的结合体，必须维持规范的不可触动性与尊严。对不法行为的恰当惩治、对公众的法信仰的培植，都是维护规范的地位的重要手段，而且在很多时候，这两种方式具有同样重要的意义，实现前者就能够满足后者。而要实现惩罚与不法行为之间的大致均衡，在很多情形下都需要刑罚方法。私法中的处置手段，尤其是广义的赔偿措施（强制履行、恢复原状、赔偿损失）有很多不足，李斯特详尽地列举了这些缺陷：在盗窃等犯罪的情况下，强制赔偿对于大多数无资产的犯罪人而言是无效的；在杀人、性强制等情况下，私法的赔偿是不能对法律的被破坏起到平衡作用的；如果法秩序（Rechtsordnung）赋予

---

① 亚里士多德. 尼各马科伦理学. 苗力田，译. 北京：中国社会科学出版社，1990：90.

被侵害的法益以特别高的价值，因此，想以特别坚决的方式对不法侵害者表示责难；如果不法侵害行为频仍，特定犯罪激增（如假冒伪劣食品，高利贷等），唤醒人们通过严厉的刑罚来与之抗衡。① 对于犯罪行为，如果只给予上述的赔偿处罚，那么，法规范的被破坏难以恢复，人们就难以评价不值一提的犯罪行为。所以，需要将刑罚的功能限定在私法的赔偿功能力所不及的领域来限制不法行为，从而引导公众的行为价值取向。

21-2 刑法规范与伦理规范的"共谋"关系

刑法规范与伦理规范并不总是一致的②，但是，刑法规范对伦理规范不是排斥的，它们之间有"共谋"关系。对这一点，结合刑法的起源，就可以看得很清楚。

刑法从其产生这一天起，就考虑了公众的规范认同感问题，这从刑法的习惯法起源上可以看得很清楚。在中世纪的英格兰，并没有一个立法部门讨论决定并写下何种行为为合法，何种行为为非法。当时维护社会秩序的主要工具是对传统惯例和祖宗成法的服从。这些传统惯例代代相传，只有微小的变动以适应时代需要。逐渐地，这些传统惯例被法院以案例的形式确立下来，成为习惯法。到17世纪时，习惯法已经分门别类地列举了许多刑事犯罪，主要分为重罪和轻罪两大类。重罪包括谋杀、自杀、杀人、入室盗窃、纵火、偷窃、强奸、鸡奸、伤害人身等。轻罪包括斗殴、非法关押、文字诽谤、伪证、腐化、扰乱治安等。在习惯法的实践中，对何种行为施以何种惩罚主要以援引前例为原则。由此可见，习惯法是对公众一贯认同的处罚范围的进一步确认；它的生命力来自公众的支持。

近代以来，立法机构的职权加大，习惯法逐渐被编辑为成文法，习惯法中所

---

① 李斯特. 德国刑法教科书. 徐久生，译. 北京：法律出版社，2000：170-171.
② 日本刑法学上传统的行为无价值论认为，犯罪是对作为规范的刑法的"逸脱"，刑法的目的就是通过对反规范行为的惩治，来保护"社会伦理的心情价值"。梅崎进哉. 刑法における因果论と侵害原理. 东京：成文堂，2001：3. 但是，我们应该对不少日本刑法学者将社会伦理规范与刑法规范等而视之的"行为无价值论"持保留态度。

第六章　刑法与规训机制

缺乏的或需要修改的内容也由成文法给予补充。但是,"废除了习惯法并不等于现有的法律已经与习惯法一刀两断。习惯法的辩护方式如自我辩护、辩护内容中如精神失常为申辩理由等类似现象仍很普遍。习惯法的罪名如谋杀、杀人、抢劫、入室盗窃、强奸、攻击等被成文法采用,有些罪名也沿袭成文法"①。刑法仍然必须与国民一直以来的规范意识保持高度一致;刑法、规范、社会之间始终有着一脉相承的关系。

所以,在任何社会中,都存在着一种培养、驯化和使人臣服的与"道德习俗"有关的劳动,它使得人变得可以估算。这样的最终结果是产生了"自主的个体"。这样的主体是一个具有自己独立的长期意志的人,一个可以许诺的人,我在这里把他称为"权力意志者"。权力意志者有一种成就感,有一种骄傲的、在每一条肌肉中都震颤着的关于力量和自由的真实意志。由于并不是每一个人受到的"道德习俗"的教育程度都相同,所以,社会中多数人并不能获得这种清醒的意识和强力的意志,无法获得真正的自由,他们自然就成了社会中事实上的弱者。此时,少数具有强力意志的独立的个体、获得自由、能够许诺的人,就开始意识到自己比那些不能许诺的人更为优越,他坚信自己有足够的力量对付不测甚至于抵抗命运。

这个能够统治自己的人势所必然地会试图去统治周围的环境、自然,以及所有意志薄弱、不可信任的人。这样的权力意志者注定要按照自己的价值标准行事:从自己的角度出发去尊敬或者蔑视他人。他必然去拉拢、团结与他同等强壮、高贵、可信赖、能够兑现诺言的人,从而集结力量对付、惩罚、教化那些没有强力意志、赢弱的异类。为了更进一步显示自己统治技巧的高超或者无所不能,就需要事先确定惩罚的名义、尺度,使违反这些强者的行事标准的人能够臣服,也使那些与特定事件无关的人能够惊诧于自由意志者的先见之明。

所以,刑法的真正起源不是因为社会和时代的需要,不是社会秩序本身已经混乱到不可收拾的程度了刑法才开始登场,如果社会无序的状况已经无法控制,

---

①　刘卫政,司徒颖怡.疏漏的天网:美国刑事司法制度.北京:中国社会科学出版社,2000:29.

刑法出面也会无可奈何。

　　一方面，在人类社会相当长的历史时期内，并不存在刑法，通过刑法的惩罚自然也就不存在，因为人们任何损失都能够找到相应的补偿措施，肇事者能够对自己的行为负责，由此人们并不把肇事者作为犯罪者看待，而是将其作为犯了错误的人看待，就像今天的父亲看待犯了错误的儿子一样，无论儿子的过错多么严重，始终是一种过错而已。从这样的立场出发，惩罚就是气愤的流露，不过此时的气愤是有限度的，使肇事者感到疼痛也是对过错的补偿方式。

　　另一方面，历史变迁、朝代更迭的无数事实已经表明，刑法在关键时刻并不能真正拯救社会和统治权威。刑法的起源是由于"道德习俗"的熏陶和培养，使一些人比另外的绝大多数人更早地"醒来"，获得了强力、自主的意识，从而可以确立关于"好"与"坏"的标准，并要求他人成为社会中合格的、负责任的人，由此关于刑法的习惯开始形成，此后经过漫长的历史时期，成文刑法典开始出现。所以，刑法的历史注定是一部血腥史，这一方面是就刑法的屠刀始终挥舞、血迹斑斑而言；另一方面是就刑法本身的起源和它的存在一直意味着一些人对其他人的精神、心理的强力控制而言。惜乎，以往的研究只揭示了前一层次的问题，而忽略的后一个问题。今天的刑法，仍然是一些人对另外的绝大多数人的精神和心理上的压制，只不过作用的方式、力度都更加隐蔽而已。

　　现代的刑法制度体系呼唤公众的认同感、信赖感和参与意识，刑法的残酷面目被掩饰或者软化，个人的"自我惩治"和"自我监视"都在不知不觉间得到实现。这仍然走的是继续沿用"道德习俗"力量的老套路：早先获得自我意识的"人"将其自由意志和统治艺术传承给后续的统治者，并强化他们的独立意识，使之更加地意识到自己无所不能，比那些不能为自己辩护、不能许诺的人有更多的优越感，从而更加地完善自己的统治方略，把他人变得更加可以被估算、控制，强化他人的卑劣感，这样独立性、力量感的悬殊就得以突现，一些人对另外一些人假借刑法规范的统治就得以实现。

　　拉德布鲁赫曾经指出：在许多情况下，法律与道德之间较少明显分歧，特别

是当法律被说成是伦理最低值时更是如此。① 在我看来，刑法是"最底线伦理"，它可以引导公众去过有意义的生活，这是一种受约束的生活，但是，绝对是一种可以自由呼吸、自由行动、有安全感、有秩序的生活。刑法规范吸纳了伦理规范的内容，在很大程度上就是考虑了对犯罪的"集体意识"。

　　惩罚的出现是由于犯罪的存在。但是，从某种意义上讲，犯罪并不是一种客观存在，它实际上是人民对某一类不能容忍的行为的归类，是我们用一系列的规范所建构起来的存在。因此，我们并不把古代的"大义灭亲"看作是犯罪，也不把现在的通奸看作是犯罪。我们对犯罪的认定并不是由于某种行为的存在，而是由于我们对某种行为的认识、评价和判断。正如涂尔干所言，如果一种行为触犯了强烈而又明确的集体意识，那么这种行为就是犯罪，我们不该说一种行为因为是犯罪的才会触犯集体意识，而应该说正因为它触犯了集体意识才是犯罪的。由此，这意味着我们的问题将不再是"犯罪是什么"，而是"我们不能容忍什么"，这意味着将问题的视角也从罪犯和犯罪行为转向对犯罪的惩罚和述说。也就是说，我们要看一看人们是如何将犯罪加以归类的，分析种种关于犯罪的或者围绕犯罪所滋生的话语，看看我们是如何谈论犯罪以及对罪犯的惩罚的。而围绕犯罪及其惩罚的话语，不仅构成了集体意识的一部分，事实上也构成了政治权力关系的一部分。当然，分析围绕惩罚犯罪而产生的种种话语实践，以及与此相关的种种法律实践，不仅是为了揭示整个社会观念或集体意识的转型，更主要的是为了揭示与这种话语实践纠缠在一起的权力关系的重组，以及由此形成的国家统治或治理的整体策略。

　　既然犯罪源于对集体意识的侵害，那么对犯罪的惩罚也就是源于集体意识的力量。在涂尔干那里，这种捍卫集体意识的力量就来自社会或者国家。从某种意义上讲，国家存在的合理性就在于它对集体意识的维护。因此，那些直接针对个体人身或财产的犯罪（比如抢劫、强奸、凶杀等）所激起的民众的强烈愤怒或不满，就自然会通过国家表达出来。但是，我们还会发现有另外一种犯罪，他们对

---

① 拉德布鲁赫. 法学导论. 米健，朱林，译. 北京：中国大百科全书出版社，1997：8.

个体的人身或财产并没有构成侵害，而仅仅是对统治秩序构成危险的行为，这种犯罪有时候不但没有引起人们的不满，甚至得到了人们的支持，比如历史上种种关于侠客的传说所表达的群体意识，但是这种人们赞许的侵害行为依然属于国家惩罚的犯罪之列，而且是国家尤为重视的犯罪行为。在此，我们发现国家与民众对待某一些特定的犯罪的认定是不同的，涂尔干所谓的"集体意识"与我们所说的"国家意志"是有区别的。正是马克思所采用的阶级分析方法，使我们看到在集体意识的背后是不同的阶级意识，而以惩罚的面目所体现出来的集体意识最终不过是统治阶级的意志而已。因此，尽管这种"集体意识"最终以国家组织的形式体现出来，但不可否认的是，统治权将那些能够对自己产生危害的行为定义为犯罪，而不管集体感情在同种程度上是否也意识到了危害。统治权在集体感情那里获得了一切权力，并用来罗织各种犯罪和违法的罪名。统治阶级正是利用它帮助民众惩罚了他们个人或许无力惩罚的那些直接针对他们自身的罪犯，而获得了民众对国家惩罚它本身所不能容忍的行为的支持。

所以，在刑法上对行为性质进行界定，做罪与非罪的评价，实际上是一个对事物"命名"的过程，掌握命名权的，只有享有统治权威者，对犯罪的定性就是统治权威的显示："他们说，'这是什么，那是什么'；他们用声音给每一个物、每一事打下烙印，并且通过这种方法将其据为己有。"①

卢梭曾经说过："事物之所以美好并符合秩序，乃是由于事物的本性所使然而与人的约定无关。"② 而社会要达到美好并符合秩序的要求，必定与人的约定有关，由这种约定所导出的逻辑结果就是规范的产生及效果的实现。在这种规范约定中，"最有势力的并不是各个人单独的意志，个人的野心是被放弃了，普遍的意志是最主要的东西。普遍的和特殊的结合便成为'观念'本身，'观念'表现出来便是国家，而且'观念'后来又在自身内经过继续的发展"③。在这个意义上，国家和社会，都与规范有着根本的关联。

---

① 尼采. 论道德的谱系. 周红，译. 北京：生活·读书·新知三联书店，1992：12.
② 卢梭. 社会契约论. 何兆武，译. 北京：商务印书馆，1982：48.
③ 黑格尔. 历史哲学. 王造时，译. 上海：上海书店出版社，1999：48.

我们说，法律对公众生活有意义，并不仅仅停留在法律可以对违法行为作出反应、矫正非法行为这一层面上。实际上，刑法规范的存在有助于形成公众的集体性规范意识，这是我们今天也要加以重视的。集体规范意识的存在是社会生活的基本形式，它外在于个体并对个体意识具有一种极强的影响力。社会通过协调刑法等法律、道德以及习俗等形式之间的关系，来确定个体的存在及其意义。规范的存在决定了个体与规范的疏离就是与其存在基础的疏离，犯罪在这个意义上，就成了个体背弃其本质的极端表现。它在两重意义上意味着价值匮乏：其一，社会丧失了其得以存在的根本基础，丧失了外在的强制作用，集体规范意识及其载体都被消解了，走向了规范解体。其二，个体已经丧失了内化集体规范意识的机能，所有的意识空间都被欲望所占领，原来那种包含社会本质的真正的个体也隐匿了踪影。

对于国家惩罚与规范意识确立之间的复杂关系，这里需要进一步探讨：国家惩罚的对象有两种，一种是由于直接侵害了民众的利益而为集体意识所不能容忍的行为，比如，杀人、放火、抢劫、强奸、盗窃、危害公共安全这些犯罪行为。国家对这些犯罪的惩罚是国家统治获得合法性的一个重要途径，或者说这种惩罚是国家存在的一个重要理由，这种惩罚我们称之为"基础性惩罚"。另一种是直接针对统治阶级的政治意志或统治利益的犯罪，这种犯罪主要是一些政治性犯罪，比如我们古代刑法中的"谋反"以及现代刑法中的"国事罪"。国家对这些犯罪的行为的惩罚主要是统治阶级出于捍卫自己的统治的考量，是为了实现自己的意志，我们把这种惩罚称之为"专断性惩罚"。国家正是由于掌握着"基础性惩罚"的能力而获得了"专断性惩罚"的权力，反过来正是由于具备了"专断性惩罚"的能力才有可能实现"基础性惩罚"。一个国家的"专断性惩罚"与"基础性惩罚"越一致，或者说"专断性惩罚"越少，就意味着它的合法性基础越牢固；如果"专断性惩罚"与"基础性惩罚"的距离越遥远，或者说"专断性惩罚"越多，就意味着它的合法性基础越薄弱，当"专断性惩罚"完全背离了"基础性惩罚"时，国家的阶级统治就会出现危机。我们所说的国家统治或治理的整

体策略正是围绕着其在社会中的合法性而展开的。① 基础性惩罚的加强，有利于强化在公众心目中已经形成的规范意识；而专断性惩罚的加强，则有利于重新配置公众的规范意识。

21-3 国家对规范多义性的运用

通过刑法规范的治理能够成功的另外的理由是法规范具有多重性。任何一个刑法规范，都既是评价规范又是意思决定规范。② 确认犯罪并进行惩罚必须有相应的根据，国家只有对侵害或者威胁国家保护的法益的犯罪行为才能给予惩罚。刑法在法律上具有明确规定无价值行为应受刑罚处罚的机能。刑法规范上明文列出的构成要件（罪状）就对犯罪行为的典型事实做了描述，并将其与惩罚的大致标准（法定刑）相联系，法官借此可以对一定的行为进行价值判断，这就是刑法规范作为评价规范的具体体现。刑法的这种规范形态表明：在未与具体主体发生联系以前，刑法尚存在于社会一般客观法律现象的评价概念之中。

刑法同时是意思决定规范。刑法本身不是为了描述客观现象而存在的，其一旦颁行，就能够展示出独特的规范目的，与行为人的生活方式、行为选择、法律情操在法律上都存在关联。换言之，国家用法律规定犯罪与刑罚的关系，也是向公民发布哪些法益绝对不得侵犯的命令，要求公民的意志不得与国家保护法益的意志相冲突，顺应法益保护的需要，不应产生实施违法行为的犯意。此时，通过行为人主观的思维转向，客观的评价规范转化为决定规范。所以，刑法规范具有要求个人抑止犯罪决意的意思决定机能。

必须指出，刑法规范的评价作用和意思决定作用并不是孑然分离的。刑法的客观评价规范是指以具体的客观生活秩序为主体的行为指南，由评价规范可以自然导出主观的决定规范，从而判断个人为适应客观的规范评价秩序所作出的意志努力和内心上存在的意志形态。为公民的意志预先规定出方向是极为重要的，而确定这一方向就取决于国家的价值判断。无论什么行为，只要法律规范事先没有

---

① 强世功.法制与治理——国家转型中的法律.北京：中国政法大学出版社，2003：176.
② 木村龟二.刑法学词典.顾肖荣，等译.上海：上海翻译出版公司，1991：10.

确定其无价值，那么就不能抑制公民的违法决意的意志。对于法规范有规定的生活利益进行破坏，就是冲破法网的行为，这种对客观的评价规范加以违反的行为，明显地具有客观的违法性，应当给予惩罚。

所以，刑法对人的行为的约束，都与刑法同时作为评价规范和意思决定规范而存在有关。我们对犯罪的回溯性思考，就是从客观事实的评价中探究行为人内心主观的事实，进而确定规范被破坏的程度与范围。在此，我们可以看出，整个犯罪评价过程都应当在规范的制约下进行：行为的违法性是表现于行为的客观外部形态，责任则是行为规范在主观内部的存在形态，它们都是作为评价规范而存在的构成要件的规范化概念。

需要指出：由于刑法规范本身具有的强制性和约束力，公众有时会被迫服从规范，使得本能与动机听命于由少数统治者界定的公共利益的需要。那么，在具有现代性的精心策划、彻底全面的理性化社会中，具有必不可少的服从技能、循规蹈矩、唯规范之令是从的公民被造就出来。在这样的社会中，个人自由受到限制，社会的生命力和活力也大打折扣。个人在多数时候并不能依据社会利益来指导自己的行为，国家也不希望他们有一套规范之外的、能够指导行为的知识体系。社会在任何个人作出自己的决定之前，已经决定了何种行为是符合由规范框定的公共利益的。为了满足公共利益，个人所必须具备的一种能力就是服从纪律，与此同时，个人不合规范旨趣的动机、行为都必须放弃。由此引发的问题就是：如何在实现规范强制的同时赋予公民更多的自由。这始终是法哲学上一道难解的题目。

第七章　规范违反说与犯罪论

对犯罪本质的描述和对犯罪认定过程的概括，都是在揭示和生产一种"真理"。与犯罪成立有关的理论是刑法哲学从"主体"过渡到"惩罚合理性"的关键环节，讨论犯罪认定机制，我们才能解释犯罪本质、实存和惩罚的历史之间的关系，对作为形而上学的刑法哲学的"统一本质"也才能看得更为清楚。

犯罪的本质是违反行为规范进而造成法益侵害。刑法目的是既要保护法益，也要保障规范的同一性和不受侵犯，从而确立公众的刑法信赖感。处罚违反规范的行为，刑法对法益的全面保护才有可能实现。强调规范的重要性不是为了保护规范本身，而是为了保护广泛存在的生活利益，保护由规范所引导的有意义的社会生活，即通过规范达到特定的人类目的（行为无价值二元论）。

我认为，今天的刑法学应当在规范违反说的基础上，建构合理的犯罪论体系。

22. 法益侵害说与犯罪本质

由于犯罪的种类过于繁多，我们往往无法对犯罪的本质①得出一个令所有的人都接受的结论。

在刑法学上，对犯罪本质的解释，历来有权利侵害说、法益侵害说、义务违反说和折中说的争论，现在的通说是法益侵害说（结果无价值论）。

法益侵害说，是指行为在造成法益侵害或者引起危险时，才会被给予否定性评价，以凸显被侵害的法益（结果）自身的重要性。

李斯特曾经说过，法律的存在是为了保护主要利益。违法则被定义为：

> 由所犯罪行证实的缺陷状态，这是为共同体生活所必需的社会心智的缺陷状态。……我的目的在于指出违法的实质内容，这种实质内容并非由法律创造，而是由它将自身呈现于法律之前，因而仅仅在超越法律之外才是可界定的。然而，在法律之外，存在的只有社会本身，社会又是在国家之内组织起来的。因而，违法原则正是在这里来寻找。②

所以，社会成为惩罚权的唯一有意义的基础，社会不仅是惩罚权的来源，同时是所有权利、法律及犯罪性的直接根源，法律不过是社会将主要利益进行法典化的方式，犯罪实质上成为损害法益的行为。

法益侵害说显然认为，社会存在决定了人们的认识，现实世界和观念之间存在同一性，在社会生活背后，存在需要法律加以保护的利益，即法益。

法益侵害说的基本思路是：所有的秩序和意义都存在于客观现实中。人类和他的生存空间以及所有自然界和精神界的存在现实，只要是对共同生活关系重要的，都构成一个符合的存在，它本身就是秩序的体现，不是经由非现实的观念塑

---

① 犯罪有无一个本质和法有无本质性是联系在一起的，持怀疑态度的历史学家或许会放弃对法本质的理解。尽管我们对犯罪本质的理解有时是很含糊的，但是，我还是愿意承认犯罪应该有一个本质。
② 帕斯奎努. 犯罪学：一种特殊知识的诞生. 劳东燕，译. 刑事法评论，2001（8）：506.

造才能成形。刑法理论，就是对这种有秩序的世界加以描述，而不是要创造一个新的世界。刑法学的概念体系就不是和被评价的生活秩序毫不相干的体系。

法益侵害说的主张者由此进一步得出结论：既然法秩序是对物质的规范，对具体生活形态的表达，法秩序本身就是生活秩序，那么，刑法要保障这种生活秩序，就必须将法益侵害的防止置于绝对优先考虑的地位，通过对生活利益的确保来追求秩序的形成。

在这个意义上，刑法的基本功能就是保障功能，即将社会成员生活关系中的特定利益规范为法益，并加以保护。破坏法律所规制的这种社会生活状态，行为就具有违法性。

法益侵害原理成为当前刑法思想的主流，是自然法运动所带来的实质化思潮的贡献。实质化思潮认为，在一个存在实定法的社会中，可以找到一个检验规范实质合法性的自然法秩序，那就是先于法律的社会现实中所隐含的秩序。在个人主义的大旗高扬的时候，个人法益（人身、财产权利）成为这个法秩序运作的首要要素。

法益侵害说将刑法机能定位于对个别的利益侵害的实际防止，把犯罪本质视为对法益（生活利益）的侵害或者危险，因此，违法性的实体内容是行为对于法所保护的共同生活的实质侵害和威胁。①

根据法益侵害说，在认定犯罪时，必须首先确认某种利益是否受刑法所保护并被犯罪所实际侵害；为判断法益侵害的有无，必须基于一般人的基准对行为的客观要素进行分析，至于行为者主观面的要素在此阶段无须考虑。法益侵害说在一定意义上讲是有道理的。

人类生活的基本进程就是利益权衡的过程。法的制定和执行都必须考虑对利益的处理。刑法由人来制定，同时针对人，其作为人为的产物，必须融入人的价值观，对人有利。脱离了对人的价值观的理解，刑法就不是属于人的刑法，而是一种与"人类形象"相背离的刑法。所以，刑法要禁止某一行为，必须有其自身

---

① 平野龙一. 刑法总论 I. 东京：有斐阁，1972：51.

的理由，那就是行为对生活利益有所侵害。而对生活利益的侵害，直接表明了行为具有实质的违法性，对社会产生了干扰。行为侵害生活利益，并不是说从刑法的角度出发，对于法律拟制上的生命利益、健康利益、财产利益、自由利益和人格利益的保护是绝对的，不允许任何侵害。而是说，生活利益不允许被过分地侵害。一般的违法行为不能被视作犯罪，也就是这个道理。所以，不是行为一旦侵害他人利益就构成犯罪，犯罪应该被定义为过分干扰社会或是过分侵害他人生活利益的行为。

易言之，如果一个行为对他人的生活利益不会带来较大的负面影响，就没有用刑法加以禁止的必要。刑法规范如果对不会产生生活利益的负面影响的行为也加以惩治，明显地与人权保障的刑法机能精神相违背。

法益侵害说论者一般赞成结果无价值论，在判断行为的违法性时，注重考察行为是否造成了侵害或者威胁法益的结果，即结果恶才具有违法性。对于没有侵害或者威胁法益的行为，不管其行为样态如何，即使行为人的内心再恶，行为本身对社会伦理秩序的违反再严重，也不具有违法性。[1]

不过，需要指出，仅仅以法益侵害说来解释犯罪本质是不够的。[2] 意大利刑法学家安东里惹（Antolisei）曾巧妙地借用宾丁曾经说过的"故意不履行合同（这种民事侵权行为），危害的程度肯定大于偷一个苹果或带一条无牙的狗在街上散步（等犯罪行为）"来说明不可能将法益侵害作为划分一般违法行为和犯罪行为的标准。[3] 这就说明：法益侵害说并不是随时都奏效的。

---

[1] 张明楷. 刑法的基本立场. 北京：中国法制出版社，2002：163.
[2] 提倡法益保护观点的学者们能否被称为一种学派，并不是没有争议。"结果无价值论"与"行为无价值论"的对立造成了刑法理论的巨大分野，其主要分歧在于规范违反与法益侵害、主观要素与客观要素、侵害行为与危害结果等问题上的不同立场。但是，两者对立的实质在于对"规范违反"的不同理解。刑法应守护的是包含"市民的隐私神圣不可侵犯"等规范在内的、定着于社会中的规范。并且，作为违法性阻却的违法论中的"违法性"应是，在行为有法益侵害或其目的性时，仍然能够说明该行为的正当化的原理。这种正当化原理也应源自定着于社会中的规范，对该规范的违反将有害于社会（松宫孝明. "结果无价值论"和"行为无价值论"的意义对比. 张晓宁，译. 法律科学，2012 (3).）。如果承认松宫孝明教授的上述观点，就完全可以认为，法益侵害或结果无价值的判断，在刑法中从来就不具有独立性。
[3] 杜里奥·帕多瓦尼. 意大利刑法学原理. 陈忠林，译. 北京：法律出版社，1998：译者序：9.

也正是在这个意义上,韦尔策尔才指出,行为无价值可以脱离结果而独立存在,法益是否受到侵害,只是违法性判断的一个资料。

> 并不是与行为人的内容相分离的法益侵害就可以说明违法,行为只有作为一定的行为人的行为时才是违法的。行为人设立何种目标,采取何种客观行动,行为人以什么心情实施行为,在这种场合行为人负有什么义务,所有这些,与可能发生的法益侵害一起,决定行为的违法。①

同时,仅将法益侵害作为犯罪本质,也存在难以自圆其说之处:法益保护观念中的法益观,是一种个人主义的法益观。法益观念以个人主义为基础,必然带来两方面的问题:

一方面,按照法益侵害说,对法益的威胁也是有必要加以惩罚的,这就是所谓的危险犯的问题。刑法中的危险犯,包括具体危险犯和抽象危险犯两种情况。在现代社会,群体法益极其重要,抽象危险犯概念就是保护群体法益的工具。在现代社会,群体法益极其重要,抽象危险犯概念就是保护群体法益的工具。但是,抽象危险犯概念可能是难以把握的,它的存在与法益侵害说多少有些矛盾——究竟是保护法益,还是保护社会的规范关系,难以说清。

法益侵害说往往基于个人主义、自由主义的国家观,协调个人与国家、社会、他人的利益冲突。要达到这个目标,法益侵害说视野中的法益就应当是具体的、与个人有紧密关联的利益。但是,把对社会法益的抽象危险也视为法益侵害,会使法益概念抽象化、精神化,这也与个人法益保护原则、谦抑的法益保护原则有冲突。这样的法益侵害说,只不过是规范违反说换了一个说法而已。②

另一方面,法益是否只存在于特定时代?个人主义法益观与社会契约理论紧密相关③,其主张社会契约只存在于当代人之间。但是,在环境犯罪中,有一个"下一代法益"的问题,社会契约如果只存在于当代人之间,每一个世代都要重

---

① 大塚仁. 刑法概说·总论:第 3 版. 东京:有斐阁,1997:347.
② 山中敬一. 刑法总论Ⅰ. 东京:成文堂,1999:46.
③ 这是自贝卡里亚以来的刑法学传统所承认的。

新订立契约，来确定法益保护，这基本上是不可能的。

23. 规范违反说与犯罪本质

今天的刑法学领域与普通人的生活实践相去甚远，知识的重要性及其自称的效用已无法被普通民众的主观印象所验证。所以，强调刑法学返归生活、贴近生活、关注民生，考虑公众的规范认同问题，是一项有意义的工作。

现代刑法必须是"生活化"了的法律，与日常生活的关系极为密切，富有生活品格，是人安身立命、维持自己利益不可或缺的"保障法"。刑法要关心生活和关心民众，就必须确立生活秩序在法规范中的意义，建立生活利益的保护和规范有效性的维持之间的同一性和关联性。换言之，在刑法立法时，要考虑确保日常生活秩序化的可能性；定罪时，要确定规范否认、规范确立与市民社会的沟通机制。

按照我所赞成的规范违反说立场，犯罪的本质是违反行为规范，进而在一定程度上侵害法益的行为。由于人们的生活直接或者间接地是由规范所塑造的[①]，所以，对犯罪本质的解释，也必须先从规范违反说入手。

不管我们认定犯罪的标准有多大的差异，不同社会形式所认定和惩戒的犯罪都有相似之处，都有一个共同的基础。涂尔干指出：所有犯罪的唯一共性在于，犯罪是每个社会成员共同谴责的行为。[②] 所以，犯罪之所以不是一般违法行为，是因为从国民的规范意识出发，它应该呈现的是刑事不法的面貌。

犯罪是对社会中重要规范的损害，通过破坏规范，犯罪侵害了由规范直接维系着的集体情感。与犯罪相对应的集体情感，和其他一般的社会情感之间有些区别[③]：它必须达到一种固定的平均强度。它不仅要铭刻在每个人的意识里，而且

---

① Luhmann. *A Sociological Theory of Law*, translated by Elizabeth King and Martin Albrow. Routledge & Kegan Paul (1985), p. 1.
② 涂尔干. 社会分工论. 渠东，译. 北京：生活·读书·新知三联书店，2000：36.
③ 所以，我们会看到有些明显侵犯集体情感的行为，例如通奸，并没有被确定为犯罪。

要刻得更深。它绝对不是一种游移不定的、浮于表面的和变化多端的意志，而是深植在人们内心里的感情和倾向。

对于规范和犯罪、刑法之间的关系，涂尔干也说得很清楚：

> 既然各种规范都统统刻在了人们的意识里，因此所有人都会懂得它们并觉得它们是合情合理的。就一般情况而言，这至少是符合事实的。如果一个成人对这些基本的规范一无所知，并且拒绝承认它的权威，那么这种无知和不从就会被人们毫不犹豫地说成是一种病态的征兆。如果某种刑法尽管普遍遭到了拒认但还能幸运地存活下去，这只是因为与此同时还存在着某些例外情况，这当然是反常的——它不可能长久地存在下去。①

犯罪是对社会的侵害，社会受到侵害不是仅指置身于其中的个别人受到侵害，也不是简单地意味着其中的个别机构受到破坏，而是说社会的整体利益受到整体性破坏。而此时，社会的整体性利益表现为一种生活利益。所以，直观地看，犯罪是对一种生活上的利益的侵犯。

但是，还应该进一步看到，犯罪通过对个别化的生活秩序的侵害，破坏了存在于社会中的规范联系，使整个社会陷入现实的以及未来可估算的危险，这才是问题的实质。换言之，我们必须要承认有一种共同的生活利益，但更要看到：在社会中存在规范，存在公众对维系这种生活利益的规范的认同，这才是最为关键的。

有的生活利益可能是重大的，但是，如果公众对其缺乏关注，对其保护必要性缺乏认同，它就无法上升为法益。所以，归根结底，犯罪是对隐藏于生活利益背后的法规范、社会同一性以及公众规范认同感的公然侵犯，而不仅仅是对法益本身的侵害。② 按照美国学者弗朗西斯·福山的说法，犯罪一定是违反了社会规

---

① 涂尔干. 社会分工论. 渠东，译. 北京：生活·读书·新知三联书店，2000：37.
② 规范违反说并不轻视法益概念，例如宾丁就认为，法益是法共同体的健全生活条件的体现，对法共同体具有价值。法共同体需要维护法益不受变更、不受扰乱，立法者应当通过规范来努力保护法益不受侵害或者威胁（伊东研祐. 法益概念史研究. 东京：成文堂，1984：80.）.

范的行为。

　　成文的刑法最大限度地规定了一套一个社会中人们同意遵守的社会规章。违反此种法律不仅是对犯罪的个体受害者的犯法行为，而且是对更大的社区及其规范体制的犯法行为。①

由于犯罪的本质是规范违反进而造成法益侵害，刑法的目的就不应当只是保护法益，还应保障规范的有效性。

按照冯军教授的观点，把刑法目的定位于规范保障，这并不是说刑法要保障规范不受破坏，不是说刑法要保障所有的人都遵守规范，而是说：

　　刑法要保障规范在受到破坏时仍然发挥作用，要保障信赖规范的人们在规范受到破坏时仍然相信规范是有效的，要保障信赖规范的人们把破坏规范的行为作为不值一提的毫无价值的东西从自己的行动模式中排除出去。例如，刑法之所以要惩罚受贿行为，是为了保障这样一种局面：无论有多少法官受贿，没有受贿的法官都确实感到自己不受贿是对的，受贿的法官是错的，因为刑法惩罚法官的受贿行为。抽象地说，刑法要保障人们把犯罪理解为犯罪，而不是把犯罪理解为获取人生幸福的勇敢或者智慧。②

23-1 规范判断与价值评价

林东茂教授指出，在刑法领域，"既要以生活经验为基础制定法律与解释法律，复出经验之外，作合理的价值判断"③。

　　进入 20 世纪以来，欧陆刑法学以构成要件符合性、违法性、有责性为基点，先后登场的有古典犯罪论体系（1906 年起）、新古典犯罪论体系（1920 年起）、目的论犯罪论体系（1945 年起）、功能性（目的理性）犯罪论

---

① 弗朗西斯·福山. 大分裂——人类本性与社会秩序的重建. 刘榜离，等译. 北京：中国社会科学出版社，2002：33.

② 这是冯军教授 2002 年 6 月 19 日在北大法学院第 24 次刑事法论坛上的发言. 陈兴良. 法治的界面. 北京：法律出版社，2003：439-440.

③ 林东茂. 一个知识论上的刑法学思考. 北京：中国人民大学出版社，2009：12.

体系（1970年起）等，而且每一种犯罪论体系到今天都仍有支持者。从表面上看，不同的学者所坚持的三阶层犯罪论体系差异很大。但是，所有对三阶层体系进行改造的理论在以下三点上都是相同的：(1) 试图为多层次、反复的检验行为提供一种相对合理、最为说得通的理论构架。(2) 试图合理界定事实判断/价值判断关系。在所有的犯罪论体系中，对违法性的判断实质上是一种价值判断，即都肯定违法性是从法秩序的角度看行为有没有价值。它是在构成要件符合性的基础上，从规范的整体价值观上进行评价，对法律精神所能容忍和许可的行为排除其犯罪性。因此，各种犯罪论体系价值判断上的差异，主要体现在构成要件符合性、有责性判断上。(3) 所有的阶层式犯罪论体系，都绝不是凭空而来的，其形成、发展和变化背后，都受哲学思想或社会思潮的深刻影响。①

规范违反说与价值判断有关，而与事实形成并无直接关联。对此，要从新康德学说的主要观点谈起。

新康德哲学认为，事物本身不能作为直接理解、掌握的对象，它是只能透过经验理解的现象，是人的知觉使现实的外在世界具有意义，而不是事物本身具有可被理解的意义。康德指出，认识的对象，必须是在经验上能够呈现的客体，而经验所受的限制同时是经验的客体所受的限制，并由此在先验的综合判断上具有客观的有效性。这种认识论的基本内涵就是：客体是透过人的经验而呈现的。

不少新康德学派的赞成者主张：直接存在的客体，在经验上是一团混乱、毫无章法的东西，人们必须透过理论行动，才能将这一团混乱化作有体系的形式，亦即透过人的理解才能让一团混乱而无法被掌握的事实成形。

新康德学派的代表人物弗里德里希·阿尔伯特·朗格（Friedrich Albert Lange, 1828—1857）明确指出：

> 凡是经验的对象都只是我们的对象；一切客观性，总之，都不是绝对的

---

① 周光权. 价值判断与中国刑法学知识转型. 中国社会科学，2013 (4).

客观性，只是对人（或某些具有类似组织的生物）而言的客观性；而在现象世界之外，事物的绝对本质，即物自体，则笼罩在不可透视的黑暗之中。①

在新康德学派眼中，所谓客观的现实是非理性的，这种非理性必须经由概念的形成方法予以克服。② 现实的世界本身没有秩序和理性，必须通过在它之外的主体才能赋予其秩序和理性。换言之，并没有独立于主体之外、超越人的意识之外的客观现实或客观存在；客体不能凭借它本身的存在被理解，客体之所以成形，完全因为主体的理解行动将客体描绘成一个可被理解的对象。

循着新康德学派的主张进一步思考，就不难发现：既然客观世界本身没有意义，是一团"乱麻"，从现实中无法产生概念和规则，一切概念、体系、规则都是人类思想的产物，概念、规则只能从人的理性当中产生，所以规范的形成过程和客观世界是互不相干的，规范体系和事实的存在结构就是两个无法沟通的体系。刑法之外，有一个先验地存在的规范体系。规范只能从规范当中形成，不能从客观现实的构造当中形成。换言之，"实然"只能实际运作，但无法从理论上定型，只有不具有实际形态的非现实的概念世界才能作理论上的定型。③ "法规范所指涉的生活关系其乃是一种本身已经组构过的事实，因其涉及人与人之间的关系，因此其本身已内含一定的意义。"④ 这样一来，犯罪就不是客观现实的一部分，而是在刑法学上的概念形成过程中的产物。刑法所涉及的各种事实，都是在文化概念形成过程中的产物。

对此，可以借用新康德主义的观点加以理解。

既然我们承认现象界只是我们感官组织的产物，那么我们也必定能够假定在我们感官所知觉的世界以外尚有一个可想象的世界，即"诗的世界"。

---

① 张传开，等. 西方哲学通论：下. 合肥：安徽大学出版社，2003：41.
② 新康德主义者认为：康德在哲学史上实现的"哥白尼革命"的核心在于："不是我们的概念必须与对象一致，而是对象必须与我们的概念一致"。西方著名哲学家评传：第8卷. 济南：山东人民出版社，1985：89.
③ 许玉秀. 犯罪阶层体系及其方法论. 新北：成阳印刷股份有限公司，2000：84-85.
④ 卡尔·拉伦茨. 法学方法论. 陈爱娥，译. 北京：商务印书馆，2003：15.

"诗的世界"虽是想象的世界,但它对于人类的精神生活而言并不是可有可无的东西,因为人要用他所创造的"诗的世界"来补充现实。从这个意义上来说,形而上学的任务并不是要与现实科学争确实性,而是要"把实在世界结合于价值世界",并"通过自己对现象的理解而达到伦理的感化"①。

所以,刑法规范就只能从价值体系中推导出来,从"存在"无法得出"当为"的结论。例如,罗克辛就指出,刑法体系不能根据"存在的既有事实"(ontische Vorgegebenheit)来建构,只能从刑法的目的设定当中建构起来,这也是采取新康德实证主义方法论的路线,即认为刑法体系是一个评价体系,这个评价体系只能从另外一个评价体系推导出来,而不能求诸存在体系。②

在我看来,规范来源于价值体系,而不是来源于犯罪的现实,这一观点是正确的。因为刑法的概念体系所要面对的是先于法律而存在的现实,也就是生活现实。但是,先于法律而存在的社会生活现实已经是一个价值概念体系,按照鲍曼的说法,"'社会'确实总是一个想象的实体,从来就没有被给予一种总体上的体验"③;存在于这个社会中的生活现实自然也是一个价值概念体系,法律的价值概念体系必须经过这个概念体系推导出来,这是概念体系建立在概念体系上,而不是建立在中性的现实上面。至于价值体系和自然界现实(如斗转星移、重力下坠、地震火灾等)的关系,固然自然界的现实不是一团混乱,本身蕴含着规则,但是那个概念形成体系和人类社会的价值体系的确是两个不相干的体系,人类社会的评价体系不是从自然界的现实规则中引申而来的。

换言之,规范是由一定的目的价值所引申而来的,所建构起来的规范的确只能从规范中产生,也就是价值体系只能从价值体系中产生。当然,问题的另一面就是,规范必须对生活事实开放,它必须被实体化、具体化以及实证化,以便形成概念。

---

① 张传开,等. 西方哲学通论:下. 合肥:安徽大学出版社,2003:45-46.
② 许玉秀. 犯罪阶层体系及其方法论. 新北:成阳印刷股份有限公司,2000:39.
③ 齐格蒙特·鲍曼. 共同体. 欧阳景根,译. 南京:江苏人民出版社,2003:136.

第七章 规范违反说与犯罪论

法益侵害说认为，是法益保护的必要性要求刑法惩罚犯罪，所以是"存在"决定价值。这只是表面现象。某种行为，是不是恶的行为，是不是侵害了我们的生存利益，是不是需要刑法出面进行惩罚，完全依赖于我们的价值判断（第一次价值判断）。如果某种行为原本客观危害很大，但是我们的价值观念对这种行为的危害性看得并不是特别清楚，自然不可能作出及时反应；只有我们将其评价为"无价值"的行为，才能考虑是否有必要形成规范对其加以惩罚，规范体系才能由此形成（第二次价值判断）。所以，规范体系来源于价值，而不是事实。

我赞成规范违反说，并且认为在当前中国，坚持规范违反意义上的法益侵害，更具现实意义。①

法益侵害说对刑法规范而言"来得太晚"，但倘若不解决"如何保护法益？保护谁之法益"等问题，法益侵害说对刑法规范而言也"来得太早"（事实上，刑法利益是由刑罚目的来定义的，先于刑罚目的，确定的可能是利益或者其他法律要保护的利益，但是，即使确定了它们，也不能确定是否必须动用刑罚）。在这个意义上，法益概念很可能是个无意义的概念，为了还能够赋予法益概念一点儿意义，人们最后不得不把法益概念抽象化、空洞化（例如，有人最后不得不把"法益"定义为"与人相联系的对象"）。情形总是，人们感到抓住了"法益"，但是，仔细一瞧，其实什么也没有抓到或者抓到了其他的东西。人们可以坚持说"法益至少是有用的东西"，但是，一方面，由什么来评价东西是有用的呢？每个人都可以根据自己的"快"或者"不快"来评价吗？如果那样，小自法学院或者法院大至国家，都会成为某个人或者某些人的私有财产，其他人就会成为这些人的"快"或者"不快"的内容，也就是说，或者被利用或者被消灭。另一方面，一切有用的东西都要用刑法来保护吗？一个被允许的危险行动，即使造成了损害法益的后果，也不会受到刑法干预，也就是说，对以这种方式而丧失的利益，刑法不加保护。况且，人们总是拥有将自己的有用的东西转变为无用的东西的自

---

① 对规范违反说及其合理性的更详尽分析，请参见周光权．行为无价值论之提倡．比较法研究，2003（5）。

由，只要这种转变不与其他规范相冲突（例如，不是为了逃避兵役而弄残自己的身体），刑法也要保护而不是阻止这种转变。

思考刑法问题的视角，或许应该是这样的：今天的社会不再是个人的乐园，人们不再像在自然状态中一样只能用自己的力量（暴力）保护自己的利益，人们不再必须总是本能地对待利益的丧失①，人们已经生活在社会状态之中，人们可以规范地认识和行动。② 尽管今天的社会还不成熟，但是，已经存在构成社会的基本规范。刑法规范界定了社会的核心领域。如果没有刑法规范，社会立即就不复存在，就返回到可以根据"快"或者"不快"来杀人、抢劫或者强奸的自然状态。

社会出现了，社会就具有了自我存续的力量，刑法规范有力量使用刑罚维护自己的安全。这就是规范的自治。这不是说，社会和刑法规范都不可能被破坏，而是说，它们即使被破坏，也仍然富有效力地存在。谁还能够在今天有说服力地证明：人类已经或者将会返回自然状态？

规范界定人类举止，破坏规范也就破坏我们自己的秩序世界。因为规范已经成为我们生活的一部分，谁破坏规范，谁就或多或少地滑落到社会生活的边缘。

犯罪是对规范真实性、有效性的否定，在规范要求人们当为的时候，犯罪体现的是自由空间，但是，重要的不是犯罪人所采取的定位模式而是规范所确定的定位模式，对犯罪的确认正是在证实规范的真实性，即只有规范是唯一正确的定位标准，个人必须根据规范去行动。

犯罪是破坏现实秩序中的规范的行为，如果无所谓秩序，就不会存在犯罪。"犯罪并非一个有秩序的团体沦亡的开端，而仅只是对这个团体的一项刺激，一

---

① 如果不承认规范的效力，权利人的财物遭受抢劫，他只能忍受丧失，如果其力量小于抢劫者的力量的话；如果他的力量更大，他也会在需要的时候抢劫。其实，财产、抢劫等概念，并不存在于一个只能本能地对待的自然状态之中，自然状态是一个仅仅有东西存在于其中的状态，但是，所有的东西都必然不可恢复地丧失掉，因此，自然状态也是一个什么东西都不存在于其中的状态。人类的幸运在于，我们今天已经远离了这种自然状态。

② 财物被他人夺取，这就不再是一个自然事件，因为社会规范保障着：财物虽然与占有人分离了，但它在法律上始终是属于占有人的。

项尚可补救的错误。"①

23-2 行为规范的合理性

在规范违反说看来，违法性的实质是违反行为规范。

传统规范违反说将社会伦理规范和违法性画等号，使之容易承受各种批评。例如，平野龙一教授就认为，刑罚是一种重大痛苦，其自身并非理想的而是不得已的社会统制手段，将维持国家的道义与社会伦理作为刑法的任务，不仅是对刑法的过分要求，而且是在法的名义上强迫他人接受自己的价值观。② 张明楷教授指出，法益侵害说可以确保社会正义，而规范违反说由于将社会伦理规范作为刑法的基底，难以实现正义。③

这些批评不能说完全没有道理。因为在社会现实中，确实"有相当数量的、无须具体指明的行为仅仅因为被认为是非常不道德，就被当作犯罪处理了"④。但是，更为全面的观点可能是：刑法的约束力是"伦理学上的最低要求"⑤，刑法必须认可绝大多数伦理规范，并与道德主义保持适当的距离。

"刑罚是不可接受的，除非它与道德上的过错相联系；否则即是不正义的"，这是相当古老同时也得到很多人认同的理念。⑥ 法律所追求的正义，实际上就是特定时期公众认同的价值和伦理规范体系。在刑法的具体运作过程中，公众的价值观和伦理规范认同感也应当与法律判断的结果大致相当。"道德为法律的实施规定了界限。即使是实在法，也不能漠视道德……公正多以符合道德为基础。"⑦ 因此，"法律的一个恰当功能就是要改善人们的道德，而不只是防止对第三方造

---

① 雅科布斯．市民刑法与敌人刑法．徐育安，译//许玉秀．刑事法之基础与界限．台北：学林文化事业有限公司，2003：25.
② 平野龙一．刑法总论Ⅰ．东京：有斐阁，1972：43.
③ 张明楷．法益初论．北京：中国政法大学出版社，2000：291-305.
④ 波斯纳．超越法律．苏力，译．北京：中国政法大学出版社，2001：309.
⑤ 汉斯·海因里希·耶塞克，托马斯·魏根特．德国刑法教科书．徐久生，译．北京：中国法制出版社，2001：31.
⑥ J.M.凯利．西方法律思想简史．王笑红，译．北京：法律出版社，2002：147.
⑦ 牛津法律大辞典．北京：光明日报出版社，1989：521.

成明显的伤害"①。

事实上,以社会伦理为基础建立的刑法理论更容易获得公众的认同。因为伦理上的认同感是法律信仰的重要的社会文化条件。社会伦理规范从来就是一个社会的秩序和制度的一个部分,因此也是其法治的构成部分,并且是不可缺少的部分。"要能够实现惩罚,你在道德上就必须有压倒性的多数。"②

> 道德规范之所以具有约束力,是因为其含义得到人们的承认……社会的行为期待(Verhaltenserwartungen)也通过这种已确立的规范建立起来。③

作为内生于社会的制度,社会伦理规范凝结了有关特定社会的环境特征、人的自然禀性和人与人冲突及其解决的信息,是反复博弈后形成的人们在日常生活中必须遵循的"定式"。日本学者川岛武宜认为,在市民社会中,法与伦理的关系正是市民社会秩序的根本性结构问题。"伦理与法共同构成社会的统一秩序……伦理也是立足于历史的、社会的、经验的现实基础之上。"④ 中国学者进一步指出,"从法的信仰的角度而论,法律获得社会伦理文化精神的认同,是法律被信仰的不可或缺的社会文化条件,如果法律不具有伦理上的合理性就不可能被信仰"⑤。

现代行为无价值二元论否认传统的社会伦理规范违反观念,将犯罪界定为对行为规范的违反,提出了解释问题的全新方法论,从而将刑法与伦理之间的界限厘清,并使规范的意义得以突显。

> 刑法规范无论着眼于法益保护抑或实证的一般预防,在一定情状中都会形成某种具体、现实的规范性知识,应对某种普遍性需要,并赋予规范的受众以某种义务,同时也要求司法机关遵守……司法裁判肯定这种具体、现实

---

① 波斯纳. 超越法律. 苏力, 译. 北京: 中国政法大学出版社, 2001: 301.
② 波斯纳. 超越法律. 苏力, 译. 北京: 中国政法大学出版社, 2001: 299.
③ 伯恩·魏德士. 法理学. 丁小春, 吴越, 译. 北京: 法律出版社, 2003: 50.
④ 川岛武宜. 现代化与法. 北京: 中国政法大学出版社, 1994: 5.
⑤ 刘旺洪. 法律信仰与法制现代化//许章润, 等. 法律信仰: 中国语境及其意义. 桂林: 广西师范大学出版社, 2003: 17.

第七章 规范违反说与犯罪论

的规范性知识,强调这种义务,其内在更普遍的规范价值才能获得现实的确证。①

以这个意义上的行为无价值论解释犯罪现象,应该比以结果无价值论解释更为得心应手。

众多犯罪类型的不法内容不仅仅是由破坏或者危害了被法律所保护的法益所决定的,而且也是由行为实施的方式和方法,即行为的无价值所决定的,相关犯罪种类的固有的应受处罚性恰恰存在于其中。例如,刑法对财产的保护不是针对每一种想象的损害,而只是针对特定的非常危险的犯罪种类来规定的。以欺诈方式造成的财产损害是诈骗,以强制方式造成的财产损害是勒索,以违反诚信的方式造成的财产损害是背信,刑法并没有规定一般性的侵害财产权法益就是犯罪。危害道路交通的行为除要求造成财产、人身损害外,还要求严重违反交通管理法规,并以疏忽的方式实施,如果只考虑结果无价值,这一表明实施犯罪行为特征的方式和方法也许是不好理解的。② 中国《刑法》第133条规定,交通肇事后逃逸的,法定刑升格。其实,法益侵害的事实在行为人交通肇事之时已经形成,即使逃逸,也不会造成新的法益侵害③,刑法加重其刑主要考虑行为人的邪恶动机。在醉酒后擅自进入他人房间的行为,其属于非法侵入住宅,还是基于盗窃、强奸或者杀人的意思而入室,甚至是单纯走错了房间,都是行为无价值论特别强调的。

23-3 规范违反说与犯罪概念

对犯罪的评价,必须从行为对社会规范的冲击力这一角度加以考虑,即一个行为意味着什么,取决于社会的内容。

甲将自己配置的猎枪借给乙使用,但在次日,甲便向乙索要猎枪,乙问为什么提前要回猎枪,甲说需要用猎枪杀丙,于是乙将猎枪还给了甲,甲随后杀死了丙。乙是否与甲构成共犯?④ 一般的观点是:乙明知他人要杀人而为其提供工

---

① 王安异. 重申犯罪主体——论以人为本的刑法意义. 中外法学, 2010 (3).
② 耶赛克, 魏根特. 德国刑法教科书: 总论. 徐久生, 译. 北京: 中国法制出版社, 2001: 295.
③ 至于逃逸致人死亡的, 应按结果加重犯处理, 属于另外的问题.
④ 张明楷. 刑法学教学参考书. 北京: 法律出版社, 1999: 231.

具,有犯罪的帮助行为,构成故意杀人罪的共犯。

但是,在这种情况下,要根据规范理论考虑"溯责禁止"的问题,将乙的行为和他人死亡之间的关联性提升到社会意义的层面上来认识,从自然的解释推进到社会性解释。

对此,雅科布斯以一个与前述案例大致相同的情形加以论述:

> 某个债务人接受了一笔贷款,他按时归还了他的债务,尽管他知道债权人在收到钱款后资助一笔可罚的武器买卖。理所当然,对所禁止的交易而言,该债务人是原因,但是,同样理所当然的是,债权人意欲用这笔钱款所干的事与他毫无关系;因为,如果所干的事与他有什么关系的话,那么,在参加者具有极高的匿名时,就不可能再组织一个进行着商品、信息和其他服务活动的密切交换的社会。必须把交易伙伴的共同性限制在所约定的交换上,限制在各自所为的正确性上,否则后果就会是一种经常的互相监视和互相干涉……债务的偿还也就仅仅意味着"债务的偿还","使武器买卖成为可能"这种进一步的含义是由债权人赋予债务偿还的,这种进一步的含义只是他(seine)对所发生的现象的阐释,这种阐释对债务人没有约束力,因为债务人自己通过所为和反向所为并未参与到与债权人的共同性之中,无论如何没有以作为债务人这种角色参与到与债权人的共同性之中。①

所以,对行为性质的判断,不得不从规范违反说的角度考虑行为与社会同一性的关联,考虑行为规范是否被违反的问题。在本案中,由于债务人的行为和危害结果之间并没有社会意义上的联系,社会同一性并没有遭到债务人行为的直接损害,因此,难以对其进行归责。

需要特别提及的是:某些行为貌似成立犯罪,有客观的法益损害,但并不能以犯罪加以处理。所以,对犯罪的评价,考虑行为的规范违反性是比较重要的。对此,雅科布斯以故意杀人为例加以说明:向他人捅刀子、敲打、射击都意味着

---

① 雅科布斯.刑法教义学中的规范化理论.冯军,译//现代刑事法治问题探索:第1卷.北京:法律出版社,2004:85.

"杀害",修造建筑物却不采取必要防火措施也意味着杀害。但是,销售酒料、对恐怖分子展开刑事程序、打开某一根据法律的规定所设立的通道、生产符合规定的汽车都并不意味着是杀害,即使醉酒者开车时杀害了自己和他人;或者其他的恐怖分子以此为诱因谋杀了某一政治人物;或者未来的一些汽车驾驶者会在被打开的道口陷入导致人身伤亡的各种事故之中;或者大量的汽车生产对每年发生的死亡事故而言具有原因性。所以,可预见地引起某一结果,并非绝对地要在法律上对所引起的某一结果负责;并非所有能够避免的东西都必须在法律上被避免。刑法要惩罚的是在法律上与某一结果相联系的人,准确地说,只是那些实施了某一行动而侵害了他人的权利、根据社会的前后关联即规范联系要对行为的后果负责的人。这些主体的行动才意味着权利侵害,才是犯罪行为。①

当然,我并不赞同雅科布斯意义上的纯规范论。但是,即便不像雅科布斯那样,而仅仅在行为规范的意义上把握规范论,对犯罪行为也应该如此界定:为了保护个人的人身、财产权利,以及与此相关的其他重大权益,刑法就必须守护定着于社会中的大量规范。实施某一行为,根据社会中所存在的标准行为准则,被认为是违反该行为准则进而造成了法益损害时,就是犯罪。这样的犯罪概念,不是要否定法益的重要性,而是强调刑法只有在行为对法益的侵害或者威胁达到反规范的程度时才能实施惩罚。这种理论"拒绝了静滞的、绝对的视角,而从动态的角度考虑社会生活和违法行为之间的关系。它强调社会的容忍度,以使社会不至于陷入死气沉沉的状态而是保持相应的活力,这是适应于现代社会纷繁复杂而又变化多端的需要的"②。

23-4 规范违反说与犯罪认定步骤

根据规范违反说,在认定犯罪时,存在着对应的三个步骤:(1)规范被期待:国家通过对社会生活的引导,直至在成文法上作出规定,来表明社会中有许

---

① 雅科布斯.刑法教义学中的规范化理论.冯军,译//现代刑事法治问题探索:第1卷.北京:法律出版社,2004:86.

② 劳东燕.论犯罪构成的功能诉求——对刑事领域冲突解决机制的再思考.金陵法律评论,2001(2):51.

多规范对于个人和整体都是十分重要的；（2）规范被确保：通过对违反规范的行为进行"不法"的宣告，来确保规范在社会中的通行，防止规范遭到任意破坏；（3）规范被证实：通过对违反规范的个人进行实际的谴责，来提示犯罪是不值得学习的，规范永远是正确的。由上述步骤所决定，刑法中的犯罪论体系必须一步步展开，最后突显个人的危险性，即犯罪论必须有层次性。

在认定犯罪的"递进式"过程中，有一些问题是至关重要的：

第一，必须揭示作为犯罪论基石的行为概念。行为是充分展示个人与社会的不合作态度的身体动静，表明行为人对社会的敌对态度。可选择的行为总是自愿的，而受强制的不是行为，因为"强制，总的说来，就是行为的原因在行为者之外的那些事情中，而对此，行为者是无能为力的"[①]。

第二，行为人的规范意识、规范遵守能力、规范上的可谴责性、规范的敌对态度等，都必须受到重视。

第三，对个人的惩罚，必须触及个人的灵魂，重新唤起个人的规范感觉，使之与社会沟通，增强其与社会合作的可能性。

在这种犯罪观念的支配下，刑法理论总体上就是倾向于规范违反说的。犯罪是行为人某种诠释世界主张的表达。透过行为表达出对规范的异议、破坏。这种破坏所造成的社会冲突使得规范作为遵循标准发生动摇，使公众对规范效果的信赖被动摇。

24. 规范违反说与犯罪成立理论

24-1 规范论与犯罪论体系：哲学探源

惩罚的权力需要真理——犯罪成立理论——来加以证明和支撑。对犯罪成立条件的论证，直接关系到惩罚的合法性和效力，所以事关重大。

对犯罪的判断是要确定：个人有恶意地与社会进行沟通，破坏规范的行为要

[①] 亚里士多德. 尼各马科伦理学. 苗力田，译. 北京：中国社会科学出版社，1990：42.

符合哪些标准才能承受刑罚上的惩罚。

大陆法系的犯罪论体系是递进式的,英美法系的犯罪论体系是双层结构,衍生于苏联刑法学的中国犯罪论体系则是闭合式的,人们对犯罪论问题远未达成共识。但是,认识上的这种差异并不妨碍我们对犯罪论与规范化社会之间的关系进行综合分析。

犯罪论体系是刑法规范对犯罪事实的评价体系,这套评价体系属于科学性知识体系的一种,所以受一般科学性知识系统方法论的影响,尤其是哲学思潮的影响,新康德哲学、现象学存在论之间的论争也直接地影响了犯罪论体系的建构。在这里,特别有启发意义的是新康德哲学。

康德哲学的认识论认为,所有人的认识上的概念,以及其系统原理,并非存在于外界的事物本质中,人们从事物本身无法获得认识。概念和原理都存在于人类理性之中,即在理解的思维形态(范畴)中。凭借范畴,各种杂乱无章的题材被加以整理分类,从而获得认识论上的类型。按照这种观念,所有的客观事实都具有理论内容的含义、都是思想上范畴的综合物。所以,客观事实只是思维的标的,逻辑秩序的促成并不是事物的存在事实本身,而是理论的思维形象。逻辑秩序的存在,使得我们可以在各种现象之间进行观察。循此思路,我们可以看到,在知识领域中的各种概念、原理都是先验的理性原理的展现,在此基础上,价值评判才能进行。刑法学上的犯罪概念的形成,就蕴含了价值判断的因素在内。

刑法上需要认识的各种对象,例如行为、危害结果、行为人等,都是与客观事实有关联,但是又与价值关系或者价值判断有关的现象,带有规范评价的色彩。价值评价的必要性决定了犯罪诸要素的独特性和理论上的存在价值。这就是说,并不是所有与犯罪有关的事实(包括犯罪的时间、地点、凶器等)都可以作为犯罪成立条件中的基石性范畴并被加以研究,只有对观察客体的存在具有独特性、不可替代性的表征因素才能作为刑法本体论上需要识别的标志性概念。所以,基于文化评价的观念,讨论犯罪的行为概念、行为与规范的抵触性、规范违反者的责任要素,就可以在本体刑法学上基本看清犯罪的整体面目。

在我看来,必须承认犯罪论体系与社会、公众、法规范之间的沟通。在受刑

法规范约束者赞同和认可的情况下，犯罪论体系以及国家刑法不仅有效，而且也完全合理。衍生于刑法的犯罪论体系可以被看成是一种相对独立的社会子系统，它像所有现代的社会系统一样，具有学习能力，并承担将一个充满可能性的世界的复杂性进行简化的任务。在存在规范的情况下，这种社会子系统在预防可能冲突的行动中形成，并通过适当的交往形式，阻止用不受约束的暴力解决社会冲突。在这个意义上，犯罪成立理论用特殊的手段为保障交往的持续进行服务。

归根结底，认定犯罪，必须借助于犯罪成立要件。犯罪成立要件理论的建构，端赖刑法学上的解释。刑法理论上对犯罪成立要件的解释，与国家制定并颁行刑罚规范一样，都是一种编织法网的系统化努力：社会因为规范而存在，规范的确立使得社会变得有意义，社会的规范构造性使得每一个人可以想象并践行尽可能完美的生活。规范是社会联系的纽带，而犯罪成立理论就是对这种纽带的维护和承认，刑法实践本身才具有正义性和合目的性。

认定犯罪的思维过程，必须具有层次性。对犯罪论体系做递进式思考，按照罗克辛的说法，有以下优点：（1）有助于检验个案。依照构成要件该当性、违法性和责任三个阶层检验犯罪，可以提高效率，避免遗漏应该检验的要件以及避免错误的判决。（2）以区分阻却违法事由和区分阻却责任事由为例，可以避免对各种不同的紧急情况用过多的条文去涵盖，而可以使相同的情况获得相同的处理，不同的情况获得不同的处理。（3）对法官而言，因为有规则可循，适用法律更为简便，节省精力。（4）可以促进法律规范的形成。例如紧急避难以前作为超法规的违法阻却事由存在，后来经过德国刑法学上的递进式理论体系的检验，现在已经成为法定的阻却违法事由。[①] 按照笔者的想法，认定犯罪的过程至少需要考虑三个层次的内容：（1）哪些规范得到了承认；（2）被承认的规范，哪些已经被部分地破坏了[②]，从而没有得到确保；（3）如何确证罪责，从而恢复被破坏的规范。通过这三重判断，我们可以看到，犯罪是如何破坏刑法规范，冲破刑事法网

---

① 许玉秀. 犯罪阶层体系及其方法论. 新北：成阳印刷股份有限公司, 2000：2；大致类似的分析，请参见张明楷. 犯罪构成理论的课题. 环球法律评论, 2003（3）：264。

② 规范作为一个整体，或者作为解释世界的方式，在整体上是不可能被破坏的。

的约束,破坏人们的规范信赖感,从而值得加以谴责的。

24-2 规范承认

根据规范违反说,在构成要件符合性这一阶段,从新康德哲学出发,既然存在两个世界:一个是现实世界,一个是非现实的价值世界,犯罪论体系相对于犯罪事实,自然属于非现实的价值世界,刑法也就不是被用在一个无意义的、自然的、心理的世界,而是被用在有意义的、有价值差异的世界。犯罪论体系既然是一个对犯罪事实进行认知的知识系统,自然就是一个价值体系,构成要件对犯罪构成事实也就是一个概念形成程序、一个将事实转换为价值的程序。

24-2-1 构成要件的意义

在很多情况下,"法律利用'类型',而非概念来描绘案件事实的特征,类型与概念不同"①,而构成要件就是这样的类型。

概念形成体系既然是一个评价体系,那么构成要件要素就不可能是客观而中性的,规范的构成要件概念在方法论上就是这样被发现的。这个发现和在法典中发现主、客观的构成要件要素互相印证,从此确立了不法构成要件阶层的意义和功能,不法构成要件阶层便是刑法对客观犯罪事实的概念形成程序。②

成文法上对构成要件的规定,是作为判决依据的大前提。构成要件属于刑罚规范,是规则,但是它是以规范的存在为前提的。法产生的是规范性相互联系本身。如果法应该在日常生活中具有联结能力,就不应当允许个人持续地、极端地破坏在社会中存在的规范联系以及被这种规范所保障的日常生活。构成要件是对规范的承认,在成文法的构成要件规定背后,隐含着刑法规范的内容承认这一点,就是承认整个生活模式的特性:在我们所做的一切事情当中,均有一个规范,一个标准,一个在观念上预先设定好的东西,与客观事实相分离,我们试图以行为活动把它转化为现实。

对于一些千百年来侵犯个人利益的犯罪,例如,杀人、伤害、抢劫、强奸

---

① 卡尔·拉伦茨. 法学方法论. 陈爱娥, 译. 北京: 商务印书馆, 2003: 95.
② 许玉秀. 犯罪阶层体系及其方法论. 新北: 成阳印刷股份有限公司, 2000: 89.

等,人们对其加以谴责的传统早已有之,规范意识时刻存在,所以规范观念的存在无须论证。对部分法定犯的刑法规范,一般以成文法的形式在刑法典之外的一般法令如海关、金融、税收征收等法规中加以规定。在这种情况下,刑法规范的法源,也不存在问题。

而对只有法定刑,缺乏处罚前提的"空白刑法"来说,刑法规范可以在刑罚规范的范围内,根据刑法分则各本条的规定来认定。因为对于刑罚的预告来说,最妥当的是以规范上的违法行为为限,根据刑罚规范各本条的构成要件的规定,能够认识到什么样的行为是被禁止的,什么样的行为是必须实行的。

刑法规范,在理论上是存在于刑法的外部,且先于刑法的独立存在。不过,法规范虽然不是以成文法形式体现的,但可以看成是在刑法分则各本条的构成要件的规定中被吸收而存在的。因此,按照宾丁的说法,"刑罚法规可根据是否惩罚一定的作为或不作为,将该规定的前段(构成要件)变更为与该规定相符合的行为的禁止规范和命令规范"[1]。因此,成为刑罚规范前提的刑法规范,必须限于同刑罚法规上的构成要件有"同一范围"的身体动静。

从立法方式上,也可以看出,在一个社会里,刑法规范往往是被普遍接受的。所有成文法都服务于双重目的:规定某种义务,确定与之相应的制裁。在民法中,立法者要相互区别地研究和解决这两个问题。

刑法却恰恰相反,它只规定了制裁,而对与之相应的义务只字不提。它并不规定必须去尊重别人的生命,但规定了对杀人凶手必须处以极刑。它并不像民法那样开门见山地提出:这是责任;相反,它总是急不可耐地提出:这是惩罚。毫无疑问,某种行为受到了惩罚,那是因为它违背了某种强制性规范,然而,这种规范并没有得到确切的说明。之所以发生这样的情况,唯有一种原因:人们已经普遍理解和接受了规范本身……如果那些违反了就该遭到惩罚的规范不需要某种法律解释,那是因为规范本身已经不再是被争论的对象,人们已经处处感觉到它

---

[1] 竹田直平.法规范及其违反.东京:有斐阁,1961:82.

的权威了。①

所以，顺理成章的是：承认刑法规范的存在，就必须肯定构成要件的意义。

我们以往常见的判断是：刑法学新派过于强调刑法的社会意义，这样就使得刑法成为国家随时可以利用的工具，成为专制意图得以贯彻的手段。但是，这是一个很大的误解。新派人物如李斯特等人十分重视讨论犯罪的社会性、刑罚反应的社会效果。但是，这丝毫不意味着他就赞成为了保全社会可以不惜一切代价惩罚危险的个人。刑法是犯罪人的大宪章，刑罚权的发动必须以法律所规定的构成要件为前提，否则就是对个人权利的侵犯。在他的知识视野中，犯罪构成要件具有规制的、指导的意义，同时对于违法性及责任理论，亦具有规制的、指导的意义，因此，构成要件是刑法理论体系上的指导形象，是刑罚法规对一定行为所抽象规定的概念形象。

24-2-2 行为理论

我的一贯立场是：犯罪是罪犯试图以极端的方式与规范化构造的社会相沟通的一种手段；刑罚是社会以独特的方式与罪犯进行"商谈"和论辩，从而证明行为规范的有效性的一种手段。

那么，罪犯与社会的沟通关系的建立，主要是因为其先前实施的行为。行为概念是刑法的核心内容，它与一个社会中为何会存在刑法的理解相联系。不是"行为"刑法，而是"行为人"刑法的主张，带有某种社会政策的意味，因为不把握明确的行为而去判断行为人的社会危险性，时常会陷入难以允许的专断。霍布斯认为，是行为在社会中决定了"罪行"和"罪恶"之间的分野，他指出："罪恶"非但是指违犯法律的事情，而且包括对立法者的任何藐视。因为这种藐视是一举将他所有的法律破坏无余。这样说来，罪恶便不仅在于为法律之所禁为、言法律之所禁言，或不为法律之所当为，而且也在于犯法的意图或企图，因为违犯法律的企图便是在某种程度内藐视职掌习法的人。②罪行和罪恶之间的区

---

① 涂尔干.社会分工论.渠东,译.北京：生活·读书·新知三联书店,2000：38.
② 霍布斯.利维坦.黎思复,等译.北京：商务印书馆,1996：226.

分表现在：罪行是一种罪恶，在于以言行犯法律之所禁，或不为法律之所令。所以，每一种罪行都是一种罪恶，但却不能说每一种罪恶都是一种罪行。有偷窃或杀人的意图，虽然从来没有见之于言行，也是一种罪恶。但是，由于人们无法对这种恶意进行控告、人间的法官也不能以此为据作出判断，所以，不能成为罪行。

李斯特指出，行为应该是某种内容的任意举止对结果（特别是法益侵害）的惹起、对外部世界的改造。① 因果行为论与结果责任论之间有着复杂的渊源关系。行为导致了结果，所以结果就发生了。这种解说对刑法本身意义不大。

因果行为论的提出原本是为了发挥刑法的机能，但是，它远未实现自己的目标。事实上，按照雅科布斯的观点，这样一个行为概念在未遂犯中不起作用，在不作为犯和其他情况中完全是漫无边际的，因为它把刀具制造者的任意行动与持刀行凶者的任意行动同样对待，把诈骗者的任意行动与不知情的传递诈骗性信件的邮政人员的任意行动同样对待，这样一种行为概念不能代表一种理论。②

20世纪30年代，由韦尔策尔（Welzel）创造了目的行为论：人的行为是实现目的的活动，行为的目的性是指人在一定范围内预见自己活动可能发生的结果，并依此设计种种目标，有计划地引导该活动向此目标的达到。因而意识到目标引导因果现象的意思便是目的行为论的精髓。而且，目的意思作为客观形成的现实现象的因子，从属于行为。③

故意犯是罪犯通过一定的行为与社会相沟通，所以，故意是一种意义表达，这不难理解。问题是如何解释过失行为也是一种意义表达？对此，雅科布斯指出：应当把过失行为理解为个体的回避可能性（individuelle Vermeidbarkeit）。当某人自己产生避免结果的动机就不会招致结果时，该结果就是可以避免的；而行为人没有考虑这种回避可能性时，就可能存在过失行为。

---

① 李斯特. 德国刑法教科书. 徐久生，译. 北京：法律出版社，2000：177.
② 雅科布斯. 行为 责任 刑法——机能性描述. 冯军，译. 北京：中国政法大学出版社，1997：76.
③ 福田平. 刑法总论：新版. 东京：有斐阁，1976：50.

对行为的规范性说明就是要证实：只有当主观性的结果想象（Erfolgsvorstellung）关系到一个"交往"上的重要的说明方式时，它在交往上才是重要的。在交往上涉及的不是因果联系和目的性的纯粹的派生物。无论如何，不是所有的有目的的或者已经预见到或者可能预见的行为都要作为其态度决定或者其意义表达而归咎于一个人。只有当人的行为被理解为达于结果的过程的主要的、不只是非偶然的条件时，才会发生一种归咎。在构成要件理论中确定了这种客观的联系，是社会的行为概念的倡导者的功劳。①

此外，在行为概念中还要考虑规范的要素，只有作为生物——心理的过程，产生的仅仅是纯粹的自然，这种纯粹的自然在法律上没有太大的意义。只有不把行为理解为归属联系中的自然的要素，而是把它理解为其本身是由归属所确定的概念，才会从行为中发现它必须有的东西，即一个交往上重要的态度决定，一个交往上重要的意义表达。②例如，为了提前取得继承权而杀害被继承人的行为，"他所选择的，是一个无法存在的世界，并且，不仅是在特定的条件下，而是完全在任何情况下都无法存在的世界：这是一个根本无法想象其存在的世界"③。

对不作为的行为性，过去也主要从因果行为论的立场加以说明。现在看来，仍然需要借用社会性说明方式——人类在规范指导下的交往——来解释不作为的行为性问题。行为是个体能够避免产生结果的决定性根据，该决定性在刑法中是由社会的说明方式所决定的。只要人们承认重要的是归属而不是自然，那么就会找到解决不作为问题的新途径：人和事件的归属在不作为中也能进行，而且，在完全的、与作为同等的不作为中不是对能够阻止结果的每一个人，而是只对重要的参与者进行这种归属。不对某一损害加以救助者，只有在他的放弃是决定性的时候，他才负有义务，所以，只要人与结果经过之间存在着重要的连接，我们就可以把这种决定性的放弃称为行为。必须承认，不作为犯的可罚性建立在"经验

---

① 在李斯特的《德国刑法教科书》中已经表明了这种倾向。
② 雅科布斯. 行为 责任 刑法——机能性描述. 冯军，译. 北京：中国政法大学出版社，1997：83.
③ 雅科布斯. 市民刑法与敌人刑法. 徐育安，译. 刑事法之基础与界限. 台北：学林文化事业有限公司，2003：25.

的——刑事政策的要求"的基础上,以回应国民朴素的法情感。①

关于行为,小野清一郎的观点是有道理的:行为在本质上是规范性的概念,不能脱离伦理和法去谈论行为。行为是在人伦关系中成为问题的实践性的事实,是人格性意思的实现。而且,刑法中行为总是进行了构成要件评价的行为。行为必须在构成要件的范围内作为构成要件的核心来讨论。与构成要件评价没有关系的行为,在刑法上是完全无用的。②

24-2-3 因果关系和客观归责

因果关系的理论需要解决这些问题:在一个规范性世界的构造中,何种关系被扰乱了,什么是真正重要的相互关联?

"因果关系是一种解释的开端,在产生规范意义时要把它作为原始材料使用。"③ 在行为和结果之间的事实联系之外,客观归责论作为实质的归责理论,要解决把结果视作谁的"作品"的问题,因此,有独立进行判断的必要。

如果仅仅考虑个案处理,即便不采用客观归责理论,单纯运用条件说和相当性说,疑难案件也能够得到处理。但是,相当性说在方法论上有诸多缺陷,而客观归责理论在方法论上的优势非常明显:用多重规则确保检验时没有遗漏;建立正面判断和反向检验交互进行的检验标准;展示一般预防的刑罚效果;凸显评价的层次性、充分性;确保刑法判断的客观化。我国刑法学者否认客观归责理论,主张在因果关系判断时采用相当性理论,再通过故意、过失限定归责范围的观点,貌似有理,但在方法论上存在根本的错误。如果在进行客观归责判断时,根据一定的检验标准,根本就不需要将某个后果这一"杰作"算到行为人头上,也就没有追问其有无罪责的必要性、可能性。不通过客观的构成要件对事件分出是非,反而求诸原本就难以探测的行为人的内心想法来确定处罚,与刑法客观主义

---

① 掘内捷三. 不作为犯论//现代刑法讲座:第1卷. 中山研一,藤木英雄,等. 东京:成文堂,1977:298.
② 李海东. 日本刑事法学者:上. 北京:法律出版社,1995:134.
③ 雅科布斯. 刑法教义学中的规范化理论. 冯军,译. 现代刑事法治问题探索:第1卷. 北京:法律出版社,2004:85.

的要求相悖。客观归责理论主张对故意犯、过失犯的认定,可以将原本就应该放在构成要件符合性阶段考虑,但过去一直被错误地置于责任中分析的要素提早到客观归责来思考,使之实现犯罪判断要素的正确"归位"。因此,客观归责理论只是强调客观判断必须优先进行,不会模糊阶层的犯罪论体系的相互关系。充分认识到客观归责理论在方法论上的独特意义,同时,为了确保司法上不出错,肯定客观归责理论,并将相当性说的内容融入客观归责中,应当是我国刑法理论未来需要认真对待的问题。[①]

24-2-4 构成要件符合性和违法性的关系

在规范承认部分,除讨论处于刑法学核心地位的行为概念之外,还应当研究构成要件符合性、违法性以及它们之间的关系问题。

自贝林格以来广为流传的犯罪构造三分说的学术传统是:一方面是对规范评价的去除。犯罪构成的概念仅指成文刑法上客观记述的犯罪类型轮廓,纯粹是一种评价的标志,在价值论上是中立无色的。因此,仅有记述的要素(Deskriptive)被承认,而规范的要素在此阶段被排斥。例如,麦耶(M. E. Mayer)就非常明确地指出,构成要件是违法性的认识根据,是逻辑上作为认识的标志,所以,它本身不能再作为认识(评价)的内容。另一方面是对心理要素的拒斥。既然构成要件要素是一种客观的记述,是对行为外部特征的基本描述,那么行为人的内心动机等因素在此阶段就无须考虑。主观的违法要素就应当放到责任范畴中去考虑。以这种态度看待犯罪构成要件的初衷是欲以客观的、记述性的界限,来实现刑法规范在罪刑法定主义下的保障作用。

针对这种理论,进行修正和犯罪论上的定型思考是必要的。基本的修正思路以前已有不少学者提出,他们的主要观点是:就法律概念的范畴构成性而言,构成要件是违法性的存在根据。但是,要看到,构成要件是基于刑法规范之法网严密化的目的,将违法行为给予规范上的框定,作类型化的记载,从而达到法律价值评价的思维作用的。

---

① 周光权. 刑法客观主义与方法论. 北京:法律出版社,2013:63.

在我看来，问题的关键是改变在构成要件符合性阶段对规范评价、文化评价、价值评价过于漠视的学术态度。

如果我们承认在哲学上存在客观事实和价值评判的分野，那么在刑法上，就应当承认犯罪事实与规范（价值）评价的紧张关系[①]：具有客观化特征的行为举止与国家对之的（法律）规范评价之间，有着基本的勾连。事实和价值之间的内在联系是我们所建构的概念框架中不可避免的因素。[②]

换言之，刑法上的构成要件事实本身，具有价值相关性的本质。一方面，构成要件事实具有事实性，它以基本的方式表征着刑法规范强硬的禁止（命令）态度，反映了社会生活上所应当保护的利益的重要性，从而建立客观的生活秩序。维特根斯坦曾经指出："与那些不可分析的、特殊的和不确定的东西相同，我们以这种或那种方式进行的活动，例如，惩罚某些行动，以某种方式确定事态，发出命令，作报告，描绘颜色，对别人的情感发生兴趣，都是事实。可以说，那些被接受下来的、被给予的东西，都是生活事实。"[③] 构成要件作为惩罚的前提，自然是一种"生活事实"的展示。这种展示具有现实的意义，"事实构成所谈的是抽象的；它不是描写一个个案，而是仅仅突出一系列一般的、所规定的事实构成要素。这样一来，法的准则就能用于数目不定的、个案形态不同的案件，因而面对十分不同的个人和个人的个案形态，也能够符合平等对待的思想"[④]。

另一方面，构成要件事实具有价值性，将价值评价的规范作为法律的正义作用能够发挥的基准。

事实上，大陆法系刑法理论中规范的构成要件要素概念的提出，可以在一定程度上对我的上述观点提供支持。按照贝林格等人的观点，为彻底满足（形式上的）罪刑法定原则的要求，在刑法上只能承认客观记述的"构成要件要素"的概

[①] 陈兴良. 犯罪：规范与事实的双重视角及其分野//北大法律评论. 北京：法律出版社，2001，3(2)：204.

[②] 马丁·洛克林. 公法与政治理论. 郑戈，译. 北京：商务印书馆，2002：49.

[③] 维特根斯坦. 维特根斯坦全集. 石家庄：河北教育出版社，2003：164.

[④] H. 科殷. 法哲学. 林荣远，译. 北京：华夏出版社，2002：176.

念。但是，这种观点很难贯彻到底，因为有很多非记述性的构成要件因素存在。要对这种要素的存在与否进行判断，就必须先依照其他规范得出一定的结论，否则，犯罪评判工作无法进行。例如盗窃罪客观构成要件要素中的"他人占有的财产"、敲诈勒索罪中的"他人基于恐惧的交付"、强制猥亵妇女罪中的"猥亵"等要素的确定都必须结合民法、行政法以及一般的社会伦理规范先行判断，使之成为构成要件符合性判断的首要环节。即对这种规范的构成要件要素的判断，要求法官在确定该种类型时，先依据一般社会客观存在的规范或者说是规范化联系，作一种规范概念是否相当的判断，法官此时的活动明显地具有价值评价的内容。同时，规范构成要件要素不因其伴有价值判断性而失去其类型化的作用。所以，无论是对依实证法规范而形成的规范性构成要件要素的判断，还是对依法律规范以外的一般生活经验而形成的规范性构成要件要素的判断，都要求法官依照衡平法原理，加以主观化、价值性判断，而非仅要法官去简单确定事实的有无。

遵循以上思路，我们要特别强调"行为—规范"的关联以及它们与社会之间的特殊联系，割裂这种联系的刑法理论，难言深刻。因为刑法学家的活动，并不是真的像刑事实证学派所言，仅以考察（客观的）犯罪事实的发生与存在或者作观察、认知、描述、逻辑推理为已足。按照我所提出的规范捍卫论的基本主张，自然无形的事实只有经过规范的定型作用，在法律上才有意义，那么在体察事实的基础上对构成事实进行体现时代解释与文化特色的价值评价就是十分必要的。所以，对进入刑法学知识视野的犯罪事实，单纯地就其事实特征进行描述与分析是不够的，而要尽可能地着手进行价值评判。我们凭借构成要件概念，就是要达到将价值评价加诸事实这样的目的。

从这个视角出发，我们可以初步对构成要件、违法性进行界定：构成要件是基于法律规范上的安定性利益或者要求，将在一定意思支配下的行为举止定型化、具体化。违法性是指前述的行为举动有悖于法律规范所确立的一般倾向性和评价标准的情形。

在这里，构成要件仍然是违法性的类型化造型，但是，它们都受价值批判的规制，与价值性（目的性）有涉。所以，构成要件符合性与违法性之间，并不是

孑然分离的事物,在法律思考形态上,构成要件是违法性的类型化,它们都以确定行为的"不法性"(Unrecht)为旨趣。换言之,这两个概念均以"规范的违反性"为前提。从规范有效性需要维持的立场看,违法性类型化的必要性就是构成要件概念的存在必要性。立法者在制定成文刑法时,已然赋予行为模式以价值色彩,法官在依据刑法规范作出判断时,即使是在构成要件符合性阶段,其思维也受规范立场的价值观念的影响。所以,超脱于价值评判、文化评判基点的构成要件判断并不存在,要求法官"去偏向性"并在作出价值无涉的构成要件有无判断之后,再作违法性判断,是古典犯罪学理论对人提出的不合实际的要求。

24-3 规范破坏

法益侵害或者是"侵害结果的惹起"对构成要件符合性的决定性作用,在结果无价值论中被强调。但是,在规范违反说中,侵害事实是否存在,或者是否发生的危险,并不是至关重要的。① 构成要件的定型化是"形式的实定法规违反性",违法性是"实质的规范违反性"。犯罪论的客观部分就被解构了,费尔巴哈以来的刑法学中"事实的侵害性"的重要性开始动摇。② 而实质的违法性是否存在,规范是否被破坏,就是至关重要的。

一个已然存在,并得到承认的规范,其效果必须在社会生活中得到确保。在规范有效性不能确保,即规范遭受破坏的场合,就涉及违法性问题。

违法性必须与构成要件相分离,对此,罗克辛在1992年曾经做了详尽的论证:(1)构成要件和违法性的作用不只是在表现不法,而是更有刑事政策上的功能,构成要件对事实的不法评价决定行为的应罚性,它借由对各种犯罪类型的描述,在罪刑法定原则之下列出禁止规范目录,借着影响行为人的不法意识或发挥威吓的效果,而能发挥一般预防的功能。阻却违法事由则是凭借呈现社会规范的原则,例如法益衡量原则、自我保护原则,而发挥阻却不法的功能,违法性阶层

---

① 法益这一评价性概念,对于雅科布斯来讲,是属于规范世界以外的存在世界。对于雅科布斯所描述的规范形式运作系统,法益概念并不是重要的。因为运作的要素既可以是法益,也可以是其他概念,而规范是否存在才是最为关键的。
② 梅崎进哉.刑法における因果论と侵害原理.东京:成文堂,2001:179.

不受罪刑法定原则的拘束，而在法的素材中去求取具体的阻却违法事由，因为和实质法秩序的密切关联，所以非刑法的阻却违法事由也能用到刑法当中。(2) 构成要件所涉及的是犯罪类型，依据一定的类型作不法的判断，是抽象的、通例的判断，但阻却违法的判断却是在个案作有无社会危险性的具体判断，所做的是牺牲较低利益、保护较高利益的衡量，这种权衡性的判断在构成要件合致判断中不会出现，但会影响量刑。(3) 构成要件不合致的行为不一定是被容许的，例如使用盗窃刑法不罚，不可能符合构成要件，但仍然是民法上的侵权行为，而能对之主张正当防卫，反之，阻却违法的行为必定是法秩序所接受的、容忍的，不能对它主张正当防卫。(4) 构成要件阶层决定行为是否具有刑事不法，违法性阶层解决法域的冲突，避免法秩序的矛盾，例如注意其他法律领域所许可的行为，是否刑法予以禁止。①

刑法的目的是保护社会的同一性，行为如果被证明和社会所认同的价值不一致，就是破坏刑法规范。违法性的设问方式是：行为是不是错了？是不是逾越了规范所设定的行为界限？

在正当防卫杀人的场合，有被害人的死亡结果发生，此时用法益侵害说来解释阻却违法事由存在难以讲清楚的地方。但从规范违反说的角度看，犯罪是破坏社会同一性的行为，而在为防卫而杀人的场合，受到伤害的是不法侵害者，不法侵害行为使社会中的规范遭受损害。不法侵害人因为正当防卫而受到损害，是他实施不法侵害行为必须付出的代价，所以，防卫人的行为是在维持遭到不法侵害破坏的社会同一性，是行使法律所授权的私权来维护规范的有效性，所以，防卫人的行为并没有错，没有逾越规范的界限。

关于违法性的本质，存在客观的违法性论和主观的违法性论的对立。客观的违法性论认为，法是客观的评价规范，违反客观的评价规范就是违法，行为是否违法与行为人的主观能力无关，"行为的违法性是一般法秩序中行为的规范性评

---

① 许玉秀. 犯罪阶层体系及其方法论. 新北：成阳印刷股份有限公司，2000：37-38.

价的问题"①，那么责任无能力者的行为以及由自然力和动物所引起的侵害也可以看作是违法的。主观的违法性论则认为，法规范是对行为人的命令规范，对命令规范的违反是以规范的接受者（Adressat）具有理解规范的内容并据以作出意思决定的能力为前提的，只有责任能力者的行为才发生违法性的问题。

我认为，客观的违法性论是有道理的。违法是与客观现实的法律秩序发生了矛盾，是对法律所保护的法益的侵害或威胁。② 因为实质的违法性标准是具体的、历史的、现实的国家秩序，所以，对违法性的评价也应当随着时代的变迁而发展变化。但是，违法性的判断建立在客观的基础之上，不依赖于行为人的主观能力。

规范确保的实现，是以对客观的行为事实进行评价为前提的，然后通过对行为的评价，确定其是否具有不法性，以引导国民形成合乎规范的、正当的意志。

24-4 规范重建：责任的确定

违法性（规范破坏）和责任（规范重建）必须对应，这是因为违法性和责任是规范的两个相互有关联的评价程序，违法性和责任的评价相符合，规范才不会产生内部矛盾。

设定关于法共同体的规范，其目的在于根据全体成员的共同意志，维持共同体的法秩序。法规范的内容是共同体的成员一般都能够遵守的规范（Können）。规范内容对于一般的共同体成员来讲，都能够接受，并作为当为命题的内容而被命令（Sollen）。规范的本质的性格就是这种当为命题。③ 作为命题必须有对象。因此，规范首先是面向一般的法共同体的成员（违法性），然后才是进一步面向具体的个别行为者（有责性）。违法非难指向共同体的一般成员，以使一般人的规范意识觉醒，实现刑罚的一般预防效果；责任非难指向具体的行为人，这是维护共同体规范的最后步骤。

---

① 李海东. 日本刑事法学者：上. 北京：法律出版社，1995：133.
② 对此，请参见李海东. 社会危害性与危险性：中德日刑法学的一个比较. 刑事法评论，1999（4）：79.
③ 野村稔. 刑法总论. 全理其，等译. 北京：法律出版社，2002：89.

规范破坏，指的是行为人对规范的信任发生动摇。规范重建，就是维持公众对规范的信任。规范重建的过程是：透过归责把行为人认定为是有罪责的，而施加刑罚于行为人来使公众确认对规范的信任，以此来稳定弱规范，恢复公众对规范的信任。

在责任阶段，规范违反说由于强调非现实世界与现实世界的分离，现实世界需要靠观念世界的转换才变得有意义，所以会承认规范责任论。在规范违反说看来，非难可能性这个概念本身并不包含价值评价，其在评价过程中，即在指向所想表征的对象时，才表现出价值。所以，非难可能性这个规范概念说明责任阶层是个评价阶层，规范责任论在今天被广泛接受，也符合规范违反说的基本思路。

今天的刑法在惩罚个人的同时，它威严的目光扫视的是普通大众。但是，刑法又不能将惩罚的触须伸向过于广泛的范围，所以，它的启动仍然必须以惩罚个人为出发点。将惩罚落实到个人头上，是为了具体地、情境化地证实冲击、突破法网的行为是不妥当的，规范值得遵守和维护，任何犯罪以及效仿犯罪的努力都不应当被肯定。

规范破坏者存在于一个颠倒的世界中，因为它否定社会共同性的前提条件。"社会把犯罪行动不是理解为自然，而是理解为反对"①，换言之，形式化的人格体的犯罪行为必须被理解为意义重大的东西——对社会的相反设计。

责任归属的根据是行为人缺乏对法的忠诚感。

> 只有当某人有资格对社会性的构造即法进行有约束力的判断时，他才可能是活动的刑法上的人格体，也就是说，才可能是行为人或者参与某一犯罪的人。很明显的是，这涉及刑法的责任概念……责任评价仅仅可能是对行为人没有考虑到规范进行评判，也就是说，对他缺乏忠诚进行评判。因此，责任是一种——在既遂的犯行中或者在某一犯行的未遂中外化的——法忠诚上的赤字，而各种心理事实，特别是故意和不法意识，只要他们能够显露出

---

① 雅科布斯. 现今的刑罚理论. 冯军，译//公法：第2卷. 北京：法律出版社，2000：391.

来，它们无非是存在这种赤字的各种指示器。①

所以，对各种心理事实的评价取决于各个社会的规范关联，心理事实是个人缺乏对法的忠诚的具体表现。

行为人是否具有责任，要求评价其是否具有违法性认识（规范性意识必要说）。

国民平均具有的信仰和情感的总和，构成了他们自身明确的生活体系，这就是社会成员的规范意识。

基于对生活利益概念的重视，对犯罪的成立，我们必须分析行为人对于法规范禁止某一实行行为的事实是否有认知。从这个意义上讲，犯罪中的违法性认识是需要的。②

违法性认识意味着对于行为的实质违法性的认识。行为的实质违法性指的是行为对法规所保护的法益的侵害性，它是法律之所以对该行为加以禁止的理由。实质违法性认识一般来讲就是法禁止的认识。对法禁止的认识不是说要求行为人一定要明确地认识到自己的行为为法律所禁止，而是只要求行为人认识到其行为可能为法律所不允许，甚至可以说法禁止认识等于行为人不需要特别的记忆力就可以随时浮现的不法认知（或然的不法意识形态）。因此，事实上，只要行为人认识其行为的实质违法性，我们就可以大致认定行为人具备了法禁止认识，因为生活在社会中的人大体上都会知道法律对于侵害社会生活利益的事情应该会有禁止的规定，虽然行为人并不知道这个禁止规定体现在哪个具体条文中，但是这一点并不妨碍法禁止认识的存在。③

规范意识是作为一个整体散布在整个社会范围内的，但这并不妨碍它具有自身的特质，也不妨碍它形成一种界限分明的实在。由于它是一种社会心理形式，

---

① 雅科布斯. 刑法教义学中的规范化理论. 冯军，译//现代刑事法治问题探索：第1卷. 北京：法律出版社，2004：77.
② 事实上，不管是故意犯罪还是过失犯罪，都涉及违法性意识的问题。只不过故意犯罪的行为人必须具备的是实际的违法性认识，而过失犯罪的行为人则仅具备潜在的违法性认识。例如，疏忽大意过失的行为人的违法性认识的方式是：如果行为人对于其行为实现犯罪构成要件的事实有正确的认识，那么其就会认识到其行为是违法或者可能违法的。
③ 黄荣坚. 刑法解题——关于不法意识及犯罪结构. 台大法学论丛，1991，21 (1).

所以，规范意识有自己的生存条件和发展模式。

国民的规范意识随着时代的更替，会有小的变化，但是其基本的方面会代代相传；虽然规范意识存在于个人的头脑中，并通过个人的行为表现出来，但它不同于单纯的个人意识。

个人是因为其行为所造成的结果而应受非难，还是其错误的意思使得该个人本身值得谴责，这并不是不言自明的问题。

人们一般赞同的是，责任是限制刑罚发动的栅栏。处罚个人，是因为其有危害行为，且依据该行为，刑罚以外的处罚措施明显地与行为的危害不相匹配。这样，刑法的运用也才是正当的，才是把人当人，而不是简单地将其作为促成、保全其他社会利益的手段。

责任主义要求无罪过则无刑罚，如同在近代民法中，任何人仅对其自己的行为及对其过失或懈怠所致的损害，负赔偿责任。正如耶林所说，"使人负损害赔偿责任的，不是因为有损害，而是因为有过失，其道理就如同化学上之原则，使蜡烛燃烧的，不是光，而是氧，一般的浅显明白"①。德国学者许乃曼指出，由于刑法是通过禁止规范的传达信息而发挥作用的，因此规范必须被人所知道，个人可以由此判断自己的行为是否逾越了规范的界限，故承认行为人个人与犯罪现象的心理联系，是刑罚的必要条件。在这一点上，贝林、李斯特和韦尔策尔都完全一样。②

不过，在今天，责任的轴心不再像康德和古典法律理论家所宣称的那样，是理性和对善恶的计算，而是对规范的违反。

霍布斯认为，一切罪行都是来源于理解上的某些缺陷、推理上的某些错误或是某种感情爆发。理解上的缺陷称为无知，推理上的缺陷则称为谬见。

在我看来，责任是未履行法律秩序中所要求的规范义务之非难可能性。责任上的非难，并不单纯地与法益侵害概念相一致，罪责概念的形成，是基于人类社

---

① 王泽鉴. 民法学说与判例研究：第 2 卷. 北京：中国政法大学出版社，1997：144 - 145.
② 许乃曼. 刑法上故意与罪责之客观化. 郑昆山，许玉秀，译. 政大法学评论，1994（50）：42.

会生活的"人格态度",这种态度的形成,与个人对于法律的认识、个人在发生法律上的交往时对法律的亲和或者拒斥紧密关联。所以,现代的责任概念是"文明"世界的产物。

个人作为受规制的实体,其对法律的认同感、适应性越强,其人格态度越值得嘉许;反之,就越值得谴责。所以,罪责的存续应当以行为人违抗法律规范的行为为最大限度,也就是说,应当以人类的内在意思决定原则作为责任概念形成的基础。行为人在一般的社会生活中,应当坚守社会中一般人认为正确的生存理念,尊崇一般的社会规范,在对客观事实作出伦理判断时,应当奉行诚实信用原则,择善而从。特定的行为人具有明确的作出意思决定的一般能力,具有对依情理而产生、具有正义性的规范的普遍存在可能性的认识,能够判断是非、弃恶扬善,但是竟然选择了破坏规范的行为,动摇了公众对法规范的信赖感,自然值得谴责。

责任的设问方式是:行为人要对错误的行为付出何种代价?规范应该对逾越界限的行为作出何种反应?因为责任的落脚点在于重建规范,即社会对偏离规范的行为,作出及时、妥当的反应。

第八章　通过规范的双向沟通

犯罪是罪犯试图以极端的方式与社会相沟通，从而显示规范的不值得尊重；刑罚则是社会试图以独特的方式与罪犯相沟通，从而彰显规范的正确性。错误的不是规范，而是行为人，违反规范的行为是不值一提的。[①]

罪犯与社会的沟通借助于危害行为；社会与罪犯的沟通借助于责任概念。[②]

25. 罪犯与社会的沟通

我们必须承认犯罪具有如下一种"事实性"特征：犯罪发生后，罪犯的尴尬

---

① 本章对"沟通"问题的讨论，明显受哈贝马斯的交往行为理论影响。为使大家都能接受和遵循某一共同的规范，哈贝马斯提出了"论证"原则，即让一切有关的人参加对规范的商谈与争论。商谈和争论的目标是共同寻求真理，获得大家共同认同的规范，并进而通过这些规范达到他们普遍接受和同意的结局（张传开，等. 西方哲学通论：下卷. 合肥：安徽大学出版社，2003：328.）。国家不厌其烦地和罪犯就规范影响力问题进行反复沟通和"论证"，其目标就是训练认同规范的人。

② 这里的沟通，和哈贝马斯理论中"交往行为"一词具有大致相同的意思。交往行为大致包括四重含义：（1）交往行为是两个以上的主体之间产生的涉及人与人关系的行为；（2）交往行为以符号或者语言为媒介，并通过这一媒介来协调，因而语言是交往的根本手段；（3）交往行为必须以社会规范作为自己的规则，这种规则是行之有效的并以一定的仪式巩固下来的行为规范；（4）交往的主要形式是对话，是通过对话以求达到人们之间的相互理解和一致，因此交往行为是以理解为目的的行为。

(embarrassmet) 和社会对罪犯的疏离（alienation）都是不可避免的。而且，这成了犯罪发生之后出现的普遍现象。尴尬是对正常接触状态的偏离，也是行动者对不大"自然"和不大舒服的互动情境的主观感受。在尴尬之中，原有的那种和谐连续的情境和秩序失去了平衡，行动者也失去了自我控制能力，总是显得如坐针毡，无所适从，他终于明白自己的行为失败了。尴尬和疏离之所以会产生，是因为行动者对行动的预期以及对情境的定义很不充分，行动者并未站在其他参与者的立场上对自身作出明确筹划，以至于不断遭到他者的冷遇，自己也无法接受自己。

25-1 利用犯罪行为向社会提出主张

犯罪始终与整个社会生活的规范条件有联系。社会中出现的生理障害和心理偏差，都是对生存秩序的危害，为了反抗这种状况，人们需要很多工具，刑法是其中的极端手段。通过对犯罪的认定和解释，人们抗拒残忍、死亡，从而将刑法作为维护生命尊严和生存秩序的艺术手段。

从自然的生理发展过程看，生命必须和衰落、退化、死亡作斗争。就人类群居的世界而言，个人及其群体都必须与厌倦生命、鄙视生命、财产以及由此生发的社会秩序的行为作斗争。所以，认定、解释犯罪并处罚犯罪的过程，就是判断哪些行为是"反自然"的终结生命和秩序的行为，确定其性质，从而找回人类生存的愿望。

基于一种悲剧意识的哲学观，我认为，由于多重复杂的原因的影响，社会时常或者说一直处于"病态"之中，社会中的人，自然就是"病态"的动物。对此，尼采指出：

> 没有疑问，人的确比其他任何动物都更多病、更动摇、更易变化、更不确定，人是一种病态的动物，他从何处来？当然，人有比其他所有的动物加在一起都更加敢作敢为、别出心裁、桀骜不驯，都更敢于向命运挑战。人，这用自己做试验的伟大的试验者，这永不知足、贪得无厌的动物，他和动物、和自然，和诸神争夺最后的统治权——人尚未被征服，人永远憧憬未

第八章 通过规范的双向沟通

来,他被他过剩的精力胁迫着,找不到片刻安宁,结果,他的未来就像马刺一样无情地扎在每种现实的肉体中……这么勇敢而又富有智慧的动物怎么不会也是地球上所有罹病的动物中患病的危险性最大,病史最长,病情最深重的动物呢?①

既然人的普遍的、全面的、恒久的病态是无可避免的现象,那么,我们就很容易看到,在社会中,存在着大量的失败者、颓废者、不幸者、自戕者,他们对生命有厌倦、疲倦、自我烦恼的感觉,继而对社会秩序有仇视或者蔑视的生命感觉。这样的社会是危险的社会,社会中的这种人是"危险的人"。当然,是不是有这些特殊感觉的人才是危险的,一般的人就不危险了呢?不是的。社会平均人处于一定的生活环境中,存在潜在的犯罪倾向,需要提防,他们也是危险的人。刑法客观主义将刑法的枪口对准社会中的"劳苦大众"——社会一般人,并不是一点道理都没有。

犯罪是显而易见的"病理性"事实。但是,犯罪只要没有超出特定社会类型所规定的界限,它就属于正常现象或规则现象;人格犯罪在某个时期急剧上升,超出了社会所规定的界限,就成为病态的社会现象,从而形成犯罪浪潮。犯罪是集体意识的产物,它的本质不在于个体之内的侵犯性倾向,而在于个体与集体类型之间的分歧,而且这种分歧本身就是公众赋予它的。因此,犯罪的意义存在于两个维度之中:一方面,犯罪是对集体情感的触犯,也是对集体意识的违抗,它跨出了集体意识所规定的特定界限。虽然犯罪在表面上触及的是某个个体或某个群体,但真正确定其特征的对象是集体意识;在这个意义上,犯罪是由集体意识的界限来规定的,集体意识也是通过能够对其自身存在产生否定作用的犯罪来呈现自身的。另一方面,犯罪始终与整个社会生活的基本条件有所联系,集体意识正是通过代表自身存在的某些机构对犯罪实施处罚,才加强了人们对集体意识的感知程度,证明其自身存在的牢固基础。在这个意义上,犯罪是有用的和有益的,它对社会整体的基本条件和需要来说具有一定的功能特征,而且这种功能也

---

① 尼采.论道德的谱系.周红,译.北京:生活·读书·新知三联书店,1992:97.

是通过集体意识的否定作用表现出来的。

犯罪会对社会习俗和集体意识构成威胁，也会对个体意识的道德因素产生瓦解作用。

首先，犯罪与社会中公众的集体规范意识相关涉。公众的集体规范意识是社会存在的基础，是社会的文化象征，它为社会本身赋予了主体地位，使社会摆脱了时间和空间的限制，成为具有自身特征和存在方式的生命现象。由公众的集体规范意识所框定的基本信仰和行为规范，对整个社会具有约束和强制作用。然而，由于社会不断处于变化之中，公众规范意识所规定的社会界限不断被突破，原有的集体行动目标可能不断被修正，个人欲望超出了规范所许可的界限，犯罪开始出现，使社会维系个人的规范纽带不断松弛，社会控制机制不断遭受冲击。所以，犯罪是罪犯与他曾经或明或暗地参与订立、同意接受的规范的对话。犯罪对公众集体规范意识的冲击，会使社会陷入道德冷淡（moral coldness）、道德平庸（moral mediocrity）和混乱的局面。

其次，犯罪是对社会的规范性整合机制的分解和破坏。在集体意识转变和社会结构转型时期，经济生活的非道德取向使普遍的公共生活产生了危机，造成了结构失调和功能紊乱。个人的物欲和情欲代替了社会，变成了行为目标，从而最终使社会的健康状况急剧恶化，道德秩序遭到破坏，行为规范失去了效力，整个社会出现了病态征兆。

最后，个体意识在犯罪问题上的重要角色。个体的发展是一个双向过程：一是个体化，即个体作为自主性主体，具有对自己的行为加以规划的能力；二是社会化，即社会通过规范化训练等手段，使个体具备自我规定和自我控制的道德实践能力。因此，在正常的社会状态中，社会与个体始终是相匹配的，社会为个体提供存在的基础，个体将社会纳入具体化的过程中。

犯罪这种失范行为意味着与集体规范意识相和谐的个体意识的缺失，意味着社会在个体意识上的不充分在场。换言之，个体丧失了自我规定和自我约束的属性，把社会抛在一边，只是在单一向度上寻求发展。由于个体存在于社会的控制之中，一旦社会"缺席"，个体内部的社会属性就会消失殆尽，社会的规范约束

机制就会被个体欲望所冲破，所以，犯罪使社会和个体之间的共同基础开始崩溃。

罪犯通过行为表达了自己对世界的特殊理解：按照现象学的观点，我们身处其中的、平常所讨论的世界，往往是以两种面目呈现出来的。一方面，我们可以把它看成是一个完整的、已构成的和理所当然的世界，在这个世界里，个人不会觉察到自己意识的意向作用，所有意向作用的意义都已有了构成形式，我只知道我所面对的是真实的客观意义世界。另一方面，人们在日常生活里最为关注的却是主观意义的世界，在这个世界里，我们所指涉的只是意识内在的构成过程，它始终位于自我意识之内。

舒茨认为：

> 如此一来，我所面对的就不再是一个完整的、已构成的世界，不再是一个只有此刻才被构成，并在自我的意识流中不断被更新的世界：这不是一个已构成的世界，而是在每一刹那生灭交替的世界——换言之，是一个不断生成的世界。正因为我借由反省得关照而觉察到了那些赋予意义的意向行为，所以，世界对我而言才是有意义的。而由于世界是不断被构成的，所以它不可能是完整的，它永远处于形成的过程中，指向我的意识生活之最基本的事实，指向我对自己实际生活过程的察觉，指向我的绵延（duration）。①

现象学对世界的这种意义分析为犯罪研究提供了一个很好的切入点。如果犯罪没有被纳入个体的行为及其对行动的意义解释过程中来，没有纳入个体对其经验的特殊态度中来，那么它无从得到体现。现象学着重强调了个体在行动中的动态的意义构成过程，它不仅是对原有意义世界的"采集"和"挑选"，同时也是对经验意义和自身态度的构成，也就是说，在个体的行动领域里，我们原来所谓的价值和意义被激活了，它们不再以外在的或割裂的形式孤立地存在着，而是被纳入了行动的意义构成过程，并在意义构成的过程中被不断构成。

---

① 舒茨. 社会世界的现象学. 卢岚兰，译. 台北：桂冠和久出版公司，1991：36.

对此，用雅科布斯的话来说就是：

> 规范破坏者实施了行为，不是因为他是人格体，而是因为他作为人格体没有发展地存在着，他只是形式的人格体。如果他的行动成为社会的真实性的一部分，那么，这种仅仅形式的人格体就完结了；因为仅仅形式的人格体不是由自己的力量组成的，它大多甚至是违背相关的个体的意志而存在的，它毋宁仅仅根据社会的定义而存在，只要社会是真实的。在这个限度内，可以说规范破坏者侵害他人并且作为人格体（！）同样侵害他自己[①]……

罪犯与社会的沟通，对社会的制度变迁而言始终具有双重影响：制度的反面启示作用常常要求根除失范或反常因素在分类图式中的合法地位，通过各种禁止性和否定性手段对失范现象的成员资格予以剥夺，利用各种权力策略将失范现象贬斥在现象有分类体系的边缘区域。相反，正面启示作用却常常通过稀释和溶解、妥协和调和的方式来包纳各种反面证据，培育制度特有的韧性和弹性；正面启示往往执行着两种策略：或者建立一种能够专门释放反常和紧张的虚拟制度通道，或者采用引诱、遮掩或忍让的方式将各种失范现象统统揽进现存的分类体系内，利用反常现象对制度或分类图式进行积极的改造和调整，使其变成能够对现存分类图式提供有效支持和补充的要素。这就是制度在稳定的和局部的变迁过程中所贯穿的逻辑。

25-2 故意与规范违反

故意，是行为人否定规范的积极人格态度。

社会是一种规范性联系，个人在社会中进行交往。根据这种观点，对故意犯就可以遵循这样的思路进行解释：

> 杀人所表现的社会性就不是损害受害者的肌肉或者消除他的意识，而是从行为中可以推知已经包含和客观化了的看法：躯体和意识不必作为一个人的因素受到尊重，而是可以作为无关紧要的环境来处理的。通过这个看法，

---

① 雅科布斯. 现今的刑罚理论. 冯军, 译//夏勇. 公法：第2卷. 北京：法律出版社, 2000: 392.

规范即人与人之间的规定就被否定了；犯罪因此是一种规范的否定或者，重新联系到犯罪人，是证实了对法律忠诚的缺乏。①

故意表明行为人欠缺对法律的忠诚态度，其法律效果是造成责任的承担。这是因为一个涉及社会规范的故意，对社会应该如何运作表达了与规范要求背道而驰的主张，使行为具有的沟通上的重要性，会提供一种法规范无法容忍的榜样力量，提供公众效仿改行为的机会，动摇人们对规范的信赖感，破坏社会生活的可估算性质。此时，用刑罚来反驳这种行为，以唤回公众对法秩序的信任是一种必须。

在所有的故意犯中，归责的重点不在于认识不法和认识结果的心理事实，而在于具备支配性的避免动机。换言之，当一个行为表现了行为人在法忠诚上的瑕疵时，他必然缺乏对规范加以尊重的意思，其就是有责任的，因此责任的产生是因为明显地欠缺对法律的忠诚，或者说是对法律的忠诚有瑕疵。不法行为是否负担责任，取决于其法忠诚感。

如此界定故意概念，是因为我们必须把犯罪理解成具有人格特质的现象，对故意责任的理解就必须是实质性的。例如，行为人对他人财物的故意毁坏，就不是一种像地震、水灾等自然现象摧毁财物一样的干扰，而是一种由一个人所造成的干扰，而这正是由行为具有沟通上的重要性来看的。因此，雅科布斯认为，归责和行为人的关系并不是单纯精神兼物理系统的伤痕关系，而是被理解成某种解释世界的主张，认为社会就是该这样运作。因此，把行为人当人看待的刑罚就是对行为人的世界构想的反驳：是一种认定，认定行为人用他自己的犯罪行为主张了不合规矩的事情。唯其如此，犯罪和刑罚才能理解为有因果关系，而不是两个"恶"相互作非理性的排列。②

25-3 规范论与过失犯

过失，是指行为人否定规范的消极人格态度。

---

① 雅科布斯.刑法保护什么：法益还是规范适用.王世洲，译.比较法研究，2004 (1).
② 雅科布斯.罪责原则 (Das Schuldprinzip).许玉秀，译.刑事法杂志，40 (2): 69.

过失犯与世界沟通的方式，与故意犯明显不同。

  M. E. 迈耶尔正确地强调指出，由于人与各种物打交道，特别是与各种机器等等打交道，也产生出一些特殊的行为规则，在共同生活中要求必须遵守它们，因此，它们就变成为法律义务。在多少玩忽职守的案件里，被违反的准则从根本上讲就是技术行为的一种规则；人们不妨想一想交通事故、企业工伤事故，等等。在这里，作案人的过失一般在于，他置这类产生于事物本质的、聪明的规则于不顾，不予遵守，比如在停车库抽烟，等等。①

  在过失行为上，涉及的是一个"社会难以容忍"程度的疏忽，而不只是一个根据行为人个人的状况可能产生的疏忽。因此，对于这种行为，一般性的标准必须被维持，因为这一点无法在个人的遗憾中被看出来，即使行为人对后果感到后悔，也往往于事无补，而只能在社会的公共谴责中才能表现出对一般性标准的维持。换言之，风险的标准应当在"客观上"被建立起来，而不以行为人的事后痛苦感觉为转移。

  对过失行为，如果没有刑罚，就会造成规范只有选择性地被学习和被使用的危险，亦即规范可能就只有在当行为人的行为会对自己产生一个如自然罚的不利后果时，才会有被学习和运用的可能。由于并不是每个行为人都会因为错误行为而有损他人，而同时自己受害或如同自己受害一样感到痛苦，所以，对此有必要采取防范措施，使行为所产生的害处在不会威胁到自己的时候，也能使对规范的没有兴趣不致扩展。所以，在有可避免的事实错误时，归责和刑罚可以保障标准（standard），并防止他人选择性地学习。② 当然，此时行为人的归责应当限定在其"可以依计划避免的结果"的范围内，对于难以预料的结果，行为人不必承担责任。

25-4 规范论与共犯

  我国刑法学上的通说认为，一个有责任能力的人教唆一个幼年人实施危害行

---

① H. 科殷. 法哲学. 林荣远，译. 北京：华夏出版社，2002：148.
② 雅科布斯. 罪责原则（Das Schuldprinzip）. 许玉秀，译. 刑事法杂志，40（2）：62.

为的，应当根据间接正犯的理论对教唆者以实行犯论处，被教唆者不构成犯罪，不作为共同犯罪处理。① 但是，在被利用者具有规范意识，能够形成规范障碍（反对动机），也表现出否定规范的人格时，即使被利用者是未成年人，利用者也是教唆犯。例如，A 指使 13 岁的 B 强奸 C，B 已经具有高度的规范自觉性，明知强奸行为违反规范，完全可以不按照利用者的意思实施行为，却遵从了 A 的指使，A 是强奸罪的教唆犯，而不是间接正犯。

25-5 辩护机制

辩护机制是罪犯与社会就犯罪事实所作的最后沟通，它的存在使国家对罪犯的惩罚建立在罪犯"同意"的基础上，使刑法成为罪犯"内心"的法，从而为国家的惩罚提供罪犯所认可的合法性。此外，由于法院的客观、超然和中立性，使得法院在罪犯与由检察机关所代表的国家的冲突中，能够以特殊的角色出现。正是通过法院这样的"权力装置"，国家巧妙地化解了来自其对手的挑战而获得了统治的合法性。专业化、职能化的法律惩罚，使权力运作更为灵敏、精巧、迂回、隐蔽和省力。它通过体现科学和真理的法律知识隐蔽地实现了统治者的意图；它通过公开审判无形中实现了国家的法律符号权力的支配；它通过公诉、辩护制度实现了一种迂回的、同意的惩罚。

26. 社会与罪犯的沟通

涂尔干式的传统社会学以这样的方式提问：一个社会是如何把不同的个人维系在一起的？建立在个人之间的符号沟通和情感沟通的形式是怎样的？福柯的兴趣所在是一个多少与之相反的问题，或者说是一个对同一问题的相反提法，亦即社会是通过什么样的排除系统和把谁排除在外、通过制造什么样的分界以及通过什么样的否定和拒斥的游戏才能开始运作的？而由于现代社会是一个理性化的世界、一个各种"真理"的"统治体"（regime）、一种权力/知识的复合，故社会

---

① 高铭暄，马克昌. 刑法学. 北京：北京大学出版社，高等教育出版社，2000：167.

与个人的关系转化为权力/知识与知识的对象的关系。福柯的出发点不是社会而是个人，且是处于社会边缘或者被边缘化的个人；他所关心的不是个人应该为社会的"真理"和"禁令"付出什么代价，而是社会如何在"真理"和"禁令"的名义下让个人付出这些代价的。

社会生活是边缘的、越轨的、不同的因素与主流的、正常的和为社会所认同的因素之间的斗争，从这种斗争中产生的态度导致了各种戒律性和禁闭性制度的形成，后者构成了知识的一部分。关于罪犯、监狱和刑法的产生也可以从这样的角度出发进行理解。犯罪并不是纯粹的生理学或生物学现象，而是由特定的社会文化实践所产生或者规定的。在社会中必定存在着某种结构、相应的规范和价值，它们把罪犯与正常人分割开来，并使前者成为处于社会边缘的个体，监狱制度就构成了一种社会"空间"，一种被划分为中心与边缘的结构性社会空间。①社会与个人的沟通，就是在这种特殊背景下进行的。

26-1 规范认同感的培植

社会首要的任务是配置具有规范认同感的个人。但是，当社会的目标无法在个体身上实现，而出现对个人的失望时，社会就可能会排斥个人，对其施加刑罚惩罚。

雷丁曾经指出："原始住民对生存斗争中的不确定性怀有深深的恐惧。"② 其实，岂止是原始住民有着这种恐惧感，生活在现代社会中的人仍然有着同样的感觉。如果人们对行为的可预测性毫无把握，这种感觉就会明显地加剧。行为的偶然性是一种在人的生存斗争的成败中起着极其重要作用的要素，结果的出乎意料是绝对的，人们无法循此对生活整体中的许许多多的未知事物进行控制，这些东西永远导致了一种精神上的严重不安，人们为此而痛苦，渴望能够通过现实行为对不确定性进行控制，并由此获得安全感，或者他们渴望在意识层面上对可能来临的事物有所认知。对某一种行为是否受到犯罪评价，如果在规范的层面不加以

---

① 按照福柯的说法，在这些东西自身中又产生了抵抗和异化，其结果是监狱成为罪犯的制造厂。
② Paul Radin. *Primitive Religion*, *Its Nature and Origin*. Hamilton, London：1938，p. 23.

确认，人们自然会无所适从，人们对生活的把握能力就会降低。普通公众和罪犯都无法准确判断自己的行为，刑法的威慑机能和惩治机能都无从实现。所以，明确刑法规范的存在，是社会与可能成为罪犯的个别人事先进行沟通的基本方式。

> 法律需要有一个一般的前言——一种规劝，以尊重在合适的制度中应该受到尊重的各种人……一般的规劝最终就在于证明善的生活比恶的生活更令人快乐。①

规范对个人生活有引导作用，对国家成文法的制定有指导意义；恰当的成文法反过来又可以强化公众的规范感觉。所以，这里存在一个辩证关系。

国家通过制定刑法来对公民的行为进行引导，使之作出远离犯罪的意思决定。所以，有一套较为完善的刑法规范是比较重要的。追求刑法的绝对完善是极其困难的，刑法立法必须遵循哈耶克所倡导的进化理性的要求，因为要找到一个能够发现适合于各个民族的最好的社会规则、能够洞察人类的全部感情而又不受任何感情所支配的最高的智慧的立法者几乎不可能，所以，卢梭说："要为人类制订法律，简直需要神明。"②

但是，这不是说，我们在惩罚规范建构方面就毫无作为。在现代各国刑法中，都建构了法律化的犯罪构成。犯罪构成的法律表现具有以下特征：一是法定性。作为犯罪构成的立法，是在法律条文中表现出来的，法定性是其首要特征，无论这种立法是否科学，均具有法律效力，在法律的有效范围内必须一体遵行。二是类型性。将现实发生的所有应该用刑罚加以惩罚的行为全部在刑法中予以规定是不可能的，它只能规定值得用刑罚谴责的行为类型，因而作为被规定的犯罪，类型性是其重要特点。三是形式性。在类型性的犯罪规定中，由于类型的抽象性质，就不可避免地会出现符合某种类型的行为在本质上不符合犯罪要求的情况，因而，法律的犯罪构成具有形式性的特点。正是这种特点，才有必要在刑法

---

① 列奥·施特劳斯，约瑟夫·克罗波西. 政治哲学史：上. 李天然，等译. 石家庄：河北人民出版社，1993：82.
② 卢梭. 社会契约论. 何兆武，译. 北京：商务印书馆，1982：53.

中设定排除犯罪性行为。法律犯罪构成的特点，决定其主要功能在于认定犯罪。[1]

这些主要由国家掌管和宣布的刑法作为规范显示出其十分明显的权力效果。关于犯罪的所有知识由法官代表国家进行解释，这种解释也意味着一种规范的产生和强化。"罪与非罪""此罪与彼罪"以及刑法中关于罪名和惩罚的知识都意味着一种合理的、科学的分类体系，它以一种不自觉的、不加反思的方式构成了人们思维的一部分，从而构成了直接支配行动的"看不见的权力"，即"符号暴力"或"惯习"。也正是在这个意义上，国家才十分重视在利用刑法成立个案、与罪犯进行沟通的同时，与社会公众进行广泛的沟通。刑法知识的传播和扩散、法律意识的培养就成为国家推动的大规模"普法"运动所追求的权力效果。

在一个国家，惩罚规范的制定当然是重要的。但是，仅有正义的法律并不能满足社会治理的要求，也不能完整地体现社会公正。公众对法规范的认同、遵守、维护也是实现社会整体正义的重要一环。

那么，在社会中，就必须确立这样的观念：由规范所确立的法网不能被冲破，任何触犯刑法的行为都是错的，不能以任何方式加以肯定。所以，对犯罪的否定，对规范有效性的维护，是社会与罪犯进行沟通的基本方式之一。对此，亚里士多德早就指出：一切合法的事情在某种意义上都是公正的，因为合法是由立法者规定，所以，我们应该说每一规定都是公正的。由于法律是以合乎德性的以及其他类似的方式体现了全体的共同利益，而不只是统治者的利益，那么公正就是给予和维护幸福。守法的人和均等的人是公正的，公正不是德性的一个部分，而是整个德性。相反，一个违犯法律的人被认为是不公正的，不公正不是邪恶的一个部分，而是整个邪恶。[2]

26-2 规范违反与否的判断

社会与罪犯沟通过程的重要环节就是：确立责任，并赋予刑罚。责任的本质在于对规范的破坏，责任与刑罚的落实之间性质相同。

---

[1] 李洁. 法律的犯罪构成与犯罪构成理论. 法学研究, 1999 (5).
[2] 亚里士多德. 尼各马科伦理学. 苗力田, 译. 北京：中国社会科学出版社, 1990：89.

26-2-1 "好"与"坏"的判断

罪行这种"恶行"总是通过和善行相比较而被加以鉴别的,反过来,善行也因为罪行而被凸显。心理学家总是倾向于认为,善行是一种不自私的行为,是一种好的行为。关于"好"的观念和判断的起源问题,心理学家通常提出的解释是:不自私的行为最初得到受益者的赞许,被称为"好",后来这种赞许的起源被遗忘了,不自私的行为总是习惯地被当作好的来称赞,因此也就干脆被当作好的来感受。对其他的善行的态度也是如此这般地形成的。所有的善行都被看作是迄今为止一直被证明是有益的,或者被看作是自身有价值的、最高等级的效用。

善行值得赞许,而犯罪是受到鄙视的行为,这样看待善行观念的起源是否准确呢?尼采对此指出,"好"这个词从一开始就没有必要和"不自私"的行为相联系,那是道德谱系学家的偏见,他们的理论是在错误的地方寻找和确定"好"的概念和起源,因为这样的观念忽视了实际存在的上等人和下等人之间的对立,直接决定了行为评价标准的事实。

"好"的判断不是来源于那些得益于"善行"的人!其实它是起源于那些"好人"自己,也就是说那些高贵的、有力的、上层的、高尚的人们判定他们自己和他们的行为是好的,意即他们感觉并且确定他们自己和他们的行为是上等的,用以对立于所有低下的、卑贱的、平庸的和粗俗的。从这种保持距离的狂热中他们才取得了创造价值、并且给价值命名的权利……高尚和维持距离的狂热,就是我们说过的上等的、统治艺术的那种持久的、主导的整体和基本感觉,与一种低下的艺术、一个"下人"的关系——这就是"好"和"坏"对立的起源。①

按照这样的思维线索,我们可以发现:犯罪的"坏",总是和善行的"好"相对应的。同时,在这里要注意概念的转化和对应:好——高贵——精神高贵——精神特权之间直接关联;而坏(schlecht)——简朴(schlicht)——坏的

---

① 尼采.论道德的谱系.周红,译.北京:生活·读书·新知三联书店,1992:12.

方式（schlechtweg）具有通约性。就这样，"坏"这个字，将普通人置于高尚者的对立面，这也就是刑法领域关于坏（罪）和好（善行、非罪）的观念的起源的真相。

刑法领域中"好"和"坏"的观念在很早以前产生以后，又被不同的力量所强化：

其一，精神高贵者试图想尽一切办法维持自己的物质和精神地位，这样就必须继续坚持有固定模式的犯罪评价观念和标准。

其二，一般来说，地位低下的普通人都倾向于符合高贵者的价值观念，修正自己对行为善恶的评价态度，这样使得已经形成的好坏标准被更进一步地得到强化。

其三，有一些地位低下者基于对高贵者的仇视，视之为"恶人"，可能在内心里对以往的善恶标准有强烈的抵触情绪，这样，似乎他们的存在会使这些标准的行为评价和规制力量被削弱。但是，事实真相恰恰相反：地位低下者总是想使自己和那些高贵的"恶人"有区别，所以，一直祈使自己做"好人"，不要向那些恶人那样，利用自己的权势或者强力去侵占、伤害他人，不进攻、不求报答，隐蔽自己，避开一切罪恶，有这样的忍耐力、谦恭性、正义感的人都是好人。由此而来的结果是，这些人的行为，他们的全部举动，唯一的、自愿的、必然的、不可替代的选择就是选择被强者认同的善行。这些仇视强者（恶人）的人，最终的行为恰恰与"恶人"的价值标准又相暗合，这实在是一件不可思议的事情。

至于犯罪者，只不过是以自己触犯法网的行为证明这种价值观的正确性，成为维持规范有效性的重要力量。每一次犯罪都不是使法网被撕得更开，而是使本来就绷得很紧的法律神经更加有黏合力，法网由此被织得更加严密。

26-2-2　认识错误的处理

在任何时候，要求个人承担责任都必须考虑以下条件：（1）当今文明社会的特征是一切都是可以被控制的，因此失去对世界的控制也就是没有满足文明社会的期待，应该予以归责；文明社会的期待透过规范来表达，犯罪就是对这种期待提出不同的主张，而刑罚就是针对这种与社会期待不相符合的主张予以反驳。

（2）因为文明社会中的一切都是可以被控制的、可估算的，如果不能控制是无法避免的，那么就没有人应该被归责。行为的避免可能性就是责任的要素。如果行为人无可避免地不能认识行为结果——认识错误，行为人并没有表现出和社会其他成员对世界不同的看法，也就是不必对他的表现进行回应，不必予以归责。认识错误的避免可能性是个别确定的，是一个个人是否能避免，而不是一个角色所有人能否避免的问题；认识错误的避免可能性涉及行为人的心理发展状况，例如行为人是未成年或者精神病人。（3）对过错的归责，是对意欲错误的归责。归责的重点不在于认识不法和认识结果这种心理事实，而在于不具有支配性的避免动机——避免法益受到侵害的动机，这反映出行为人欠缺遵守法律的意愿，也就是欠缺对规范的忠诚。

个人在与社会的沟通过程中，会有认识错误；反过来，社会要与个人进行有效果的沟通，就必须妥善处理认识错误问题。

任何一个行为都是在"知"和"欲"的支配下实施的。行为的认识是指一个能够看到规范并遵守规范的心理能力，它涉及认知能力，也就是"知"的问题；在此层面，行为所发生的瑕疵就是"认识错误"，包括事实认识错误（构成要件错误）和规范认识错误（禁止错误）两种。

对事实的认识错误是指行为人对现存的事实状况——即对外在世界的发展程度和运作有所误解，从而不知道自己行为所造成的后果。

在出现规范认识错误的场合，从法规范的角度来看，有"行为人对法的态度"与"法律所要求的态度"不一致的问题，但并没有主观认知和客观事实不一致的问题。

对事实认识错误减免责任，其理由在于：愈是让自己不去关心规范的人，愈是表现出对规范的不忠诚，罪孽越重；对规范的不忠诚如果是出于非典型的失误，则罪孽越轻，越是欠缺必要的认识，罪孽越少。

事实认识错误，缺乏沟通上的重要性。对行为的认识错误是在行为人不认识自己所造成的后果的情况下与外在世界的运作发生关系的。这种举止，对于一个依目的理性和外在世界来往的社会而言，不是有用的范例，欠缺榜样的作用，不

会被他人所学习,所以不具有沟通上的重要性(Kommunikative Relevanz),不会使"文明"世界的"可估算性"丧失。① 因为就个人来讲,会对人产生影响的真正的关键在于人的想法、评价,而能产生想法、价值的前提在于人要能理解其意义;就社会来说,影响人的前提是人与人之间相互了解。这种"人与人之间的相互了解"就是沟通。那么,沟通上的重要性就是社会理解和社会影响的重要性,即某一行为被公众效仿的可能性。而事实认识错误欠缺发挥榜样作用的特质,因此不会影响别人,从而不会动摇公众对法秩序的信任,不会破坏社会生活的可估算性。

这种行为导致行为人的罪责负担解除:不可避免的认识错误无罪,可避免的认识错误成立过失。② 如此区别对待的理由在于:社会的"世界观"决定什么情况下应该归责。如果将不可避免的错误而生的结果归责于行为人,则世界是"可估量的"这一基本的价值观就会动摇。这样的归责反而会使刑罚功能发生障碍。

对规范的认识错误会解除负担,这应当从风险分担的角度来加以解释,而不应当从"认识法律是遵守法律的前提"这样的角度来解释。

规范错误即是行为人对规范没有认识,行为人辜负了社会要求他认识规范的期待。那么,认识规范究竟是认识什么?是规范的实际内容,还是规范的客观存在性质?这是一个歧见纷纭的问题。

一般我们会认为,对规范的认识是对法律的"内容"有所认识,这种观点过于狭隘。

事实上,对法律的认识,只需要认识规范的有效性、客观存在性可变性即可,并不要求认识法律的具体内容。规范在这里具有实证性。"实证性"是所有规范正当化(Legitimieren)的依据。而所谓对法律的"认识"指的是对法律实证性以及可变动性(Veränderbarkeit)的认识。雅科布斯认为,只有回溯到实证

---

① 雅科布斯. 罪责原则(Das Schuldprinzip). 许玉秀,译. 刑事法杂志,40(2):64.
② 这种认识错误可能有承担自然罚的危险,例如车祸制造者本身会受伤;或者别人的痛苦对行为人而言并不是无所谓的,所以行为人可以原谅。雅科布斯. 罪责原则(Das Schuldprinzip). 许玉秀,译. 刑事法杂志,40(2):54.

第八章 通过规范的双向沟通

性,才能保护规范免于一切对规范正当性（Legitimität）的攻击,而如果没有这层保护的话,一个多元化的社会可能将无法运作。由此,雅科布斯指出,忠实于法律的态度,不能再被理解为一种具有特定内涵的态度,而只是一种承认法律具有实证性的态度。而认识规范不表示接受其内涵是正确的,只要认识到抵触规范对一度存在的社会秩序是一种干扰就足够了。①

所以,只要一个人生活在社会中,基本上都已经认识了规范的实证性,也因此使得本来对规范的具体内容不认识（不管是可避免还是不可避免）的人,也都对规范（有效性）有认识了,既然认识了规范,那么,也就具有了遵守规范的能力,即使在其不能认识规范的具体内容时,也不能因此排除其罪责。

在对规范内容的不认识是可避免的时候,不排除行为人的责任,意味着是由行为人承担这个风险的,因为基于在一个自我形成的市民社会中,对行动自由的奖励,使人们有义务让自己认识法律（的内容）。特别是对传统经济形态的抛弃,以及由此所形成的在某种程度匿名的接触中对安全的需求,使得对方可能对他的刑法义务有错误这种风险变得无法忍受,因此这种犯错误的人本身必须承担这个风险。而当不认识是不可避免的时候,排除行为人的责任,则意味着此时不再是由行为人承担不认识的风险,而是由社会承担。②

26-2-3 成文法解释与刑法规范的强化

人将语言当作真实的建构,透过语言的媒介,使人类控制世界。世界是透过语词的滤网被过滤的,在这个意义下,人们也在叙述一个"被词语化的世界"。法律也是一个世界,或者我们可以说:当法律被使用,被实现,往往连接两个世界——与法有关联的生活世界,这种日常真实的世界与一个以应然规范为内容的法律世界。透过法律的实现,使应然与实然相连接。

制定法,正是由于其规范的与普遍的特性,经由制定法之拘束,而确保自由;制定法凭借限制个人的恣意,而使普遍的自由成为可能。自由与自由的限制

---

① 雅科布斯.罪责原则（Das Schuldprinzip）.许玉秀,译.刑事法杂志,1996,40（2）:59.
② 雅科布斯.罪责原则（Das Schuldprinzip）.许玉秀,译.刑事法杂志,1996,40（2）:58.

这个构造，在康德的定义中表达得最好：法律，是使个人恣意与他人恣意，依据有关自由的普遍制定法，得以互相共同一致的条件整体，或者是法律是防止自由的障碍。①

我们可以把认定犯罪的过程视为在制定法指导下寻求社会"真理"的过程，充分认识对犯罪事实进行"构成"的过程性②，在社会与罪犯的双向沟通机制中，解释刑法以确保规范认同是比较重要的。

无论采取哪种研究路径，解释刑法都是刑法学的基本任务，因为法律之解释是法律规范学的使命，也是达到探求法之哲学性和法之现象性的目的之手段。

第一，成文法具有普遍性和抽象性，而缺乏具体性和特殊性，因而，成了不完全的法；习惯法则在特殊性和具体性中包含着普遍性和抽象性，所以，只有解释法律，才能从具体和特殊中抽出普遍性而综合之，和使成文法具有特殊性和具体性——由不完全的法律成为完全的法律；

第二，法文或判例只是客观法则的形式之形式。客观法则和法文或判例间的二重形式性，使法文或判例常和客观法则间包容着最大限度的不一致，极尽矛盾之能事。因而，需要解释法律，才能使二重的形式性变为单一的形式性，使法律和社会现实间的矛盾或不一致缩减到无可再缩的地步；

第三，法律语言不外乎法律术语、日常用语和其他科学中的用语三种，并常在微妙中发生变化，只有通过解释，才能使法律学上的特定术语具有特定的时空中应有的内容，使日常生活上的用语具有法律学上应有的内容，使其他科学上的用语成为法律学上的用语；

法律解释是使不具体的成为具体的，使不普遍的成为普遍的，使不确定的成为确定的。因而，解释的过程就是使不完全不确定成为完全成为确定的过程，是一种创造的过程，创造普遍的具体的而且妥当的国家规范的过程。所以，解释法律就是创造法律。同时，解释法律的过程是发现成文法或判例法的文字内容含义

---

① 考夫曼. 法律哲学. 刘幸义，等译. 台北：五南图书出版公司，2000：149.
② 周光权. 行为评价机制与犯罪成立——对犯罪构成理论的扩展性思考. 法学研究，2000（3）.

的过程，发现法律本质的过程，也是把法律本质作标准或根据，据以确定或修正法条文义或判例用语含义的过程。

但法律解释并不是追求立法者立法时的原意（立法者意思说），也不是探寻法律自身所包含的意思（法律意思说、规范意思说），因为具体的社会是变动不居的，从而，法律的具体的本质也是变动不居的，即使探明了立法者立法时或法律自身的含义，也只是把握住了立法时法律之具体本质，绝不是解释时的法律客观上应有的具体的本质。刑法解释的目的，在于求法文和客观的实际间的呼应或同一，解释的终局是使推论而得的意思和社会现实相适合。并且这种意思是客观的，不是主观的；是具体的，不是抽象的；是发展的，不是不变的；是动的，不是静的。解释的作用在于发现和社会现实相适合的法律。解释的目的在于使法律和社会间的矛盾或不一致缩减到无可再缩、无可再减的程度。

通过对刑法的解释和适用，国家在与罪犯沟通的同时，其实已经较为成功地实现了其与社会公众的沟通。"为权利而斗争"是塑造现代主体的一种重要的自我技术。[1] 国家与公众以一种非常隐蔽的方式结合在一起。辩护机制、对话机制、交往理论在犯罪评价过程的作用的发挥，使得公众被引导加入对犯罪成立与否以及惩罚量的大小的讨论之中，当然在此过程中，新闻媒体的作用不可小视。通过社会公众对犯罪的交互讨论，国家得以将更多的惩罚目光从具体的侵害事件转向侵害事件所产生的社会效果，在这里国家关心的主要不再是侵害本身，而是侵害可能影响的社会秩序。公众对犯罪的反复讨论和对惩罚的认可，使国家能够理直气壮地宣称：犯罪之所以受到惩罚主要的原因并不是主观上的过错，而是行为对其他人的社会生活秩序有害、对规范的值得信赖性质和有效性有破坏作用。

26-2-4 程序与规范的实现

社会与罪犯的沟通，往往以规范意义被重塑，责任被确定，惩罚的旗帜得到高扬为终结。惩罚技术成为一种程序性技术，它必须在一套严格的程序中才能实现对犯罪人的思想与行为的重新组合。对此，卢曼指出：

---

[1] 赵晓力. 民法传统经典文本中"人"的观念. 北大法律评论, 1999, 1 (1).

在具有强制权限的社会制度的合法化决定于受强制者的赞同和认可之前提下,以及在这种条件下强制制度的法形式优于没有法制度之前提下,要考虑的是,优越的、以赞同为基础的强制制度怎样更接近地得以实现。对此的回答是:借助学习能力和系统结构的决定程序,因为只有程序才可能使决定结果得到完全认可,而无须要对"个别情况中正确的东西"达成一般的赞同。①

在犯罪本体理论中,行为无价值论与国家司法操作的流程是暗合的:结果无价值论是一种"逆推理型"的思考方式,其着眼点是有何种实际的损害后果(法益侵害)发生,再倒过来看行为人的行为形态、犯罪动机等要素。行为无价值论是根据事态发展的实际过程来对犯罪作探索:行为人基于何种意图,实施何种违反社会伦理规范和法规范的行为,从而侵害法益。这样的思考方法带来司法上的便利。例如,对于行为者掏枪对准对面的人和狗开枪的场合,必须先讨论行为人的动机、意图是什么,其行为究竟有杀人的危险性,还是损害财物的危险性,这是一种"从被告人的口供出发启动司法程序"的务实做法。在这个意义上,客观的、实质的违法论与国家权力的运作机制保持了高度的同一性。

从社会的角度出发,规范意识的形成,确保规范的有效性,必须注意程序法的意义。现代刑事诉讼制度,是为了保护规范的有效性,而不是单纯为了保护法益而设置的。

在 18 世纪末的惩罚实践中,法官提出和使用证据的方法经常招致批评。当时,人们把证据区分为法定证据和司法证据,并评定了证据等级,这些证据在质和量上都进行了加权计算,有完整的证据和不完整的证据、充分证据和半充分证据、完全证据和半证据、行迹和副证的区别。要确定某人有罪,就必须把所有这些证明的要素组合起来,使其达到证据的某个量,法官从对这些证据的计算出发进行判决。在这个时期,司法实践并不赞成这样的判断:为了确定惩罚,就必须

---

① 奥特弗利德·赫费. 政治的正义性——法和国家的批判哲学之基础. 庞学铨,李张林,译. 上海:上海译文出版社,1998:148.

有一个充分的、完全的、完整的证据。法官实际上遵守这样的原则：如果证据加起来的结果不够人们可以进行完全处罚的最低限度，如果这个加法以某种方式悬而未决，如果人们仅仅只有四分之三的证据，加起来不到一个充分证据，这并不意味着不应当进行惩罚，四分之三的证据，四分之三的惩罚；一半证据，一半惩罚。某种程度的证明足以导致某种程度的惩罚。换言之，人不可能被怀疑而不受惩罚。这种诉讼做法可能对保护法益是有效的，即只要法益被侵害的事实首先被确定，行为人的犯罪嫌疑又不被充分地加以排除，就确定其有罪，由此对被侵害的利益给予保护。但是，这样的做法会带来很多问题，尤其会使公众对刑法运用的妥当性产生怀疑，所以，这种关于真实性的诉讼程序在18世纪末的改革主义者如伏尔泰、贝卡里亚那里遭到了激烈批评。

这样一来，在18世纪末期，刑事诉讼中的内心确信的证据制度开始被确定。内心确信不是在对罪犯判刑时不使用证据，而是为了告别法定证据制度，告别证明的算术体系。

内心确信原则对于塑造国民的规范意识、证实规范的有效性具有保障作用：

一方面，法官只有在内心确信形成之后（而不是仅仅怀疑罪行成立的情况下）才能对罪犯判刑。一个刑罚，无论其多么轻，只要被指控犯罪的证据没有全部、完整、彻底、充分地得到确认，都不能由法官宣告。不完整的证据不能导致部分的刑罚，证明和惩罚之间的比例关系不再存在。这样的诉讼做法，容易得到公众的认同。

另一方面，人们承认证明成立所依据的标准不是有效证据的规范标准，而是确信：任意一个主体，即不同主体的确信。只要他是进行思考的个人，只要他可以认识并接受真实。也就是说，通过内心确信原则，我们从烦琐的算术式古典证据制度，过渡到对于设想为一般的主体来说具有真实性的普遍的、匿名的体制。"刑罚用以惩罚那些……根据刑法的基本目的及健全公众情感应予以惩罚的人"[①]。

---

① J·M·凯利. 西方法律思想简史. 王笑红, 译. 北京：法律出版社, 2002：342.

第九章　中国社会的犯罪与规范违反说

从规范论的角度入手,强调培植公众的规范认同感,利用规范违反说认定犯罪,是控制犯罪的重要方略。

27. 一般性描述

在传统社会中,中国人将与自己交往的人按亲疏远近分成几个向外扩散的圆圈,形成一个"差序格局",社会秩序就是私人关系的增加与放大。在这种格局中,没有明确的标准界定各种关系,个人、家庭、社会和国家浑然一体,群己界限模糊不清。① 人们在社会生活中主要采用的是以交往经验为基础的(process-based)以及以个人特性为基础的(characteristic-based)信任建构方式,很少采用以制度为基础的(institutionally-based)建构方式。② 这样的结果是人们在制度化的规范意识方面有所缺乏,喜欢就事论事,按照"熟人"社会的方法处理问题,"具体问题具体分析",因人而异。许多人漠视规范、不知规范、不愿意知道

---

① 费孝通. 乡土中国. 北京:生活·读书·新知三联书店,1985:21.
② 杨中芳,彭泗清. 中国人际关系的概念化:一个人际关系的观点. 社会学研究,1999(2).

规范。所以，中国始终面临一个比较突出的问题——培植公众的规范信赖感。因为"在具有民主政治和市场经济结构的现代国家，法治秩序必然建立在与公民内在自觉得、普遍有效的合理性意识相吻合的基础上"①。

27-1 规范认同不是甘受暴力

公众对行为规范的认同，可以看作是成文刑法适用的固有渊源（承认理论）。柏拉图很早就说过，法律的功能之一就是要赢得一定程度的赞同，而不总是为武力威胁所强制。② 按照比尔林的说法：

> 一般而言，法学意义上的法，就是在某一个共同体里面一起生活的人们相互承认为共同生活的准则和规则的一切东西。在这个概念界定里面，道出3个事实真相：1. 一切法的目的是人对人的一种特定的、外在的行为举止。2. 达到所提到过的、法唯独存在于其中的目的的手段是一些针对人的意志的准则或者绝对命令。3. 法的准则同一切其他方式的准则的区别在于——而且仅仅在于——，它们由于具有预先想好的目的界定，也就是说，作为外在的行为举止的准则和规则，在某一个特定的人的圈子里被承认③……

所以，我们有必要明确：

> 并非仅仅是统治者的权力和政治权威——因而也是他的决定——构成法的适用的基石；毋宁说，全部法的服从者接受它是有约束力的，这种情况才是起决定性作用的。④

在刑法领域强调规范的重要性，确立公众对法规范的忠诚感⑤，许多人马上

---

① 袁祖社. 权力与自由：市民社会的人类学考察. 北京：中国社会科学出版社，2003：356.
② 西塞罗. 国家篇 法律篇. 沈叔平，译. 北京：商务印书馆，1999：190.
③ 科殷. 法哲学. 林荣远，译. 北京：华夏出版社，2002：188.
④ 科殷. 法哲学. 林荣远，译. 北京：华夏出版社，2002：188.
⑤ 如果像日本学者一般理解的那样，将规范违反说中的"规范"界定为"社会伦理规范"，那么，由于中国社会是一个非常重视人伦的社会，坚持规范违反说，的确可能导致"国家用牺牲个人自由权利的手段来维持伦理秩序，使人承担维持伦理秩序的任务，成为维持伦理秩序的手段"（张明楷. 法益初论. 北京：中国政法大学出版社，2000：321-322）。但是，如果将规范界定为在共同体内形成的、得到国家认可的行为规范，对坚持规范违反说会强化人伦秩序的担忧就可以大大降低了。

就会习惯性地将刑法和暴力形象相联系,像斯蒂芬所说的那样,把刑法视作"社会可以为任何目的而使用的最粗野的引擎"①。这是极其简单化的做法,但是又并非与中国人的生活经验毫无关系。

在漫长的中国前现代社会中,从总体上讲,人们生活在恐惧之中。人们的自我保护(包括对名誉、人身、财产的保护)能力极低,对变化无常、尚未驯服的自然无可奈何,从而导致灵魂软弱,只能用一双充满恐惧的目光打量世界。所有这些恐惧中的重要的一个变项是对国家刑法如何运作没有把握。刑法的系统性、保障权利观念、罪刑法定化等基本规则的缺乏增强了生活中的不确定性,这种不确定性停留在熟悉的和惯常的事物的边缘,剧烈地压迫着日常生活世界的边界。国家刑法及其反应机制有时出手过重,带来很多负面效果;但是,有时候国家根据刑法而启动的吸收、压制或者驱逐效果又极其有限,不能有效地维护人类的生存根基,不能合理地保卫社会。

在国家刑法规范缺乏或者建制不合理时,人们对付恐怖的方法就是建立"高密度的社会交往"②,以排遣孤独无助,增强对付犯罪的能力。20世纪80年代以前的中国农村,家庭联产承包责任制尚未实行,人们的生产、生活都有一种连带性,"你盯着我,我盯着你"的共同体控制系统运转顺利。

但是,进入20世纪80年代以后,随着国内外市场的进一步放开,人口的流动加剧,人们的相互联系被削弱,传统的控制技术开始逐步失灵。在刑法方面,随着社会和技术的发展,新的犯罪出现了,例如经济犯罪和城市街头的种种犯罪层出不穷,新型犯罪屡禁不止,妨害社会秩序的犯罪和公职人员的犯罪互相呼应,形成一股危害社会的合力。

所以,随着中国经济的发展和社会的急剧变迁,新的生活世界的图景越来越呈现出下面的景象:世界由许多互不干扰的个人构成,这些个人需要规范来引导、规范他们的生活,使他们能够有安全感地维持他们的日常事务;他们期待着

---

① 波斯纳. 超越法律. 苏力, 译. 北京: 中国政法大学出版社, 2001: 301.
② 齐格蒙·鲍曼. 立法者与阐释者——论现代性、后现代性与知识分子. 洪涛, 译. 上海: 上海人民出版社, 2000: 51-53.

第九章 中国社会的犯罪与规范违反说

依靠共同体的力量而不是他们自己孤立的力量或者微小的关系集团的联合,来对付犯罪,从而为他们的自我生存和发展提供有利的社会条件和有效的指导。①

在这种情况下,强调规范对于中国社会治理的重要性,就具有现实意义。对此,冯军教授正确地指出:

> 从消极方面说,规范要保障人们在匿名的陌生社会中不受侵犯。今天的社会已经不是人们相互知根知底的活动舞台,在这样一种广泛的活动领域了,人们的自由和安全必须得到保障,而且人们不能认知地获得对这种自由和安全的保障,而是必须规范地获得对这种自由和安全的保障……这样,规范保障着人们在匿名的陌生社会中不受侵犯,规范保障着人们在匿名的陌生社会中获得自由和安全;从积极方面说,规范要保障人们为共同体充满活力地发展而劳动并通过这种劳动获得个人幸福。②

国家刑法此时就必须考虑公众的规范渴求。对此,贝卡里亚的话值得听取:

> 道德的政治如果不以不可磨灭的人类情感为基础的话,就别想建立起任何持久的优势。任何背离这种感情的法律,总要遇到一股阻力,并最终被其战胜。③

这里的"人类情感",完全可以被解读为国民的规范感觉。

由于过去的中国社会,崇尚严刑峻法,人们对刑法避之唯恐不及。所以,要在今天唤回公众的规范信赖感,是一件极不容易的事情。同时,需要特别注意:

---

① 也正是在这种社会背景下,人们渴求一种新的法律、法治理论,这种理论必然与古代、中世纪和近代的观念都不相同,它更倾向于研究或说明什么样的法律才能为人们所遵守,从而促成法治的实现。如果说,当代以前的法治观念还比较强调法律本身应该是意志的体现(至于这种意志是谁的,并不重要);当代法治则突出怎么才能让法律得到普遍的遵守,着眼于接受法律或遵守法律的人对法律的要求。对此,我国学者指出,现代法治强调的是法律为了能够被遵守而必须具备的某些品德。夏勇.法治是什么.中国社会科学,1999(4).

② 这是冯军教授 2002 年 6 月 19 日在北大法学院第 24 次刑事法论坛上的发言。陈兴良.法治的界面 北京大学法学院刑事法论坛暨德恒刑事法论坛.北京:法律出版社,2003:438.

③ 贝卡里亚.论犯罪与刑罚.黄风,译.北京:中国大百科全书出版社,1993:8.

在当代中国，法律信仰的伦理基础绝不是指传统以"礼"为核心的封建伦理文化，而是指建立在现代市场经济基础之上的现代伦理。因之，当代中国伦理建设的一个重要使命是实现社会伦理由传统向现代的创造性转型，即伦理文化的现代化。①

更何况，我所坚持的规范违反说是远离社会伦理观念的行为规范违反论。在这里，刑法影响社会的机理跃然纸上：

在对犯罪的反应中得以表达的公共谴责，支持并且鼓励着人们抵制犯罪的诱惑并且保持守法。成功地避免了犯罪，人们就能加强自我肯定，这转而又可以加强大众共有准则的道德约束能力。②

27-2 规范认同的进一步阐释

要确立公众③的法信赖感和忠诚意识，必须注意两重问题：

一方面，对犯罪观的变化——将犯罪看作是罪犯阐释世界的一种主张。犯罪是社会既有的规范秩序中的"离心力"，一种社会学意义上的失范现象，其"根源就在于这样一个过程：一方面，人们在实现目标的过程中竭力获取未经合法化的有效手段；另一方面，人们又在夸张化的文化目标中逐渐丧失对规范本身的情感支持"④。针对这种"失范"行为，刑法的登场肯定与带有暴力性质的惩治有关，但是，它更多的是在以一种独特的方式解释着世界。典型的现代世界观认为，世界在本质上是一种有序的总体，表现为一种可能的非均衡分布的模式，这

---

① 刘旺洪. 法律信仰与法制现代化//许章润，等. 法律信仰：中国语境及其意义. 桂林：广西师范大学出版社，2003：17.

② 罗宾逊. 为什么刑法需要在乎常人的正义直观. 王志远，译刑事法评论，2011（29）：167.

③ 这里的"公众"，意指那些在一个历史的、文化的形成过程中结成的充满活力的法规范共同体内生活的成员，它与地域概念无关，也不是统计学上的"多数人"。公众，是一个规范的概念，其成员的多寡取决于规范共同体的吸引力以及人们对规范的认同程度。对此，弗里德曼指出："当然，'公众'并不意味着每一个人。……在现代西方社会，这些人主要是指中产阶级及其之上阶层的那部分人。在其他的社会里，公众所指的人或者比这个范围更宽泛，或者（但通常）比这个范围更狭窄。"弗里德曼. 选择的共和国：法律、权威与文化. 高鸿钧，等译. 北京：清华大学出版社，2005：10.

④ 渠敬东. 缺席与断裂——有关失范的社会学研究. 上海：上海人民出版社，1999：46.

就导致了对世界的解释,其中一部分就是对世界的规范性解释。解释如果正确,便会成为预见和控制事件的手段。

另一方面,提倡培植公众的规范认同感,不是要强调刑罚的高压和威慑,也不是要高扬威权主义的旗帜,而是主张一种超越于报应和预防的"忠诚论"立场,亦即国家通过努力来培植公众的法律意识、增强法律意识。公众对刑法规范的认同,并不等于对具体刑法条文或者惩罚规则的认同。就正如对法律的信仰实质上是对深层社会结构和人类有序生活过程的信仰,而不是对法律规则的信仰一样。

刑法规范如果得不到公众的认同,它就是施行暴政的工具,而会与法治观念格格不入。这是因为在公众或者说一般市民心目中,结局最终合理和行为过程评价的妥当性是同样重要的。换言之,公众的刑法认同包括对"生活利益的重要性"和"规范有效性"的认同两个方面,其最终表现为要求司法判断结局合理、对行为过程的妥当评价两点上。

要求司法判断结局合理,在刑法上表现为:对一些特别重要的法益,事实上或最终必须得到保护,人们愿意看到正义得到伸张,邪恶得到惩治的结果。所以,我所赞成的规范违反说,并不否定法益概念的积极意义。

要求对行为过程的妥当评价,在刑法上表现为:评价犯罪必须考虑过程性因素,即行为人行为实施过程本身(样态、手段、动机等)是否符合国民一般的规范理念或道德观念,不符合规范要求的行为极容易被宣告为犯罪。这就是行为无价值论要讨论的问题。

任何市民都有尊重规范的内在动机,因为谁都清楚,如果人人都遵守规范,世界将会形成一种最为规则的生活秩序。当有人不遵守规范,并从违反规范的行为中得到好处时,反规范的现象会普遍出现。秩序会进一步受到冲击,但是,这不能否认市民有一种守规范的本能。公众对刑法规范始终有一种认同感,这是不可否认的。

充分发挥国民规范意识的作用,对于恢复被犯罪所破坏的社会秩序是比较重要的。传统型自然犯罪是在任何时代都会发生的,而在现代社会,犯罪类型有了

一些新的花样。现代的市场秩序是依靠以庞大的科学技术为基础的产业秩序而立足的，市场化社会内含着危害人类健康或破坏自然环境的危险性，还内含着增大贫富分化的起因，使人心颓废，使应当受到保护的利益承受被破坏的危险。对由此而衍生的犯罪行为，都依刑法由国家司法机构出面进行处理，有时会有证明上的困难，有时可能存在惩罚不经济的问题，对这样的"犯罪"，由市民依其健全的规范意识进行批判，也未尝不可。市民规范意识的交流、批判，会形成很强烈的话语力量，谴责已经发生的犯罪，并防止类似犯罪的再次发生。所以，对犯罪的刑法支配原理应当在一定程度上修正为市民规范意识的支配。

　　刑法必须充分考虑公众的规范感觉的观点在黑格尔那里就得到重视。他指出，犯罪不是对于个别权利的侵害，而是对于客观的法，即一般的法秩序的否定。犯罪对于法的侵害及其否定，虽然是积极的、外部的存在，但是其本身没有价值，必须使这种没有价值的东西得以彰显并被否定，法秩序才能被恢复。惩罚是为了表示被犯罪所破坏和否定了的法律规范与规章制度是现实存在的。在黑格尔那里，刑法的意义是在恢复被破坏了的法律秩序的角度上凸显的。[①]在黑格尔看来，规范的含义是双重的：一方面犯人违反规范，所以应当受惩罚；另一方面，刑法规范因为能够对犯罪行为进行评价，所以符合一般人的生存理念和规范感觉，所以是正当的和有意义的。

　　在这里，问题的根本并不在于国家从外部对公民个人施加惩罚和恐吓，而在于通过刑法机制的运作来改造、感化个人的心灵，使刑法成为公民生活的依靠，成为他们生活、生命的一部分，甚至成为他们血液里流淌的东西。如果我们能够保证：一个一生不与刑法打任何交道的人，也能够感受到刑法规范在社会中有规则的律动，也能够体会到刑法对于他的生命的积极意义，那么，这个国家的法律制度的建构和运作以及广义上的社会治理都是成功的。

[①] 黑格尔. 法哲学原理. 范扬, 张企泰, 译. 北京: 商务印书馆, 1961: 103.

第九章　中国社会的犯罪与规范违反说

28. 塑造规范共同体

人注定要形成共同体来解释法的思想。共同生存的伦理，就是人们共同生活状况的秩序。

> 这种秩序就是"客观的伦理"或者"符合社会道德的世界"。这种秩序——而并非是正义（毋宁说，正义只能以既定的、伦理的秩序为取向）——是法的基础。①

在一个共同体中，支配性的东西就是行为规范。规范使必须服从于其命令的义务和维持规范有效性的支配权发生。法规范不是只对于国家机关具有意义，规范与生活利益的确保休戚相关，所以一般公民对规范不会完全不知。法规范不过是制造法益，为保护法益提供保障而已。法规范的这种规范机能并非基于法规范的法律性质，而是由于法规范自身与生活利益相一致。当法规范所生之义务与生活利益之确保所生之义务一致时，公民便不会有被自己所不知道的法规处罚的情况。法律规范是通过不法效果（即处罚）而同违反文化规范的行为相连接的。

规范有助于促进和实现人们在相互结合中所抱有的最低限度的生存目的。假定过一种有意义的生活对我们而言是一种有意义的生活，那么人们就应当毫无理由地自觉遵守规范。此外，没有那些意识到服从和维护规则是对他们有利的人所自愿提供的最低限度的合作，那么，对那些不自愿服从的人的强制，也是不可能的。所以，休谟说过："没有个人的联合，人性绝不能存在；而如果不尊重公平和正义的法则，那种联合就永远不会有存续的空间。"②

刑法规范具有双重性：一方面，是告诫国民、规定义务、明确义务的规范。法规范是一个有用的工具，能够根据文化将个别已经形成的义务收入自己的指令

---

① H. 科殷. 法哲学. 林荣远, 译. 北京: 华夏出版社, 2002: 150.
② 哈特. 法律的概念. 张文显, 郑成良, 等译. 北京: 中国大百科全书出版社, 1996: 187.

中。另一方面，规范与生活关系秩序化直接关联。①

可惜中国刑法学者大多不在这个意义上理解刑法规范的含义，他们容易接受的一般见解是：刑法规范就是惩罚规范，是国家制定的强行法，它的具体内容、框架结构、衔接方式不需要取决于民众的认同。但是，这种认识存在偏颇。

什么是刑法？刑法并不仅仅是政府当局制定的强硬文件。刑法其实是一种以某种价值预设为经脉的生命体验和感觉。可以说，有多少种生命体验和感觉，就有多少种刑法规范理念。刑法可以直接考验个人对生命感觉的把握程度和对生命意义的体察角度。

通过刑法的作用，个人可以在社会中获得更多的生存空间。这似乎难以理解，但事实并非如此。"罪与非罪""此罪与彼罪"的界限无论在规范知识的层面上还是在权力实践的意义上，都掌握在国家司法机关手中。借用涂尔干的说法就是，刑法制度的历史恰恰是永不停息的社会侵占个人的历史，或者准确地说是社会侵占它所包含的原始群体的历史。这种侵占的后果，就是逐渐用社会的法律把个人的法律代替掉。在此，我们看到，国家的惩罚取代了社会的惩罚，国家的法律逐渐取代了社会的法。但是，在国家的法律将弥散在社会中的各种惩罚形式加以整理之后，在国家的惩罚实现了职能化的时候，也意味着一个刑法管理之外的社会领域的出现。可见，"社会"领域的出现与刑法这种理性化的惩罚方式的兴起休戚相关。

刑法的权威来自公民的持续性认可，而这种认可的根源又在于公民对其遵守法律的义务的承认，而不是对具体规则的回应。承认一项规则具有规则的效力并不意味着非得从赞同或者不赞同的角度来认识它。人们应当根据它的权威来认识它，并且承认服从它是一项义务。

---

① 如此认识规范，具有重要的方法论上的意义。实证主义将价值、规范视为非科学之物的倾向，相反，新康德派（特别是以拉德布鲁赫为代表的西南学派）则以价值和事实的严格区别为前提，试图建立与自然科学不同的、独具特色的人文科学和社会科学的方法论基础。它与实证主义的因果的、机械的考察方法相反，通过导入价值、评价、规范等考察方法，来试图恢复人文科学的人的、文化的本来特征。规范论便是将这种考察方法应用于刑法学领域。

29. 维持规范有效性

在塑造规范共同体之后,我们还需要付出相当多的努力来继续维持规范的有效性。

人的本性倾向于认同规范:在现实中,人同时有许多种情况。在他的行为的某些方面,在一种合情合理的狭义享乐主义意义上,他是一个个体的追求效用最大化的人。在其他一些方面,人又是适应性的,乐于把自己与那个他构成其一部分的更大的有组织集团联系在一起,或与之认同。按照在每一种情况下强加给个体人的约束的性质,一个有代表性的或典型的人,在从一个活动领域走向另一个活动领域时,实际上常有可能转换他的心理和道德齿轮。①

我们知道,在实际生活中,当事人之间法律行为并不能仅仅依照法律即能解决。一个显例就是合同行为。实际上,当事人履行合同从来都不是仅仅依靠合同本身就能完成的,而是依复杂的技术、非规则的方法、知识库存(the stock of knowledge)来完成的。自然而然地,个人并不依靠刑法规范生活,但是,他必须在刑法规范的框架内生活。换言之,遵守刑法可能并不能给他带来实际的好处,但是,违反刑法可能给他带来实际的承受刑罚的损害,所以,个人必须在刑法规范的指引下生活。

学者指出:现在总是伴随着"规训"权力的话语对规范进行论证、分析和专门化的讨论,以便能够按部就班地实施它。立法者和法官制定规则、实施监督、区分正常和反常,他们的话语,逐渐形成了一种规范化的话语。② 所以,如何在司法过程中维持规范的有效性,的确是一个值得研究的问题。在这里,司法公正的重要性就显示出来了:一个公正的判决,可以进一步强化规范与公民心理之间的联系,使之觉得规范能够被信赖,同时值得信赖。我们应当看到,不公正的判

---

① Herbert Simon. *Models of Man*. New York, Wiley and Sons, 1957, pp. 165 – 169.
② 理查德·沃林. 文化批评的观念. 周宪,等译. 北京:商务印书馆,2000:272.

决的影响力是巨大的,而公正的判决,既使权利人得到他本应当取得的利益,又可以从法解释学的意义上填补规范的空白,为未来的审判做准备。所以,没有任何一次审判是一个终点,为了维护规范的有效性和约束力,任何审判都是一个新的起点。

在中国当前的刑事审判中,犯罪构成理论经常被架空。对此,借用福柯的话加以评价是很恰当的:

> 在法院和学者相会的点上,在司法制度和医学或整体科学知识相交的点上,在这个点上,一些陈述系统地阐述出来,它们有真理话语的身份,有相当的司法效果,然而它们还有一个奇特的属性,即它们不符合构成科学话语的哪怕最基本的所有规则,也不符合法律规则……它们是怪诞的。[①]

而这样的做法,对规范有效性的冲击很大,这是我们需要正视的现实。

同时,法官为判决而判决的情况并不少见,法官只管判案,不管判决是否能够得到执行,不管审判权力运作的实际效果。再加上司法不公,使得罪犯与社会之间的交互沟通破裂,规范的社会影响力、公众对规范的认同度都大大降低,这种现状必须加以改变,否则法律的整体形象就会遭到贬损。学者指出,法律的不同面目实际上是由法官或法律完成不同的社会任务和社会职能所决定的。如果说西方法律理论中对法律原则的形式理性化的认定是以罗马法以来的司法为经验对象的,那么中国法律理论中对法律原则中体现阶级意志的镇压职能的认定,事实上是以刑法为经验对象的。这就要求法官在国家社会、经济生活高度变化的年代转变司法职能,改变司法形象。在司法职能的转换中,我们的法官会形成两种不同的自我技术:一方面,精通惩罚的政治学,理解形势和政策;另一方面,精通惩罚的物理性,服从法律的逻辑,实行公正审判。这两种技术都要求法官必须对实现国家与罪犯的全面沟通负责,在对犯罪成立的反复讨论中作出罪与非罪的裁断。

---

① 米歇尔·福柯.不正常的人.钱翰,译.上海:上海人民出版社,2003:10-11.

第九章 中国社会的犯罪与规范违反说

所以，要保持公众对规范的持久认同，就必须有一套独立的司法系统，该系统将履行一种特殊的审慎斟酌的职能，这种职能被奥克肖特称为"一项回溯性决疑术的实践"。也就是说，司法审判是一种审慎斟酌而不是活计演绎；它所关注的是在特定情境中的法律意义，而"意义从来都不是被推演出来的或被发现的，而总是被赋予的"。但是，司法审判一定不能被理解成是法官主观意志的任意行使，或者是根据社会政策而提出解决方案的过程，或者是市民组织的"公然目的或利益"得到伸张的过程。在司法审判中，一种意义被赋予给了一项法律规则，而其中的对与错则是无从判断的。必须得到满足的条件仅仅是：这种意义"必须是法律所能够容忍的，而且，它赖以解决纠纷的方式将不至于立即引发进一步的争议"。而且，法律之法可以被理解为对内在于法律之品格的形式原则的忠实。[①]

规范违反说突显规范对于社会的意义，强调通过确立公众的法规范忠诚意识来有效遏制犯罪。

规范违反说主张行为由于违反了行为规范，就必须要受到否定性评价，以显示行为本身不值一提，不值得他人学习、效仿。

规范违反说认为，刑法的机能是维持社会基本的生存秩序；犯罪的本质就是对这样的规范秩序的违反，并就此造成法益侵害。[②] 规范违反说认同社会中既存的法规范和普遍的行为规范，并在此基础上建构具体的规范体系。[③]

在规范违反说之下，行为违法性的判断基准是：行为自身是否违反国家的行为规范体系。有的学者极力主张结果无价值论[④]，这种观点是否与当前中国的现实状况相符合，还值得仔细讨论。

不可否认，妥当的刑法理论既要重视对合法权益的维护，又必须肯定规范的

---

① 马丁·洛克林. 公法与政治理论. 郑戈, 译. 北京: 商务印书馆, 2002: 104.
② 团藤重光. 刑法纲要总论: 3版. 东京: 创文社, 1990: 14.
③ H. 科殷. 法哲学. 林荣远, 译. 北京: 华夏出版社, 2002: 242. 当然, 刑法与社会伦理有关, 但刑法又永远不可能穷尽社会道德。在刑法中，只有少数社会道德的价值能够得到实现，刑法始终只能是一种"底线伦理"。用社会道德的标尺来衡量，成文法的形成对法规范的任务的实现是微不足道的。
④ 张明楷. 法益初论. 北京: 中国政法大学出版社, 2000: 196-441; 张明楷. 刑法的基本立场. 北京: 中国法制出版社, 2002: 176-188.

重要性，只不过在不同历史时期侧重点有所不同。

在社会平和、生活秩序井然、规范的价值被高扬的时代，遵守规范是个人生活的一部分，规范有效性已经不成问题，公众一般倾向于认为维护合法权益更为重要。根据这种公众认同理念所建立的刑法学总体上应该是强调法益保护的，即结果无价值的，例如，在财产罪保护法益问题上就会坚持所有权及其他本权说。反之，在社会剧烈转型、各种权利关系不明确、公众的规范信赖感不强的时期，规范有效性必须被给予特别强调。这就是规范违反说或者行为无价值论的基本主张，例如，其在财产罪保护法益问题上，就会坚持占有权说，即存在事实上的财产占有关系，就应当给予保护，至于占有是否合法在所不问。

在当代资本主义国家，对规范的信任危机已经度过，社会有序化局面已经形成，法益保护说占主流，公众的刑法认同实现了从规范违反说向法益保护说的重大转型。但是，当前中国的情形和发达资本主义国家有很多不同，就中国的实际来看，单纯重视法益侵害说的确有时存在不足，行为无价值论对于中国刑法以及刑事法律制度的建设更具有现实意义。

中国目前所面临的问题，和德国、日本目前的问题并不相同，所以，那种认为结果无价值论在今天的大陆法系国家占主导地位，中国也就应当采取结果无价值论的观点值得商榷：中国没有刑事法治传统，国民经常性地将刑法等同于"杀头"，一般不愿意主动去认识规范，信赖规范就更是难以谈起。由于缺乏规范意识和法情感，刑法的存在根基就经常性地发生动摇，因为"只有培养了对法的理解之后，法才有能力获得普遍性"[①]。

此外，中国社会目前处于剧烈转型期，各种矛盾突出，确立并严格执行规范是我们的当务之急。在国家能够依据规范确立各种利益的归属的情况下，再采用法益保护说，就是情理之中的事情。规范以及规范意识的缺乏，使利益关系的确立变得不可能，法益保护自然无法谈起，此时讨论结果无价值论就显得有些奢侈。只有坚持规范违反说，国民才会逐步承认：犯罪行为因为扰乱了刑法上保障

---

① 黑格尔.法哲学原理.范扬，等译.北京：商务印书馆，1961：220.

规范合法性的期待，所以成了一种需要排除的东西。换言之，刑法最终要保护法益，但是，要达到这一目标，必须先考虑我们是否缺乏通往这一目标的桥梁，如果没有合理的渠道达到刑法目标，就必须先搭建"基础"，确立规范、培养国民的规范意识，对反规范行为进行惩处，就是最终实现法益保护目标的基本步骤。①

在这种前提下，刑法的目的就不仅仅是法益保护，还要竭力使一个被规范所确定的秩序稳定化，刑法的适用表征着对事实的调查、责任的确定、责任和刑罚之间关联性的判断等。刑罚表明了对有缺陷的行为的态度，承受了刑罚的无价值行为，揭示了如下命题的真实性：必须普遍地把这种行动作为一种不值一提、不可再次经历的行动选择来看待。

因此，现在的关键问题仍然只是如何完善规范违反说的问题。在这方面，日本的法治发展进程与刑法立场的转向之间的联系，可以为我们提供一些借鉴。例如，日本在二战结束之初，国力羸弱，国民规范意识缺乏，社会处于激烈变动时期，此时，规范违反说占据主流地位；随着日本法治的进一步完善，各种利益关系逐步被理顺，国民对规范的认同感增强，利用刑法保护合法权益的问题就凸显出来，结果无价值论从此大行其道。这从日本刑法对财产罪认定的态度上就可以清楚地看出来。② 所以，是结果无价值论合理，还是行为无价值论更适合中国，不是单凭刑法学理论就可以判断的，刑法立场始终和一个国家的社会发展状况、法治发展水平、国民规范意识休戚相关，把结果无价值论嫁接到处于转型期、规范缺乏的社会，并不能使人信服。

中国一直缺乏依规则进行治理的传统，诸如临时议事、实施类推等做法源远流长，长久以来就是司法惯习，国民的规范意识淡漠。国民欠缺规范意识时，奢谈保护法益是没有意义的。没有规范、不知规范、不守规范，相互之间不会尊重，权利关系处于一团乱麻之中，如何保护法益？谁的利益更重要和优越？更值得保护？国家的刑法是否能够应付随时都在发生的破坏规范，从而侵害法益的

---

① 周光权. 法治视野中的刑法客观主义. 2 版. 北京：法律出版社，2013：359.
② 藤木英雄. 刑法讲义各论. 东京：弘文堂，1976：272.

行为?

所以，要重建中国人的规范意识，刑法的运用要适度提前，不要等到法益实害的事实发生以后才动用刑法，要用刑法"强迫"国民形成规范意识、遵守规范！所以，坚持行为无价值论，强调法规范的意义，在中国具有极其重要的意义。

特别是在当前的中国社会，确立国民的法规范意识，在刑法领域提倡行为无价值论对于建设法治国家更具有特殊的价值：随着市场经济的发展，竞争加剧，人口流动频率加快，生活条件发生变化，个人的生活压力增大，生存意识、价值观念乃至整个社会思潮都在发生剧烈变化，在这种情况下，传统的价值观念崩溃，是非善恶的基础发生动摇，哪些行为可能是犯罪、哪些不是犯罪的社会普通意识可能受到冲击，出现违法性"空洞化"现象。为了防止这种现象的蔓延，应当采取两方面的措施：一是为防止人们通常的法规范意识观念的退化，对自然犯罪尽可能地在刑法典中作出规定，以扩大犯罪圈，实现"自然犯"的法定化，在这一点上中国刑法总的来讲做得不错。另一方面，在犯罪的实质评价过程中，贯彻行为无价值论，以此来培植国民的法规范意识。①

结果无价值论认为刑法的目的是保护法益，这样的说法自然没有错。但是，为了充分地保护生活利益，更为了使原本有秩序的社会生活保持其活力，必须事先设定并执行刑罚规范，对违法行为本身进行禁止。结果无价值论的实质是侧重于讨论在对行为进行司法评价时，给予何种制约是合理的，因此带有"事后法"的味道。但是，"事后法"的惩罚效果毕竟是有限的。任何社会都有骚动和犯罪的因素，所以，在每一种人类文化中都有刑法的惩罚强压在每一个公民身上，需要个人作出巨大牺牲。然而，惩罚并不能在所有的时候触动所有的人，事实是除非规范（在整体上）被心甘情愿地和自动地服从，得到公众的认同，否则，任何社会都不会以有效的方式运行。

如果我们这样想，我们或许能够建立我们自己真正想要的刑法学。因为我们

---

① 周光权. 法治视野中的刑法客观主义. 2版. 北京：法律出版社，2013：357.

的社会已经确立,我们各自的领域已经被合法地划定,就不允许任意地侵入他人的组织领域之中,否则,违反禁止规范就可能成立作为犯;也不允许在自己的组织领域中产生侵害,否则,可能成立不作为犯,谁错误地管理了自己的组织领域谁就必须自己承受后果(实现归责)。

在我们的社会中,有一些领域已经由明确的规范固定着,如果这些规范不能发挥功能,由其所保障的那一部分社会领域就会丧失,家庭制度和公务员制度就是如此。这在刑法中可以引出的重要结论就是:在规范可以对个人提出期待的场合,一个治安警察看着一个人强奸,却不救助被害人的,他就不是强奸罪的片面帮助犯,而可以视为不作为的强奸正犯;一个丈夫看着一个人杀害自己的妻子,却不救助妻子的,他也不是杀人罪的片面帮助犯,而是不作为的杀人正犯。[①] 一个人没有认识到他的行为会造成我们的损害,但是,已经造成了我们的损害,如果是因为他实在无能力(认识缺陷),我们可以宽恕他或者从轻处罚他,如果是因为他对我们的规范无兴趣(意识缺陷),我们就要重罚他;如果不需要证明我们自己,即使我们遭受了损害,我们也无须刑罚,需要的可能是战斗或者教育或者保安,我们的敌人(从来不承认刑法规范的人)所表达的一切都不足以引起我们的怀疑("敌人刑法"其实不是刑法,无论如何,不是现在通常所讲的刑法),儿童和精神病患者造成的损害怎么都不能表明我们的规范不正确;规范的重要性与组织领域的远近相一致,生命、自由属于自己组织的核心领域(生命、自由与我们不可分离),保护生命、自由的规范就是最重要的;组织领域的界限越是明确,规范就越是保障该领域的角色自由(夫妻在家里可以自由组织他们的性生活;出租车司机知道客人要去杀人,却把客人送到目的的,在刑法上就负有责任);在社会还没有形成明确的组织领域的地方,刑法就要避免干预,例如在互联网公共论坛中表达的言论即使明显不当,引起社会损害,也不要轻易进行刑法上的归责。

[①] 对此,也可以认为是义务犯法理的运用。

第三编

惩罚与规范化诱导

第十章 关于惩罚的传统表述

要讨论惩罚的问题,我们就无法回避以往思想家们提出的刑罚目的解说"范式"。虽然自有组织的社会诞生以来,我们就开始精心组建权力体制来对付犯罪,但是,直到 18 世纪后期,我们才发现,人们对于用刑法来惩罚那些违反社会共同体规则的人,从而实现刑法目的这一问题是如此争论不休、相执不下,我们必须得承认,康德的报应主义(retributivism)和边沁的功利主义(utilirianism)形成了一个研究风格上的范例,所有使哲学反思得以产生的刑法问题都植根在特殊情况下我们是否可以惩罚一个特殊的个人。① 康德和边沁的争论在现代得到了进一步展开,使得关于刑法的哲学反思打下了鲜明的"现代"印记。

30. 报应的核心:回溯与正义

报应是对罪刑擅断、刑罚残忍性的反对。诞生于公元前 2100 年的汉穆拉比法典就规定了许多十分严酷的惩罚措施。这部古代法典以汉谟拉比国王的口吻开篇:

---

① George P. Fletcher. The nature and Function of criminal Theory. *California law review* (2000), Vol. 88, p. 689.

"我创造了这个世界上的法律和私法,我使人们一直生活幸福安康。"与这些生冷的言辞紧密相连的就是惩罚的残暴。欧洲中世纪的旧刑法的特点之一就是残忍性,这是人们普遍认同的。① 所以,人们一般倾向于认为,刑罚意味着血腥的镇压。②

但是,福柯指出:"关于刑法的历史,……(这种)权力形成的机制完全是另一回事,无论如何也不是镇压。"③ 所以,我们对刑法的惩罚机制应当有更为深入的认识。不过,刑法古典学派对惩罚的坚守,对刑罚残忍性的反对和刑罚轻缓化、人道性的呼吁都是在反对旧刑法的镇压特征的名义下完成的。

报应是我们最为熟悉的惩罚模式。给罪犯本人判处他所犯的同样类型和同样重的处罚,他受的刑罚肯定既是逐级量刑的又是严格相称的。刑罚采取反击的形式。假使这种反击既是迅速的又是必然的,那么它几乎自动地抵消了犯法者所期望的好处,使得犯罪没有什么用处。犯法所得的利益马上就化为乌有。一个统治者在向国民议会的陈词中(1791年5月21日)指出:用肉体的痛苦来惩罚凶残的罪犯,用苦役来惩罚源于懒惰的罪犯,用羞辱来惩罚由"卑鄙堕落"的灵魂所引发的犯罪。④

刑罚的报应从本源上看,与"欠债还钱"的古老观念有关,与"负罪的意识"、意志自由都毫无关系⑤,这是尼采一贯的观点,这是朴实但又惊世骇俗的主张。有些道德谱系学家纯粹是出于写作道德历史的需要才提出"负罪的意识"这一套"良心谴责",这一套毫无用处的、"暗淡的东西"。而这种道德探索和尝试注定要以产生和事实不符的结果而告终。事实上,"负罪"这个主要的道德概念来源于"欠债"这个非常物质化的概念。⑥

尼采将惩罚和"还债"的契约关系联系起来的观点,对于我们理解刑罚惩罚

---

① 威廉·葛德文.政治正义论:1卷.何慕李,译.北京:商务印书馆,1997:12;平野龙一.刑法概说.东京:东京大学出版会,1977:11.
② 尼采.论道德的谱系.周红,译.北京:生活·读书·新知三联书店,1992:42.
③ 福柯.必须保卫社会.钱翰,译.上海:上海人民出版社,1999:16.
④ 福柯.刑罚的社会.强世功,译.刑事法评论,2001,8:465.
⑤ 李海东.日本刑事法学者:下.北京:法律出版社.东京:成文堂,1999:14.
⑥ 尼采.论道德的谱系.周红,译.北京:生活·读书·新知三联书店,1992:43.

第十章 关于惩罚的传统表述

的真正起源十分重要。

罪恶感、个人责任的观念以及对肇事者给予惩罚使其补偿被害者的损失的做法，与债权人和债务人之间了断契约关系的做法一样古老。人在社会存在的原初时期就将自己看作是有价值也能够被衡量的生物，买和卖以及价格的估量都和社会存在的基本形态一样古老。尼采曾经说：恰恰是那些关于交换、契约、罪孽、权利、义务、协调等的萌芽意识首先转化出最粗放、最原始的公共群体，与此同时还形成了比较、计量和估价权力的习惯。人们由此得出结论：所有的事物都有其价格，所有的义务或者债务都必须而且能够被清偿。这是正义最古老和最天真的道德戒律，是一切"善行"和"客观性"的开端。

在事物可以估价、债务必须偿还的传统生活原则的指引下，一直以来人们认同的观念就是，个人在社会中要能够生存，他就必须是一个讲信义、守承诺的人。"欠债还钱"，做了错事要给予对方补偿，这些都是人们耳熟能详的观念。债务人为了让他人相信自己关于还债的承诺，为了显示他承诺的真诚，同时也为了牢记还债是他自己的义务，债务人通过契约授权债权人在债务人还不清债务时享有他尚且拥有的、尚能支配的其他东西，例如他的身体和自由。在古埃及，债权人有权让债务人的尸体在坟墓中也得不到安宁；在罗马，债权人可以割下债务人身上的肉。于是，我们可以看到：

> 等量补偿实现了，但不是直接地用实利（不是用等量的钱、地、或其他财物）来赔偿债权人的损失，而是以债权人得到某种快感来作为回报或者相应的补偿。这种快感来自能够放肆地向没有权力的人行使权力，这种淫欲是"为了从作恶中得到满足而作恶"，这种满足寓之于强暴……通过"惩罚"债务人，债权人分享了一种主人的权利：他终于也有一次能体验那高级的感受，他终于能够把一个人当"下人"来蔑视和践踏；如果惩罚的权利和惩罚的施行已经转移到"上级"手里，他至少可以观看这个债务人被蔑视和被践踏，因此补偿包含了人对他人实施残酷折磨的权利。[1]

---

[1] 尼采. 论道德的谱系. 周红, 译. 北京: 生活·读书·新知三联书店, 1992: 45.

个人在犯罪之后，对他人（国家、社会或者被害人）负有债务，从内心来讲，他愿意以不受痛苦或者少受痛苦的方式清偿债务，但当他处于力量薄弱者地位时，一切都已经由不得他自己了，他已经成了被任意处置和宰割的对象，"债权人"通过一系列强制性制度和装置强迫性地实现了一种社会关系的调和。这是刑罚的真面目，我们终于可以看到"用血浇灌"（尼采语）的刑罚真正冷酷、残忍之处。报应论就是以此为前提建构起来的。

报应，就其本意而言，是对所受损害的回复、回报或补偿。善有善报，恶有恶报是一个社会化中绝大多数人可以接受、古老但不朽的伦理观念。人类社会在相当长时期里实际上是混沌、恶行报复、惩罚的社会，这种状况的出现与人们对报应的渴求直接关联。换言之，报应可以达到"一石二鸟"的效果，一方面，事实上对罪犯实施惩罚；另一方面，强化了社会可以强制进行有节制的保护的观念，使报复方式作为正义的有效分配手段在广泛的社会生活范围内可以被反复适用。当然，报应的大量施行也可能导致社会落入混沌和迷雾之中而无法展现真身。

作为刑罚正当根据的报应是对犯罪的回报（以恶报恶）以及受害者的补偿，它主要根据犯罪事实上造成的危害后果①确定刑罚及其程度，追求罪刑之间的大致均衡。报应理论经历了从神意报应到道义报应，再到法律报应的演进过程，其中康德推崇德道义报应论（以道德义务论证报应的正当性并引申出等量报应的观点）、黑格尔力主的法律报应论（以法律上的义务确证报应的合法性并引申出等价报应）的理论魅力最大。这两种报应论有诸多的差别，但是，有两点它们是相同的：一是对过去发生的实施作回溯性的思考；二是确证分配的正义的实现可能与过程。这与亚里士多德的观点是暗合的：对犯罪的惩罚体现了一种与"分配性公正"的理路有着很大差别的"矫正性的公正"。而"矫正性的公正，生成在交往之中"。如果是一个人打人，一个人被打，一个人杀人，一个人被杀，这样承受和行为之间就形成了不均等，于是就以惩罚使其均等，或者剥夺其利得。矫正

---

① 危害后果在报应理论中占据核心地位。

性公正由裁判者决定，他被当作公正的化身。

> 裁判者恢复了均等，正如把一条分割得不均的线段，从较长的线段取出超过一半的那一部分，增加到较短的线段上去，于是整条线就分割均匀了。①

依据报应的方法确定惩罚，刑罚就和过去发生的事实建立了同谋关系，而不可能对"过去"不予理睬，着眼未来、告别"过去"从而追求刑罚的功利目的是报应主义旗帜鲜明地反对的。按照报应论的观点，立法者和社会主要考虑的都是"过去"发生的事实，包括已经实施完毕的犯罪，对社会已经造成的损害，对公共秩序和生活秩序已经造成的混乱，行为人在实施犯罪的当时具体的罪过和道德责任等。

按照报应主义的观点，对犯罪的回溯，始终与程序操作系统纠结在一起，证据的收集、被告自我认罪和忏悔的仪式都与报应的合法化密不可分。② 所以，贯彻报应主义，涉及程序正当化、司法广场化和剧场化的观点问题，因为对它们的宣扬，有可能让犯罪得以公开展示。换言之，在报应主义之下，司法机构必须凸显程序的意义而将犯罪在社会中展览，不过，这一展示过程是在广场化司法场景中进行还是在剧场化空间推演，在人类社会的不同时期有不同的做法，早期的统治者为了展示犯罪的不可饶恕和君权的不容染指，一般选择在广场领域专司惩罚之法，但这样会带来很多弊端，而且使对犯罪的报应演化为利用刑法实现威吓的过程，报应目的走向了反面。所以，近现代以来，司法的剧场化得以强调。通过剧场化的审判固然可能实现刑罚的预防功能③，但是，更多的或者是根本的考虑还是为了实现报应目的，这也是为了追求一种精心设计的、惩罚的美学。

通过报应的惩罚既是刑罚的运用，也是一种美学，更是伦理上的直觉——形式主义的观点，它力图证明惩罚是犯罪行为的直接必然的、合乎伦理——逻辑的

---

① 亚里士多德. 尼各马科伦理学. 苗力田，译. 北京：中国社会科学出版社，1990：96.
② 周光权. 行为评价机制与犯罪成立：对犯罪构成的扩展性思考. 法学研究，2000（3）.
③ 今天在刑法中强调预防目的的诸多国家也在狭小的剧场化空间审理犯罪即是明证。

结果。① 报应作为伦理上的直观效果，一方面，满足了刑罚的道义性，体现了伦理上的必要性，使刑罚并未单纯地降格为一种外在的强制而具有实现的道义根据；另一方面，它也获得了常识的支援，报应是一种得到公众认同的常识，这种常识为报应主义之树长青提供了社会支撑力。换言之，关于报应的直觉——形式主义得到了常识的声援。德国学者指出，常识也许会这样来回答为什么要惩罚罪犯这个问题：这当然是正当的，而且是因为他应当受到惩罚。康德和黑格尔也这样说道："这没有什么奇怪的；惩罚是决定命令的要求；惩罚是邪恶的逻辑的必然结果。"②

报应主义从根本上来讲，是为了满足刑罚正义的需要，因为正义是评价某一行为或者某一社会制度的道德标准，是社会制度的首要价值，它往往成为一种行为和一种社会制度存在的正当性根据。在刑法领域，追求报应目的从而实现社会正义也是必要的。刑罚制度不管它如何有效率和有条理，只要它不符合正义的诉求，按罗尔斯的说法，就必须加以废除或改造。③ 罪犯因为过去的罪行而承受刑罚，社会通过惩罚过程的运作和对惩罚结果的确定来表述多数人接受的或通行的社会正义观念，恢复因犯罪而波动或失衡的社会整体心态。刑罚报应对正义性的追求通过两个途径实现：一是定位惩罚对象；二是确定刑罚配给量。

报应限定了刑罚的适用对象，它要求将刑罚惩罚的对象限定为罪犯，追求所谓的有罪必罚、无罪不罚，由此来框定惩罚权的施行界域，满足报应刑质的要求。报应还限定了刑罚的适用程度等，在具体决定针对罪犯个人的刑罚分配量时，要如哈特所说的，像考虑所有权概念那样分析刑罚分配问题。讨论所有权问题，自然要涉及应当允许一定主体基于一定资格获得多少数量的财产这一内容，这是财产分配的数量问题。在刑罚适用中，也必须考虑分配的报应正义中的惩罚分量这一环节。④ 按照报应论的观点，惩罚的程度与犯罪人所犯罪行的轻重相均

---

① 包尔生. 伦理学体系. 何怀宏，等译. 北京：中国社会科学出版社，1988：523.
② 包尔生. 伦理学体系. 何怀宏，等译. 北京：中国社会科学出版社，1988：524.
③ 约翰·罗尔斯. 正义论. 何怀宏，等译. 北京：中国社会科学出版社，1988：1.
④ 哈特. 惩罚与责任. 王勇，等译. 北京：华夏出版社，1989：4.

第十章 关于惩罚的传统表述

衡，对犯罪人的刑罚惩罚不得超过犯罪的严重性程度，做到重罪重判、轻罪轻判、罚当其罪。

在如何具体配给刑罚量上，康德和黑格尔是有分歧的。

康德主张应当根据犯罪人的主观恶性程度分配刑罚。道义报应论承认法律义务与道德义务具有同一性，法律义务以道德义务为基础。所以在康德看来，"国家刑法之建立并不基于要维护国家的权力，而是基于伦理的报应的必然"[①]。那么，在对犯罪人发动刑罚时，也应当以其道德义务为基础，根据主观恶性的大小施加相应比例程度的否定伦理评价，保持刑罚与道德的协调一致。黑格尔则强调应根据犯罪的客观危害程度实施报应，应以其客观上对社会造成的危害为基础。按照黑格尔的经典表述就是，犯人行动中包含着犯罪的概念，也包含着形式的合理性，即单个人的希求。刑罚中包含着个人的法，处罚个人正是尊重他是理性的存在的体现。如果不从犯人行为中去寻求刑罚的概念和尺度，个人就得不到这种尊重。[②] 人们一般认为，黑格尔的观点是站在报应主义立场上的有最大公约数的见解。

在当代中国的刑法实践中，报应的观念随时随地得到张扬，其中法律报应的主张得到更多的赞同，人们更倾向于以法律规定的客观危害作为报应的基础。但是，这丝毫不意味着人们完全抛弃了道义报应的立场。我们本能地接受的观念是：犯罪是一种罪犯本人选择的、可以避免的恶，根据犯人的罪过确定对犯罪的否定道德评价是适用刑罚的基点。在此基础上，再在法律限定的惩罚范围内确定具体的刑罚量，通过对犯罪客观上给社会秩序和法秩序所造成的损害的考量，实现对犯罪的法律上的否定。所以，我们的报应观是一种奇特而复杂的混合物，以道义谴责为基础，以法律责任限定惩罚的边际。在这个意义上，刑罚伦理上的必要性和逻辑上的必要性、社会伦理与法律尊严这些多少有些冲突的观念以独特的

---

① 德国学者文德尔班对康德的思想曾经作过如下评价：自由是康德全部实践哲学的中心概念，他又把自由当作他的法学基础。法律的任务就是制定一些条例，用这些条例让一个人的意志按照自由的普遍规律同另外一个的意志结合起来，并通过强制执行这些条例以保障人格自由。文德尔班.哲学史教程.下.罗达仁，译.北京：商务印书馆，1993：765.

② 黑格尔.法哲学原理.范扬，等译.北京：商务印书馆，1961：103.

方式捏合在一起。①

不过,在中国刑罚实践中,报应理论可以适用的犯罪是有限的,对自然犯、被害人明显的法定犯,人们希望报应目的能够实现;对很多法定犯而言,可能就是另外的情形了,这是我们必须承认的。

31. 功利主义:手段与实效

边沁指出,功利既是社会统治的基础,也是法律的基础。所谓功利意指一种外物给当事者求福避祸的那种特性,基于这种特性,该外物就趋向于产生福泽、利益、快乐、善或幸福,或者防止对利益攸关之当事者的祸患、痛苦、恶或不幸。假如这里的当事者是泛指整个社会,那么,幸福就是社会的幸福;如果是指某一个人,那么幸福就是个人的幸福。②在刑法领域,用功利来说明刑罚的正当根据,无非是为了追求防止犯罪发生、惩罚犯罪的实际效果:刑罚蕴含着剥夺生命、自由、人格、财产权利的痛苦,用它来构筑阻挡人性泛滥的堤坝,防止个人犯罪是可能的。基于刑罚功利性的考虑,威慑③、矫正是功利论者先后强调的,其中贝卡里亚、费尔巴哈意图通过法律威吓来预防犯罪,而龙勃罗梭、菲利则设想通过矫正措施来预防犯罪,不过,它们的归宿点都只有一个:刑法的威吓或教育、改造措施针对个人,但指向更为广泛的社会;所有针对犯罪的反应,都不是目的而是手段,由此能够取得的社会效果才是刑法学者要考虑的。

惩罚的功利主义既建立在经验论的基础上,又反映了目的论的要求。人能够趋利避害、比较通过犯罪的获利和应得惩罚量的悬殊程度,作为功利主义立论基础的这种理论预设就是建立在经验观察的基础上的,对惩罚效果的分析也离不开对经验事实的考察,它自然就不是一种对刑罚的纯粹哲学思辨。功利主义还认

---

① 陈兴良.刑法哲学.3版.北京:中国政法大学出版社,2004:355.
② 周辅成.西方伦理学名著选译:下.北京:商务印书馆,1987:212.
③ 对威慑论的深入研究,请参见 Dan M. Kahan. The Secret Ambition of Deterrence. *in Harvard Law Review*. Vol. 113 (1999). pp. 419-500.

第十章 关于惩罚的传统表述

为,刑罚不是任何个人或社会对犯罪的本能或机械的反应,它具有根据需要作出调整的能力,带有明显的目的性,这一目的就是预防犯罪和保全社会。对此,李斯特强调得最多,他认为通过刑法的反应惩罚或挽救个人这种功利目的的推行,确保刑罚从本能的、盲目的冲动的行为到合目的性的进化过程得到实现。① 包尔生则指出,刑法学正在开始抛弃思辨哲学的纯粹形式主义观念,并正在转向目的论观点,这是十分令人鼓舞的。以前由于黑格尔等人对"悟性的"即因果性观点的轻蔑态度使得人们对惩罚的效果问题完全忽略。目的论一方面提醒人们注意犯罪的原因,另一方面,又让人们注意惩罚的效果。人们可以指望这种理论将在对付犯罪方面取得成功。②

功利主义既重视一般预防,又强调特殊预防。"在某些情况下直接起作用的刑罚强化了规范的一般动因力(Motivationskraft),此即所谓一般预防。"③ 通说认为,一般预防的核心是威吓,但对通过何种途径实现威吓,不同历史时期的做法不同。早期专制社会中的一般预防建立在恐怖之上,通过展示赤裸裸的肉体征服过程来达到刑罚的威吓阻吓效应。后来,由于刑事古典学派者尤其是费尔巴哈的鼓与呼吁,刑罚的威吓由肉体威吓转向了心理强制,"用法律进行威吓"使得惩罚更加节制、隐秘和影响久远。费尔巴哈主张,为了防止犯罪,必须抑制行为人感性的冲动,通过事先公布成文法(罪刑法定),使人们能够知道自己因犯罪而受刑之苦大于犯罪所得之乐,从而将犯罪意念消灭在萌芽状态。此后,追求多元化一般预防效果的多元遏制论④和以确认规范有效性的积极的一般预防论⑤又

---

① 木村龟二. 刑罚学词典. 顾肖荣,等译. 上海:上海翻译出版公司,1991:407.
② 包尔生. 伦理学体系. 何怀宏,等译. 北京:中国社会科学出版社,1988:525-526.
③ 齐佩利乌斯. 法哲学. 6版. 金振豹,译. 北京:北京大学出版社,2013:230.
④ 多元遏制论不再把威吓当作一般预防的唯一手段,而是追求多元的一般预防作用。安德聂斯指出:刑罚的一般预防作用应当由恫吓、强化道德禁忌(道德作用)、鼓励习惯性的守法行为三部分组成。安德聂斯. 刑罚与预防犯罪. 钟大能,译. 北京:法律出版社,1983:5.
⑤ 雅科布斯指出,刑罚清楚并且高度地使刑罚后果所归属的行动承受了一种可能性,一种必须普遍地把握这种行动作为不值一提的行动来学习的可能性。这种选择的无价值性是如此理所当然,以致它要作为不可经历的选择而被排除掉。这不是威吓意义上的一般预防,而是学会对法律的忠诚意义上的一般预防。雅科布斯. 行为·责任·刑法——机能性描述. 冯军,译. 北京:中国政法大学出版社,1998:105.

开始登场,并且,各自都有相当的影响力。

特别预防论内部又有剥夺犯罪能力论和矫正论之别。通过对犯罪人进行肉体折磨使之不敢犯罪;通过残忍的方法剥夺犯罪能力(最极端的方法就是死刑适用)使之不再犯罪,在人类社会相当长的历史时期大行其道。随着人道主义思潮的复兴,以矫正为基础的近代个别预防论得以产生,这种理论注重消除犯罪人的人身危险性,通过对罪犯身心的治疗,使之返归社会。

32. 一体论的困境

报应论和功利论之间存在尖锐的对立。为了克服这种矛盾,具有折中性质的一体论开始崛起。

一体论认为刑罚的意义与目的除在于公正地报应犯罪之外,还在于威吓社会大众,以及教化犯罪人。因为报应、威吓与教化等刑罚目的,在本质上存在对立矛盾之处,故必须调和这种对立现象,将各种不同刑罚目的间的矛盾减至最低限度,使之能并存互助生效。[①] 在一体论内部,又大致有三种学说:(1)自然犯与法定犯相区分。自然犯的本质是严重违背了社会的道德情感,所以对于其适用刑罚是为了表达道义谴责;法定犯则对社会道德没有威胁或危害甚微,对之适用刑罚完全是国家出于保全自身的功利需要。(2)威吓与谴责相统一。根据功利要求,刑罚应使人产生肉体上或精神上的痛苦,由此威吓犯罪、控制犯罪。根据行为人已经实施的、客观存在的行为的错误程度适用刑罚,施加谴责,"以恶报恶",这则是报应主义的要求。对任何一个罪犯适用刑罚,必须同时考虑刑罚的这两种属性。(3)依刑事实践过程确定刑罚根据论。在立法阶段考虑一般预防,审判阶段以报应为根据,行刑阶段则考虑特别预防的综合理论是广为流传的一体论。[②] (4)以报应限制预防的一体论。陈兴良教授指出,根据已然之罪确定刑罚

[①] 林山田.刑法通论.下册.6版.台北:台大法学院图书部,1998:696.
[②] 帕多瓦尼.意大利刑法学原理.陈忠林,译.北京:法律出版社,1998:346.

报应,根据未然之罪确定预防,并追求报应与预防的统一,以报应制约预防。①

一体论是一种本着解决实践问题的"功利"考虑而提出的主张,它们自身是有一定道理的,而且有些观点"媚"刑事实践之"俗"的意图十分清楚,其结论也似乎不言自明。例如,综合论中的依刑事过程分别确定刑罚正当根据的理论就明显是毫无意义的言说,立法、审判、行刑的本质不同,其考虑刑罚问题时的重心就不同,这是妇孺皆知的事实,所以,这种综合论实质上是在讨论刑罚根据时"顾左右而言他",表面上言之凿凿、冠冕堂皇,事实上是无的放矢、空洞无物。其他的综合论要么不能贯彻到底,要么没有切中要害。

按照刑事实践活动本身的要求,我们或许的确需要一种一体论。但是它又绝不是前述的这些令人难以满意的综合论(Die Vereinigungstheorien)。我认为,在这个问题上,明确以下两点是至关重要的。

一方面,要实现报应与功利主义的简单调和是不可能的。换言之,在我看来,上述诸种关于一体论的学说有的纯粹为了追求理论构架上的完满,有的仅仅依据观察到的表面事实,就作了对问题的复杂程度加以消解的判断,从而得出了一些似是而非、于事无补甚至可以说是不负责任的结论。我承认,自然犯和法定犯区别是有意义的,但是,它们之间的关系是相互的。在现代国家,出于罪刑法定的考虑,刑事法成文化的趋势越来越明显,网络犯罪、利用高科技手段的经济犯罪、科技事业发展中的过失行为大量增加,刑法必须应付这些法定犯,惩治这些犯罪所要遵循的哲学理路,并不主要是功利主义的考虑,而是犯罪对社会的客观实际危害程度,这几乎是人类亘古不变的刑事司法传统的主流,所以,并不是对法定犯的处罚就可以远离公正目标。而且,在法律成文化相当长时期之后,"王法"逐渐被公众所知晓,法定犯有向自然犯转化的趋势,对这种自然犯的处罚,与对加罗伐洛意义上的自然犯的处罚,应当持相同的立场,即在有的个案中,仍然要考虑通过刑罚适用来警告意欲效仿的危险人物,从而保全社会自身,所以,对自然犯的处罚也不是完全置功利效果于不顾。问题的关键在于,笼统地

---

① 陈兴良.刑法哲学.3版.北京:中国政法大学出版社,2004:379.

讲对自然犯适用刑罚要考虑报应目的，对法定犯的处罚应考虑功利要求并不准确，我们需要考察的是具体的个案中法官考虑问题的出发点是什么，针对某个具体而特殊的主体，法官基于报应的考虑适用刑罚，功利需求就被他所排除，此时报应与功利的统一就没有存在的余地，讨论它们一体化的意义就丧失殆尽。

我也承认，刑罚具有适用上的严厉性与施加谴责的特征，但是，这是刑罚的本性，只要一种措施被规定为或者升格为刑罚，它就与生俱来地具有这种秉性。这与"国家采用刑罚为什么是正当的"这一问题是截然不同的，不能糅合在一起讨论。所以，赫希的这种一体论以及我国学者所提出的"刑罚的谴责性构成适用严厉的处理之外的'一种独立的证明刑罚的正当性的因素'"[①] 的观点，都难以有十分充分的立足根据。

我们必须清醒地看到，报应与功利之间有时存在不可调和的矛盾。针对具体个案、具体犯罪和具体的犯罪人而言，一旦报应目的成为首选，功利要求就被弃而不用；一旦功利需求必须被满足，报应的瓶颈（约束力）就被突破。

例如，哈特就曾经指出：

> 在法庭基于一种已经流行的犯罪而判决一个罪犯时，如果法院宣判的刑罚比在别的类似案件中作出的刑罚更为严厉，并把它宣告为"一种警告"，就出现了一种价值冲突。它为了社会的一般安全或福利而放弃了"同样情况同样对待"的原则。[②]

所以，空谈报应与功利的有机统一，以报应约束功利，或者同时兼顾报应与功利，都只停留在纸面上，没有考虑到刑事实践活动处理原则、裁判标准、司法结论的唯一性这一特质。在我国很有影响的观点认为，刑罚运作以报应为主，以报应约束功利，这种在报应范围内考虑功利的观点，实际上仍然没有突破报应主义的界域，仍然是一种报应主义。例如，对于累犯从重处罚的功利考虑，仍然是在法定刑幅度内进行的，按照罪刑法定主义的观点，只是未突破刑法规定的范围，仍然是总

---

① 邱兴隆. 刑罚报应论. 刑事法评论，2000（6）：273-274.
② 哈特. 法律的概念. 张文显，郑成良，等译. 北京：中国大百科全书出版社，1996：163.

体上反映着报应主义的要求。所以,前述观点,既语焉不详,又极难操作。

个人和社会的心理定式都有"以恶报恶"、寻求公正解决问题的报应主义的传统,从而发泄不满,抚平创伤;同时个人和社会客观上又存在着追求的一定目标,并在向这些目标挺进的过程中独善其身。所以,报应主义和功利主义都有自己的市场和生存空间,问题是,在二者相互敌对之时,社会职能根据当时的发展状况和整体需求作出要么公正判案要么满足犯罪控制目标的选择。公正目的和功利考虑这两种刑法选择必然有一种在当时社会条件下占上风,成为刑事实践之首选,此时,报应与功利的兼顾基本没有可能,讨论报应与预防的"有机统一"沦为纸上谈兵。

有人甚至提出,在当今世界,由于刑事古典学派理论和实证学派理论的交融与沟通,报应主义和功利主义日益走向统一和折中。这种观点存在很多不足,甚至可以说是刑事法学的臆测、一厢情愿或以讹传讹。

刑事古典学派和实证学派有过交战,也有过沟通,但是,在我看来,由于它们的立足点和归宿点都不同、言说方式也大相径庭,二者不能从根本上走向统一和折中。从这个角度看,我们对报应主义和功利主义一体化说也可以提出同样的疑问。一体论的观点似乎符合常识:没有哪一个统治者只在刑事活动中为了实现报应正义的符号性要求而置社会稳定、政权巩固的功利目标于不顾;也没有哪一个政府当局完全地以刑罚作为追求功利目标、实现暴政的工具,而置民众的报应正义渴求于不顾。一体论注意到了这个问题,但最大的弊害在于似乎只停留于此。其实,一体论所饶舌的话题,无一不在报应论或功利主义者考虑的范围中,只是报应论者、功利主义者不满足于折中立场的不负责任的搅和、不得要领的言说,才剑走偏锋,追求极端和片面化。折中说似乎四平八稳,永远正确,但却处处是软肋,于事无助,极端和片面永远要承受攻击、承担风险,但是,极其深刻,能够真正解决问题。

另一方面,从总体上看,任何国家、任何时期的刑事活动尤其是审判活动,总体上是在报应正义主义的旗帜下展开的。这是因为追求报应正义是法律的本能,只有在此基础上对罪犯施加道义与法律谴责的司法活动才能赢得公众之认

同。否则，不但犯罪无法得到惩治，惩罚弥散化和标准失却的危险也会滋生，司法权过于疏忽或过于频繁动用更会使统治权合法化的危机衍生。强调报应对惩罚犯罪是有特殊意义的，对保全国家和社会是有特殊效果的。学者指出，震慑并不是刑法政策的唯一考虑因素，因为法律还"断然声明了这样一个原则，即仇恨的感觉和复仇的欲望……都是人性的重要因素，在这样的情况下，应当以恒定的、公共的和法律的方式来满足这种感觉和欲望"①。从这个意义上讲，刑罚报应是刑法领域最根本的功利主义。

由此可以看出，公正似乎应当为任何国家和社会的道义首选价值，在此基础上再考虑社会秩序的要求。博登海默对此指出，一个法律制度若要恰当地完成其职能，就不仅要力求实现正义，而且还要致力于创造秩序。这一论断可能和受到质疑，因为一仆不能侍二主。当二主所追求的是截然不同的目标，发布的是互不一致的命令，而且几乎每从事一定的行为方针他们就发现此与其目的相左时，折中质疑便可能是正确的。当这二主为共同的主要目标奋斗，并在追求这些目标中相互合作，而只有在相对较少的情形下才分道扬镳时，对这二主中任何一位的服务并不排斥对另一位的服务。在一个健全的法律制度中，秩序与正义这两个价值并非时常冲突，相反，它们都紧密相连，融洽一致。一个法律制度若不能满足正义的要求，那么长期下去就无力为政治实体提供正义与和平。另一方面，如果没有一个有序的司法性质制度来确保相同情况相同对待，那么也不能实现正义。因此，秩序的维持在某种程度上是以存在一个合理的健全的法律制度为条件的，而正义需要秩序的帮助来发挥它的一些基本作用。为人们所需要的这两个价值的综合体，可以用一句话加以概括，即出现旨在创设一种正义的社会秩序。②

这种法理学上的综合主义观点在刑法学上演化为"刑罚之意义与目的应以公正报应为主，并辅以一般预防与个别预防"的综合理论。③ 当然，这种调和、折中理论仍然特别强调正义的意义与作用，认为刑罚的主要目的乃在于公正地报应

---

① 波斯纳. 超越法律. 苏力, 译. 北京: 中国政法大学出版社, 2001: 309.
② 博登海默. 法理学——法哲学及其方法. 邓正来, 等译. 北京: 华夏出版社, 1987: 302.
③ 林山田. 刑法通论: 下. 台北: 台大法学院图书部, 1998: 696.

行为人的罪责,刑罚应当是符合比例原则之公正刑罚,不可过分强调威吓社会大众之一般预防功能,或是过分强调教化犯罪人之个别预防功能,而轻易破坏刑罚公正报应之本质。

33. 告别传统：可能与现实

尼采指出,惩罚事实上不是意义单一的概念,而是多种意义的组合。惩罚的全部历史,它为各种目的所使用的历史,最后都集结为一体,难以分解,难以解剖,而且必须强调指出的是,对它根本无法下定义。他列举了惩罚的诸种目的来说明惩罚意义的不确定性、偶然性,以及同一个（刑罚）惩罚程序被利用、被解释、被装扮,从而服从于不同目标的可能性。

为了消除破坏的危害性,防止进一步的破坏而实施的惩罚。

为了以某种方式（甚至用一种感情补偿的方式）向受害者补偿损失而实施的惩罚。

通过惩罚来孤立破坏平衡的一方,使失衡现象不继续发展。

利用惩罚使那些惩罚的决策人和执行者产生恐惧感。

通过惩罚抵消犯人迄今所享受的优惠（比如强迫他去矿山作苦役）。

用惩罚来排除蜕化的成员……把惩罚当作庆贺,也就是说对终于被打倒的敌人实行强暴和嘲弄。

通过惩罚建立记忆,不论是对受惩罚者（即所谓对他实行"改造"）,还是对目击者而言。

惩罚作为当权者要求犯人支付的一种酬金,因为当权者保护了犯人免受越轨的报复。

只要强悍的种族仍然坚持报复的自然状态,并要求把这种自然状态当作它的特权,那么惩罚就要和这种报复的自然状态进行调和。①

---

① 尼采. 论道德的谱系. 周红,译. 北京：生活·读书·新知三联书店,1992：59.

尼采的分析充分表明，对刑罚目的作单一的、浅尝辄止的说明，是完全不能令人满意的。关于惩罚制度的分析，必须从抽象历史分析的角度，深入制度本身才能有所收获。

在我看来，以报应为立足点同时适度考虑功利需求的形形色色"刑罚复合性"的观点①，多少有浅尝辄止之嫌，为了迎合惩罚问题上的大众胃口而把复杂问题简单化了。虽然这些观点为绝大多数人所接受，但仍有谬种流传之虞。因此，在对罪犯的刑罚惩罚和社会反应问题上，我们需要更为深刻、刨根问底式的思考。在这里，至关重要的问题是，如果仍然将思维限定在惩罚、教育、报应、预防、人道、尺度这样的框架内，刑罚论研究将走入死胡同，关于刑罚正当根据与目的的解说将无法获得与时俱进的学术上的生命力。

关于惩罚问题的新思考是建立在这样一个基础上的：刑罚必须被作为一种与功利主义有区别的、着眼于未来的社会治理策略来看待。现代刑罚体制要对规范负责，也要对社会负责。刑法通过把个体作为"犯罪分子"重新构造起来，利用刑罚来更好地监视、处置和控制他们。

刑罚作为当今世界文明国家所维持的文化制度之一端，其内容与性质绝不是过去作为学派之争的对象所议论的那种简单的东西。适用刑罚在多数情形下都固然能够达到报应正义的目的，在很多情况下也能满足功利需要，这些都应当视作与刑罚这种措施伴随的、无法剥离的效果，此乃不言自明之理。但是，我们应当看得更远一些。对此，包尔生有着较为清醒的认识。他指出，惩罚的实施是因为已经犯下的罪行。可是这个"因为"并不是惩罚的真正理由，而只是惩罚的近因。理由应当从后果中去寻找，而后果不在过去而在将来之中。② 不过，刑罚着眼于将来并不仅仅是威慑着普通人不犯罪或者使犯罪者将来不再犯罪而是将惩罚的痛苦加诸犯罪人。在这里，我们必须承认，存在一种对国家、社会公众和个人都意义重大的关于惩罚的政治经济学在起作用。③ 刑罚的操作者在惩罚犯罪的过

---

① 大塚仁.犯罪论的基本问题.冯军,译.北京：中国政法大学出版社,1993：177.
② 包尔生.伦理学体系.何怀宏,等译.北京：中国社会科学出版社,1988：525.
③ 对此,请参见赵震江.法律社会学.北京：北京大学出版社,1998：347-348.

程中站得更高、看得更远、做得更多。

按照犯罪本质的规范违反说，刑罚的目的是通过确实的、妥当的处罚，来展示法秩序的不可侵犯性，使公众对法秩序产生信赖感，从而维持行为规范的有效性，实现规范的一般预防。这就是积极的一般预防论或规范的一般预防论。这一刑罚目的理论，和传统的、消极一般预防论（通过残酷的刑罚的运用，使一般人产生恐惧感，不敢犯罪、远离犯罪，从而达到预防效果）明显不同。①

33-1 刑罚的意义：对规范破坏者的反驳

刑罚的内容及任务不能离开秩序本身，也不能离开对秩序意义的理解来加以讨论。

当行为人认识或者至少能够认识其行为重要的因素时，则行为人的行为，不只是一个表现于外的实际作用，也意味着行为人通过其行为表达一种主张。在此，基于行为人对自己的动机有权责（管辖），归责就产生了：在具备重要的要素下，行为人可以支配自己有避免行为的动机能力，即他可能为其他行为，但由行为人实际的行为显示出，他并没有让他所支配的动机能力发生作用。对行为人通过行为所表达的主张要反驳，行为人因此被归责，而这个反驳，就表现在刑罚中。

对规范破坏者的反驳就是刑罚，通过这个反驳，来证明这个被破坏的规范被坚持。这个反驳，是作为社会成员的规范破坏者所付出的代价，付出这个代价，对"破坏"的消除是必要的。

在这里，刑罚是一种强制，而且强制的种类繁多，这些强制以内在紧密连接的方式交织着。首先，强制是作为一个意义的承载者，它所承载的是对犯罪的回应：犯罪，它作为一个有理性、具有人格之人所为的犯罪行为，所意味的是对于规范的否认，对于规范效力的攻击；而与此同时，刑罚的意义则在于表明，行为人的主张是不值得赞同的，规范不受影响地持续发挥其效力，社会的形态得以继

---

① 井田良. 讲义刑法学·总论. 东京：有斐阁，2008：542.

续维持下去。①

33-2 刑罚的功能：训练公众的规范认同感

边沁指出：一种惩罚方式，如果不得民心，其效果便和浪费相似，最终使得民众不满，法律虚弱。

> 当民众对法律满意时，他们自觉自愿地协助法律的实施，而当他们不满意时，他们自然会不予协助；倘若他们不积极阻碍法律的实施，那就算好的了。这大大增进了惩罚的不确定性，而犯罪的频繁程度首先就是由于这不确定性而增大的。②

刑罚是对规范破坏者的反驳。刑罚必须被正面地定义：他是规范效果的展示，展示出规范破坏者的代价；刑罚用以实现受破坏规范的稳定化，而维持规范能够作为正常社会交往的遵循标准、行为样板。由此，刑罚论和行为规范违反说之间的关联性得以建立。

这就是刑罚目的积极的一般预防功能。之所以说是"一般"，是因为刑罚效果针对所有个人；之所以称为"积极"，是因为刑罚的效果不在于利用刑罚的恐吓，即不是威吓意义下的一般预防，而是在于训练公众的法忠诚感。换言之，刑罚的目的是要稳定因负责行为而受破坏的秩序、信赖，通过罪责的归责及处罚的施加，使信赖法规范的正当性得到确认，使公众因为规范的有效性而产生安全感，将因犯罪所破坏的规范效果再度巩固起来，借以来维持公众对规范的信赖。刑罚的功能是在于以这种积极的方式来维护法秩序的稳定。③ 在惩罚效果难以实现时，积极的一般预防的目标是："刑罚如果不能使犯罪行为人再社会化，或许它至少还可以增强守法的民众拒绝成为（抗拒再社会化的）罪犯的决心。"④

---

① 雅科布斯.市民刑法与敌人刑法.徐育安，译//许玉秀.刑事法之基础与界限.台北：学林文化事业有限公司，2003：17-18.
② 边沁.道德与立法原理导论.时殷弘，译.北京：商务印书馆，2000：244.
③ 雅科布斯.罪责原则.许玉秀，译.刑事法杂志，1996，40（2）：69.
④ 马库斯·德克·达博.积极的一般预防与法益理论——一个美国人眼里的德国刑法学的两个重要成就.杨萌，译.刑事法评论，2007（21）：446.

雅科布斯进一步说，刑罚的任务并不在于对法益破坏的避免，而在于对规范效果的确认，即借由承认来确立规范的效果。但是，"确认"并不意味着以后不会再破坏规范——这表示刑罚在威吓潜在的行为人，在刑罚目的更多的不是对行为人的未来行为进行预测的情况下，刑罚的赋予，意义不在于对个别的潜在行为人，而是对社会中的所有人。

对于积极的一般预防论的出发点和意义，罗克辛说得更为清楚：

> 它以遏制犯罪为目标，与报应理论直接指向刑法的保护任务不同，同时，它在承认特别预防方面也不是毫无意义的，因为用预防论的观点来看，如果刑罚仅仅对已经犯有刑事罪行的人发挥作用，那么这个理论就是还不充分的。实际上，这个理论除了具有一般地和立即地预防犯罪行为实施的意义之外，在社会政策方面也具有值得追求的价值，而这一点也正是一般预防的各种理论的目标。[①]

---

① 克劳斯·罗克辛. 德国刑法学总论：第1卷. 王世洲，译. 北京：法律出版社，2005：43.

第十一章　刑罚进化论的疑问

刑罚进化论①认为越是到现代，刑罚越人道、文明和轻缓②，这是一种似是而非的理论，但是它流传很广、颇有影响，而且在一定程度上为刑罚的正当性提供支撑。但是，这种观念是大可被质疑的。

我在这里试图揭示：所谓的刑罚进化论是不能成立的；刑罚的正当性与进化论无关，而只与刑事政策的运用，以及规范有效性的维持、规范的稳定有联系。坚持刑罚进化论命题，在刑事法领域会产生负面效果。

我的研究，丝毫没有主张刑罚应当趋重，赞成保留死刑这样的意思。我的真实想法是：人们与其关注刑罚是否"单向性"地进化，是否符合人道主义这样宏大且极具欺骗性的命题，不如仔细探究刑罚机制中的复杂性、动态性、多样性问题——刑罚如何在社会中"假借"刑事政策的名义通过细微的权力渠道来现实

---

①　这里的"进化"一词，按照通常的理解，包括以下三层含义：（1）进化是事物从分散的未成形状态到集结为可感知的事物的过程；（2）进化是一个事物由单一变为多样化的过程；（3）进化是指事物从不稳定走向稳定、固定的过程。进化论也就是在上述意义上把握"进化"的概念。

②　张晋藩.中华法制文明的演进.北京：中国政法大学出版社，1999：315；马克昌.刑罚通论.武汉：武汉大学出版社，1995：86；类似的观点也请参见邱兴隆.嬗变的理性和理性的嬗变——主题报告：刑罚进化论·评论·答辩.现代法学，1999（5）.

第十一章 刑罚进化论的疑问

地、不可避免地发挥作用？惩罚的权力如何善变、有针对性和有效性？刑罚如何与规范违反说相勾结，轻易地触及人的灵魂却又"润物细无声"？由于刑罚进化论是一个足以遮掩这些问题的命题，所以，在刑事法领域，进行一场反对思维简单化的"革命"，就是有必要的。

34. 刑罚进化的表象

刑罚进化论明显受到历史决定论的影响。

历史决定论认为，存在一条决定人类社会过去、现在和将来的，不以人的意志为转移的发展规律。这种规律有可能被有权者发现，从而积极推进社会的"线性"进步，由历史决定论可以引申出社会进化论。但是，这样的理论是一种虚伪、无法证实也无法验证的假说。

按照波普尔的说法，历史决定论是一种古老的理论，源远流长，并且在现实中有不同的表现形态：有"神学方式的历史决定论"，这是最古老的形式，认为上帝意志决定社会发展的方向；有"自然主义的历史决定论"，认为自然界的客观规律决定社会历史发展；有"心灵主义的历史决定论"，这种学说认为思想规律决定社会发展；还有认为经济规律决定社会发展的"经济主义的历史决定论"等。上述观点虽然形态各异，但本质都是相同的，即认为历史进程为一定规律所支配，人们完全可以精确地预见、操纵历史未来的进程。但是，波普尔指出："因为社会中的事实千差万别，不会重复地发生，并且要受到各种偶然因素的干扰、制约。既然任何历史发展的预言都无法被事实所确认，那么，它就不可能经过严格检验而被上升为科学规律。"[1] 波普尔由此强调：历史决定论是封闭的社会意识形态，它和开放社会所依赖的理性批判精神格格不入。

刑罚进化论就是在历史决定论的思路影响下产生的。有的学者为了论证刑罚进化论的观点，对刑罚运用的时代进行了划分，认为刑法的产生，是以国家权力

---

[1] 张传开. 西方哲学通论：下. 合肥：安徽大学出版社，2003：346.

的形成作为前提的。因而,刑法虽源于复仇,但其性质具有政治因素,不同于作为单纯私力救济的复仇,所以,复仇只是刑法的前身。自从私力救济公权化之后,刑法获得了国家刑罚制度的完整意义。于是,刑法进入了循序渐进的威吓时代、博爱时代和科学时代。① 这是一种受所谓的历史进化论影响的、没有多少根据的臆想,或者说只是看到了一些表面现象。

根据一般的见解,威吓时代的刑法否定了复仇,国家克服了血缘部落,国家享有了被害人的复仇权和赔偿权。复仇时代被害人复仇的恣意,此时成为国家认罪科刑的恣意。个人是有义务而无权利的,国家恣意峻刑以威吓犯人之恣意的侵害或复仇,使之服从国家命令,成为此一时期的特点。刑罚制度较诸复仇时代,不仅更为公正,而且更为确定,因而完成了由主观到客观的过程。刑罚客观化成为威吓时代的历史成果,民事责任和刑事责任的分化得以完成。但刑罚仍然属于本能的、反射性的东西。

博爱时代的刑法否定了威吓时代的刑法,其特点在抑压国家的恣意与残酷,自由刑等成为否定恣意和残酷的方法和表现,保障自由和人权成为根本。此一时期的刑法是天赋人权的实现,自然法论的产物,个人自觉的结果。因而,意思自由的认识成为这个时代刑法和刑法理论的骨干。

科学时代的刑法否定了博爱的刑法,从威吓、博爱二阶段间的关联看,科学时代的刑法实为否定之否定。这个时期的刑法改变了以前单纯注重保护个人自由的方针,兼带保护团体,是对威吓时代刑法的一种回归和升华,属于自觉的、有意识的东西。②

科学时代的刑罚观主张特别防卫主义,认为刑罚之于犯罪,并非目的,改善犯人,使其重新回归社会生活,才是它的目的。由此,新派学者才提倡行刑改革朝着改善刑的方向进化。并且要求,国家应从法治国进入文化国,以保障共同生

---

① 详细的分析请参见牧野英一. 日本刑法. 东京:有斐阁,1932:38;以及王觐. 中华刑法论. 北京:中国方正出版社,2005:20.

② 我国学者蔡枢衡就赞成这样的观点,对此,请参见孔庆平. 蔡枢衡的刑法思想研究. 刑事法评论,2001(9):358.

第十一章 刑罚进化论的疑问

活为目的，尊重任何一个人，包括犯人，也不能弃之不顾。① 正如牧野博士所说：法律是冷酷的，但我们可以用温暖的方法来处理。② 换言之，在学者眼中，只有实行目的刑论、教育刑论，只有行刑教育化，才能保障犯人作为人所应享有的权利，这也是社会由法治国趋近于文化国的必然结果。

我国学者也指出，世界各国的刑罚演变存在共同之处：（1）刑罚体系由以身体刑为中心到以自由刑为中心；（2）刑罚由繁到简；（3）刑罚由严酷到缓和；（4）刑罚由注重过去到注重将来。③ 上述分析，明显沿袭了"法律进化论"的老路。

法律进化论认为，法是社会的力量，作为社会力量的法律在从无意识状态向自觉状态的进步中有了人文的发展。因此，刑法也会随着社会的进化而进化。在牧野英一眼中，社会的进化有两种法则：一是制度从本能的、反射性的东西转变为有目的的、自觉的东西；二是制度从简单的东西转变为分工的、周密的东西。社会是在协调共同生存与生存竞争这一对矛盾中进步的，归根到底是以人和社会的协调为最终目的的。犯罪是社会中的生存竞争所产生的一种弊端，随着生存竞争的激化，犯罪也会自然地增加，其增加是受一定规律的支配的。刑罚要与社会的进展相适应，就必须面临一个时代变迁的问题。所以，无论在理论上，还是在实践上，都必须有意识地推进符合进化规律的进程。因而，当今的刑法应该由适应人道主义时代的个人主义、报应主义、客观主义向适应科学时代的团体主义、目的主义、主观主义进化。

涂尔干坚持法律进化论，与其一脉相承的是，他认为刑法是进化的，利用刑罚惩罚个人的方法也是进化的。

---

① 新派学者极力主张刑罚进化论，是为了"兜售"其刑罚思想，所以是"别有用心"的。换言之，坚持刑罚进化论，刑法理论就会陷入刑法主观主义的可能。不过我国学者在赞成刑罚进化论时，往往忽略了这一点。对此，请参见李海东．日本刑事法学者：上．北京：法律出版社，1995；以及鲁兰．牧野英一刑法进化论思想//刑事法学要论——跨世纪的回顾与前瞻．北京：法律出版社，1998：308-334．

② 这段话是日本原内阁总理大臣佐藤荣在"牧野先生和我的大学生时代"的回忆文章中所提及的。李海东．日本刑事法学者：上．北京：法律出版社．东京：成文堂，1995：77．

③ 高铭暄．刑法学原理：第3卷．北京：中国人民大学出版社，1994：20-23．

在刑法进化方面，涂尔干认为，在机械团结社会中，压制型法尤其是刑法的功能得到了充分发挥。在涂尔干看来，压制型法的目的在于表达并保护集体意识，在于通过迅速谴责并且惩罚那些否认集体意识或者与人们对行为的共同期望背道而驰的人来确定共同信仰。当犯罪在机械团结的情况下发生时，它并不是反对个人的事件，而是对整个社会结构的袭击，因此，有可能会被粗暴对待。在有机团结的社会中，法律对每个人的生存状态都给予关注，法律越来越多地关注补偿而不是惩罚，即便是刑法，也采取更多的措施来保护个人的人身以及财产权利。涂尔干认为，补偿性民事法律的发展是有机团结发展的最容易观察到的指数。而在刑罚进化方面，涂尔干认为，随着社会的发达，就可能容忍更多的越轨行为，在社会由机械社会向有机社会转变时，由于集体意识衰落，多种行为都被容忍，由于刑罚的目的从镇压变成恢复，刑罚的暴力性也会减弱，将会出现一种适用范围广泛的"功能性"的法律，来调节正在形成的有机社会中的相互作用。在这种情况下，由于刑罚的目的从镇压转变为复原，刑罚的暴力性也会减弱。①

然而，许多实证研究似乎表明涂尔干在法律进化方面的论点是不正确的。许多人都认为现代社会越来越倚重于镇压性法律，而简单或者原始社会所采取的方法实际上才是补偿性的。施皮策（Stephen Spitzer）在1975年发表的《刑罚与社会组织》中对涂尔干的"刑罚进化论"提出了批评。他认为较为发达的社会的刑罚更加严厉，而较为落后的社会的刑罚比较宽容。施皮策发现在现代之前的西方国家农村地区中，有相当高的暴力行为发生率，同时有相当高的对暴力行为的容忍度。但是，随着现代化的发展，在城市中出现了大量匿名人口之后，社会才开始一致地、严厉地惩罚暴力行为。涂尔干可能从当时欧洲社会在贝卡里亚等古典学派的倡导下刑罚日益缓和的趋势中得出了自己的观点，但是在刑罚改革之前早就存在的残酷惩罚方法，与社会是否落后无关，而只与君主制度的推行有关。而在更早的、更原始的社会中，不可能存在极端严厉的刑罚。②

---

① 涂尔干. 社会分工论. 渠东，译. 北京：生活·读书·新知三联书店，2000：42.
② 吴宗宪. 西方犯罪学说史. 北京：警官教育出版社，1997：164.

第十一章 刑罚进化论的疑问

我认为，包括涂尔干的观点在内的形形色色的刑罚进化论，都是一种"线性"历史进化论的反映，过于轻率地得出结论，并不足取。

我承认，刑罚在今天变得越来越有目的性、更有效果、更有针对性。但是，这与刑罚进化与否关系不大。

刑罚进化论在很多时候事实上都已经成了一句证实统治现实的合法化的口号。在我看来，进化论既无存在必要，又难以发挥实际的作用。一方面，社会不能对犯罪这种恶行置若罔闻，为了实现正义必须要对犯罪加以惩罚，在惩罚时，为了防止社会对罪犯的憎恶过头，必须保持刑罚的收敛性，保持罪刑之间的大致均衡，这种观念是如此古老和深入人心，使得"惩罚人道化"的口号已经缺乏存在的必要，试图以此来约束司法人员的内心已经显得多余。另一方面，正如许多研究所表明的，由于司法过程中大量难以名状、难以制约的司法权力的运用，使得刑罚人道化的口号经常落空。惩罚在很多时候都不是仅仅为了对罪犯过去的违法行为进行事后处理，而是着眼于建设未来的太平社会，以警示来者，是将一种特殊的历史现实地加以展开。所以，在这里，根据犯罪构成等刑法本体理论控制司法技巧的过分施展才是最为关键的问题。①

如果一定要坚持刑罚"进化论"这个命题，那么，在我看来，就应当在刑法规范主义的意义上坚持。规范是解释世界的方式，它使人产生远离犯罪的心理强制力，可以充分获得作为抑制力量发生作用的效果。从这种观点出发，心理强制说认为应排除刑罚越重越有效的想法，要做到惩罚人道化，就应当把刑罚限制在能够发生抑制作用的必要的最小限度以内。我不赞成费尔巴哈将规范单纯作为强制工具看待这一意义上的惩罚人道化，而毋宁赞成黑格尔所言意义上的规范确证范围内的惩罚人道化：为了表示被犯罪所破坏和否定了的法律秩序与规章制度是现实地存在的，不能允许放任那种不法行为状态，就此而言，对犯罪人进行惩罚就是有必要的。惩罚人道化意味着在恢复被破坏了的法律秩序的意义上，为维护法律秩序而对个人处以必要限度以内的刑罚是正确的。

---

① 由此看来，如何以刑法制约刑事政策是一个非常值得讨论的问题。

35. 社会治理的需要与刑罚改革

根据刑事政策需要的刑罚调整、惩罚的人道化似乎是现代社会的基本特征，但是，仔细地看，这与治理的要求相一致，也与稳定规范的要求相一致。换言之，刑罚的适用在今天被有效控制，或者说适用条件更为严格，不是因为刑罚进化，而是因为权力深刻地嵌入社会治理的过程，并在稳定规范方面发挥着重要作用。

一般认为，18世纪以来，刑罚变得更轻了，死刑更少了。这是启蒙思想和刑事古典学派的功劳。因为启蒙思想家和刑事古典学派提出了"人道"和"尺度"的要求。但是，问题可能要复杂得多。死刑的减少或者是消灭死刑的建议的提出更多地与某种社会策略有关。

在启蒙思想产生的时代，将人与野蛮的公开处决对立起来是为了确立惩罚权的合法性限制，这主要是因为18世纪以前的刑法体制已经陷入了危机，为了解决这个危机，刑事古典学派提出了整套改革的方案，要求刑法必须讲人道和符合尺度，这使得刑法显得更加仁慈了。但是，这只是问题的一个方面，刑法改革的目标远比这个复杂。

在18世纪后半期，由于财富的增加，各种攫取财物的犯罪大量出现。但是，当时的刑法尚未取得独立地位，它同各种习惯、宗教信条及道德规范混杂在一起；犯罪与道德过错和宗教罪孽之间，刑罚与各种性质的纪律处分和治安行政措施之间还没有明确的分界线。这种刑法渊源的混杂性导致刑罚权的无限性以及刑罚的残酷性。由此，刑法改革已成为越来越紧迫的社会需要。人们要求针对非法活动制定新的法律，确定新的评价犯罪标准是完全必要的，以此来实现对犯罪行为的明确界定和有效惩罚。而司法方式的过分与其说是惩罚权力的滥用造成的，不如说是与某种无规则状态联系在一起的。贝卡里亚等人对刑事司法的批评也较多地集中在司法不统一这一方面。

针对刑事司法制度的上述弊端，刑事古典学派提出，越来越有必要确定一种

第十一章 刑罚进化论的疑问

惩罚战略及方法，用一种抽象的、有连续性和持久性的机制取代临时应付和毫无节制的机制。事实上，越来越多的人已经认识到，刑事司法最终陷于瘫痪，主要是因为权力集中在若干点上，造成了一系列冲突和断裂。

职是之故，18世纪刑法改革运动的真正目标，一方面是为了确立一种以更公正的原则为基础的新惩罚权力；另一方面是为了建立一种新的惩罚权力的"构造"，使权力分布的更合理，既不过分集中于若干有特权的点上，又不要过分地分散成互相对立的机构。改革的基本思路是：刑事审判权力不应受君权直接活动的影响，不应具有任何立法权力，应超脱于财产关系，只具有审判功能，但应能充分行使本身的权力。由此决定了刑法的改革应该被解读为一种重新配置惩罚权力的策略，其目标是使之产生更稳定、更有效、更持久、更具体的效果。

在18世纪中期，刑事古典学派的主张是为了在司法机构和在日常的刑罚实践中确立一种关于惩罚权力运作的新策略，刑法理论上的改革试图以一种明确和一以贯之的抽象标准来使对非法活动的惩罚和镇压变成一种有规则的活动，统一司法机构并消除司法机构在惩罚犯罪中的各行其是的局面，保证刑事机构与社会同步发展。

> 从现在起，所有的同质性必须通过筛选、分离和排斥，从大量杂乱的多样性中精选出来；所有的一致性需要被创造；"人为制造出来的"和谐是唯一行之有效的形式。①

新理论的提出不是要惩罚得更少，而是为了惩罚得更有效，其最终是要使惩罚具有普遍性和必要性，使惩罚权力更深地嵌入社会本身。总之，需要建构关于惩罚权力的新结构和新技术，死刑的减少是当时整个计划的一部分。

实际上，此后不少国家所采取的减少死刑的制度和改革家的理论构想之间的差距极为巨大。18世纪的刑法学家主张以一种与昔日的过分严厉的惩罚体系相对应的"文雅"的惩罚方式，他们主张刑罚是一种课程、一种符号、一种公共的

---

① 齐格蒙特·鲍曼. 共同体. 欧阳景根, 译. 南京：江苏人民出版社，2003：10.

道德观念的代表，更是与犯罪行为相对应的"类推式的"惩罚方式。如果当时各国的刑事司法制度都以刑法客观主义的理论展开，那么，人们所可能得到的就应当是一套由各种不同的刑罚方法组成的、与不同的犯罪行为相对应并对所有的人都发出警告的刑罚体系。但是，在这一时期发展起来的是一个以监禁为标志的刑罚体系。监禁迅速取代了其他刑罚而几乎成为制裁所有犯罪的唯一、标准方式，它着眼于对人的躯体的训练，通过锻炼躯体，组织和安排躯体活动的时间和节奏以便最终改造人的灵魂。由此，监狱能够深深地根植于现代社会广泛存在的规范化训练实践中。

从这个意义上看，18世纪中、后期以来的刑罚改革历史不应当被看作是道德观念史的外在化，而应当被看作是权力、知识与人的躯体的关系变化发展史的一章。刑罚制度的变迁，不是为了"进化"，而是为了回应刑事政策的要求，实现社会治理的需要，以达到"善治"的效果。

而中国学者一般接受的观点是：在近代以来，刑罚越来越人道，越来越轻缓。(1) 刑罚体现了一种"人文关怀"，即对人的命运、权利给予了充分的关注。刑罚制度尤其死刑制度是冰冷的、物质的、操纵个人的，是整个社会的规训机制的一部分。但是，刑罚制度在操纵个人、产生效果的同时，尽量保持了一种节制。(2) 刑罚越来越开放化，非监禁刑、开放化刑罚执行方法被大量使用，死刑适用面越来越狭窄。(3) 刑罚适用时越来越强调与犯罪后果相对应，罪刑擅断被尽可能避免。①

在我看来，在学者讨论刑罚进化的思想和观念中，有一种非常浓厚和沉重的启蒙意识，在很大程度上继承了启蒙思想和18世纪以来刑事古典学派的刑法思想。

在今天的中国，规范内的惩罚被极端强调，刑罚似乎呈现出一种人道化的特征。但是，这只是一个表象。国家通过这种规范内惩罚试图达致的目标是对更多人的规范化诱导。

---

① 陈兴良. 刑法适用总论：下. 北京：法律出版社，1999：16-18.

第十一章 刑罚进化论的疑问

人们容易接受的观念是，惩罚和诱导都是依照规范进行的，所以，个人对行为、对社会的可预测性都有所增强，个人的自由也相应地增加。在法哲学上，有的人也认为，这种趋势之所以出现，完全是启蒙运动的功绩。

不过，深层次的研究表明，随着国家的引导，个人获得知识的途径和总量的增加以及惩罚人道化局面的出现，使个人受到的规范约束可能更多，而自由变得更少。按照英国学者的观点，启蒙激进主义的实质，与其说是传播知识，毋宁说是推动了立法、制度化和管理的实践。当时，事关成败的关键问题是必须弥补个人内在的弱点，其手段是行政、立法等整个社会的代表来引导出社会的无限的"教育潜能"，从而实现社会的有秩序的状态。被理解为人类社会的完美秩序的理性，并不置身于个体意识中，理性与个体意识两者不可相提并论，它们各自服从于一套截然不同的、独立的目的系统和行为系统，当两者相遇时，理性必定赋予了相对于个体意识的优先性。①

所以，启蒙运动真正回应的是这样的要求：引导、纠正人的行为，使之整齐划一，弱化或者抑止出于无序或反复无常的举止所产生的后果，以维持和再造社会秩序。启蒙时期以来的社会——思想运动的基本特征在于：

> 不是以真理、理智、科学和合理性之名进行的一场声势浩大的宣传运动……也不是一场出于高尚的理想，把智慧之光带给充满困惑的受压迫者的运动。相反，启蒙运动是一场实践，分为两个截然不同却密切相关的部分。第一，国家扩张它的权力，它的胃口在增大……经过重新组织后的国家，其核心是规划、安排、管理这些与社会秩序的维持相关的职能。第二，创造了一个全新的、有意设计的训导人们行为的社会机制，目的在于规范和调整作为这个教育者和管理者的国家的臣民的社会生活。②

---

① 鲍曼. 立法者与阐释者——论现代性、后现代性与知识分子. 洪涛，译. 上海：上海人民出版社，2000：97.

② 鲍曼. 立法者与阐释者——论现代性、后现代性与知识分子. 洪涛，译. 上海：上海人民出版社，2000：106.

惩罚越来越人道、温柔和有尺度，是为了更好地追求社会治理的艺术。好的统治者并不非得要有一个杀人的武器、一柄剑来实施权力；他必须要有耐心，而不是怒气；构成统治者形象的本质的，并不是杀人的权利和使用暴力的权力。

那么，刑罚的残忍、利用刑罚瞬间直接消灭犯罪人的肉体的这些方法，就是与治理的方法格格不入的，它们或许能够满足国家的社会控制要求，但是却无法达到治理的目标。对于现代社会来说，国家的"治理化"（governmentalization）和国家对社会的控制之间有着明显的差别，而且前者比后者显得要重要得多。

国家治理的顺利实现需要借助于刑事政策。如果把刑事政策界定为国家和社会依据犯罪态势对犯罪行为和犯罪人运用刑罚和诸多处遇手段以期有效地实现惩罚和预防犯罪目的的方略，那么，刑事政策就必然具有意向性、开放性特征。[①]

就意向性特征而言，意向性是确定性与不确定性的统一，以惩办与宽大相结合的刑事政策为例，在国家控制犯罪过程中，必须有惩办，但不是一味惩办，该宽大的要宽大，但不是宽大无边，这是确定的。但是，惩办与宽大的比重关系如何配置，则是不确定的。所以，一个国家在一定时期适用何种方法才能实现惩办与宽大的结合，可能受制于很多偶然因素（包括极其罕见的突发恶性案件的影响、个别领导人意志的突然转变、利益集团的压力等），所以刑罚选择乃至刑法改革有时就是无规律可循的，自然谈不上刑罚进化与否。

就开放性而言，刑事政策本身是一个开放系统，它的存在和发挥作用是以与外界不断交换信息为前提的，政策的制定和执行就是寻求符合目的的最佳手段的不断改革与完善的过程。为有效达到控制犯罪即惩罚和预防犯罪的目的，国家必然愿意选择最佳手段，因为"刑事政策的决策者和执行者应当理智并创造性地运用权力选择、适用适当的策略、战略、手段、措施等，以确保刑事政策之直接目的和根本目的的实现"[②]，在此过程中，政策的调整是随时可能发生的，刑罚也完全可以说是"瞬息万变"、处于动态过程中的，刑罚轻轻重重、重重轻轻，何

[①] 杨春洗. 刑事政策论. 北京：北京大学出版社，1994：7-9.
[②] 曲新久. 刑事政策的权力分析. 北京：中国政法大学出版社，2002：75.

时是"进化",何时是"蜕化",殊难界定。

所以,不是刑罚进化了,而是国家更为善于治理了,从而获得了更多的主动权。

> 如果治理能够理解、反映并利用现代社会的动态性、复杂性和多样性,那么,这个社会只能是一个"积极的社会",也就是说,是"一个能够自我控制的社会"(be master of itself)。为此,与我们过去所习惯的那种治理相比较,现在的治理应该能够更好地处理不确定性、不稳定性,甚至混乱、长期的远景、更广泛的定位以及更多样化的生活方式和意义。①

在一个善治的国家里,刑事政策具有很强的实践性,它"特别关注选择、运用同犯罪斗争的最为合适的谋略、技巧、时机、方式、方法等,以求最佳效果以及接受上的审美要求"②。刑罚种类和执行方法的变迁,都只不过是刑事政策不断调整和灵活运用的直接结果而已。

36. 现代社会中用刑罚浇铸的祭坛

在现代社会中,罪责自负、罪刑均衡、刑罚相对化等观念得到极度张扬,但是,在根本上,刑罚与债权契约、快感体验之间的紧密关联并未被割断,罪孽和痛苦之间阴森可怕、无法切断的观念勾连仍在继续。虽然绝大多数国家的刑事司法制度极力表现其伪善和谨慎,在其刑法典中明确规定的"刑罚必须和犯罪相当",但这样的口号明明是一个幌子。换言之,刑罚不是"进化"的。

一方面,这是因为,刑罚和犯罪之间是非常明确的"债权债务"关系,刑罚(债权)是对犯罪(债务)的补偿。而迫使犯罪人承担刑法意义上的债务偿还责任(换个时髦的术语就是"刑事责任")的过程,就是一次人与人之间的力量对

---

① 詹·库伊曼.治理和治理能力:利用复杂性、动态性和多样性//俞可平.治理与善治.社会科学文献出版社,2000:236.

② 梁根林.解读刑事政策、陈兴良.刑事法评论,2002(11):14.

比、一场"人反对人"的战争。既然是战争，就随时有"升级"的可能，就必须分出胜负，从而为最终的胜利者带来欢乐和快适的感觉。所以，刑罚一直以来就意味着快感的制造，这个"铁则"在近代以前的社会中是被权威者所大张旗鼓地宣扬的，人们在举行王侯婚礼、大规模的公众庆典时或者一些特殊敏感时期开始时，不考虑对某人实行处决、鞭笞或火刑，这并不是很久以前就已然禁绝的事情。在现代社会的某些国家，遇到一些"关键"时刻，会用重刑，自然也是明白无误的事实。在这种现象背后，隐含着这样的观念：犯罪是给他人造成损失，刑罚意味着给犯罪者制造痛苦，痛苦在什么情况下可以补偿损失？只要制造痛苦能够最大限度地产生快感，只要造成的损失，以及由于损失而产生的不快能用相对应的巨大满足来抵偿，制造痛苦本身就是一种"庆贺"。这样的做法似乎和报应观念是一致的，但是，此时用"报应"一词来概括刑罚的隐秘动机，只会蒙蔽和混淆人的视线，将复杂问题简单化。

> 看别人受苦使人快乐，给别人制造痛苦使人更加快乐——这是一句严酷的话，但这也是一个古老的、人性的而又太人性的主题……没有残酷就没有庆贺——人类最古老、最悠久的历史如是教诲我们——而且就连惩罚中也带有那么多的喜庆。①

也许在现代社会里，刑罚残酷的面目多少有些改善，或者残忍得更加隐蔽、残酷中夹杂着些许柔情。但是，问题的实质是，残酷在不断地被升华和神化，它一直潜伏在社会的主流意识形态中，制造和贯穿了整个人类的历史，当然包括人类血腥弥漫的现代史。

另一方面，在现代社会里，国家成为几乎所有的刑事案件中（少数自诉案件则属于例外的情形）名副其实的"债权人"，都会以各种方式使自己的债权得到实现，只不过刑罚的运用方式在表面上变得更为隐蔽而已。

在现代以前的国家形态中，统治者以强硬的、驱逐或者消灭罪犯的方式来清

---

① 尼采.论道德的谱系.周红,译.北京：生活·读书·新知三联书店，1992：46.

偿债权债务，惩罚的方式反映和模仿了人们对于可憎的"敌人"的态度。罪犯作为反对社会整体的违反契约者，过去从社会中得到诸种好处，他不但不报答、感激社会，反而竟然敢主动发起攻击，当他攻击国家本身时，他是在向社会整体挑战，应当得到等量惩罚；当他攻击个别的人时，他向这个人欠下了债务，而国家有保护被侵害的个人的义务，此时，债权的转移实现了，"用犯罪的方法侵害个人就是侵害社会整体"的命题已然成立。所以，只要罪行已经犯下，国家出面的惩罚就是合法的，国家使用极端的方式将发动攻击的罪犯逐出社会也并无不可，针对罪犯的攻击，国家出面惩罚也是一场名副其实的"战争"。由此，罪犯本人不仅失去了所有的权利和庇护，而且失去了获得任何宽宥的机会，受着战争法则和胜利庆贺的反复而又残酷的摆布。

在现代社会中，国家的惩罚基于两方面的原因开始缓和、有节制：第一，国家本身越来越强大，个别的犯罪难以撼动国家存立的根基，所以，国家没有必要与每一个罪犯都斤斤计较。也就是说，债权人越富有，也就越人性化。所以，在制度设计上，现代国家往往在刑法中规定罪刑法定原则，在刑事程序法中规定无罪推定原则，小心翼翼地为犯罪者辩护，从而使司法更为精密化，同时压制被害人的激昂情绪。第二，按照福柯的观点，监禁刑的出现使惩罚的权力和技巧的运用更为娴熟和隐蔽，惩罚的面目开始转变。

但是，国家立场的部分转变并不意味着刑罚性质有根本的改变：一方面，刑罚仍然是债权债务关系的了结。国家仍然必须衡量罪刑的等价性，用以调节"交易"，必须时刻注意被害人、公众、社会潜在的危险分子对个别或者某些犯罪的态度，缓和各方面对犯罪的愤怒情绪，防止事态的发展和扩大，预防较大范围内的或者是全面参与的动荡。所以，刑罚尽管多少变得温和，但它与犯罪的大致等价性仍然必须维持，刑罚的威慑力仍然必须保持。

另一方面，刑罚仍然意味着"战争"和庆贺的仪式。罪犯是与法规、平和的社会秩序作对的人，他破坏了集体生活，背弃了集体生活的前提，被国家视作叛逆者，国家需要用"战争"所赋予的手段和他作斗争。所以，国家针对犯罪所发动的"战争"从来没有消停过：从被害人这些私人报复者中挖出罪犯，用公共的

报复取代私人报复，训练人们在评价行为时尽量不带个人情绪的眼光（实际上是训练人们尊重规范的能力）；设想、提议、强迫达成某种和解；提出标准化的损失补偿计算公式等。只不过在现代社会里，国家的惩罚是依据事先确定的"作战"计划（刑法规范）向罪犯"开炮"而已。同时，罪刑根本失衡现象被尽量避免。犯罪的社会损害性可以估计，刑罚有量的大小，由此国家可以大致确定罪刑对应关系。不过，即使是很有正义感的人也无法对侵害他的人保持正义，这是基于人性缺陷的悖论，所以，在现代社会里，惩罚过量的现象仍然屡见不鲜。

我们看到，在多数现代国家里，最重的刑罚即死刑仍然在使用，死刑的执行是用明确的"仪式"昭示着一些人的胜利和另外一些人的终结，刑罚惩罚中恒久的习俗、仪式、戏剧的特性得到充分展示。当然，死刑的制定和执行都有更为重大的问题需要在这里加以探讨。

死刑并未真正得到控制。在今天以及相当长时期的中国社会中，死刑还会继续广泛地存在：这主要是因为需要继续把死刑作为稳定规范的社会策略。（1）削减死刑的观念主要是一种西方观念，中国在现代以前是不讲究这个问题的。我们一直津津乐道于法制的威严，"不杀不足以平民愤"的呼声容易获得认同。（2）死刑有利于贯彻刑事政策。死刑的适用可以在一定程度上缓解政府所承受的各种压力，此乃常识。（3）死刑对人的身体的支配是有意义的。在今天，围绕人的身体，形成了新的知识体系。执行死刑，利用的就是罪犯的身体这种特定的资源，由此，形成了一整套知识、技术和科学话语，并且与惩罚权力的实践纠缠在一起。以前，在死刑执行"广场化"的时候，我们讨论罪犯的痛苦、君权的得意和公众的狂欢；今天，许多人则大肆谈论罪犯的死亡与应得处罚的关联，以及他的死亡对家属的痛苦。这些讨论，都围绕着罪犯的身体进行，都涉及罪犯的肉体及其力量、它们的可利用性和可驯服性，对它们的安排和征服。

就历史发展而言，刑罚最为核心的内容是"隔离"。监禁刑在历史上的采用和它今天的大行其道，并不能表明刑罚有丝毫进步的倾向。

> 严厉和残酷程度不同的空间监禁一直以来都是对付那些无法同化、难以驾驭和除此之外动不动就滋事捣蛋的家伙的主要方法……先是空间隔离，再

第十一章 刑罚进化论的疑问

是强制禁闭，几世纪以来这几乎成了对付一切分歧，尤其是不可能或不希望在习惯性的社会交际网络内调解的分歧的发于内心的、本能的方式。空间隔离的最深刻含义就在于禁止或中止交流，从而造成强制性的永久疏远分离。①

既然监禁对于社会治理是有意义的②，通过建造更多的监狱来解决社会难题，对付危害性很大的恶作剧制造者，就是最容易想到的答案。

与最重的刑罚有关联的，始终是某种策略、权力运作的形式，而不涉及刑罚人道、进化与否。

所以，我的结论是：在一个社会中，只要存在对规范有抵触情绪的"他者"（the Other），存在否认规范效力的行为，期限长短不一的监禁刑以及最容易被指责为反人道的死刑就都有其存在的现实基础，刑罚制度的变化，只与刑事政策的要求与社会治理的需要有关，而与刑罚是否进化基本上没有关系。按照波斯纳的说法就是："进步取决于视角，而并非客观。"③

刑罚进化论这种虚幻的观念，说到底是一剂"麻醉药"：一方面，刑罚进化论强制人们忍受残酷、多余的刑罚制度。因为既然刑罚一定会进化，未来的一切都肯定比现在好，人们只要再"挺"一下就熬过去了。另一方面，成为阻碍刑罚改革的惰性思维。既然刑罚肯定会进化，进化是一种不可逆的规律，那么进化就完全可以被解读为"自然而然"的进化，即使我们不采取任何积极的改革措施，只要有足够的耐心和时间，我们就完全有理由期待"明天会更好"。刑罚进化论的双重弊端，可能是我国刑事法学界的倡导者始料不及的。

我想用涂尔干的一句话结束本章的讨论：在刑罚"从一种低级种类过渡到一种高级类型的时候，我们并没有像人们期望的那样，看到惩罚的减弱"④。

---

① 齐格蒙特·鲍曼. 全球化——人类的后果. 郭国良，徐建华，译. 北京：商务印书馆，2001：104.

② 至于监禁本身是否能够真正达到改造人的目的，收到良好的社会效果，则属于本书第13章要讨论的问题。

③ 波斯纳. 道德和法律理论的疑问. 苏力，译. 北京：中国政法大学出版社，2001：7.

④ 涂尔干. 乱伦禁忌及其起源. 渠东，等译. 上海：上海人民出版社，2003：430.

第十二章　惩罚与规范确认

在中外刑罚论的学术传统中，从来不缺乏报应主义的理论资源；另外许多人也一直未放弃功利主义的努力，刑事司法官员身陷报应与功利主义纷争所设置的重重困境之中。但是，他们又能经常游刃有余地超越报应与功利主义本身的局限性、绕开理论陷阱来实现惩罚，使法律技术在实践中与法律主体的形塑紧密地结合起来，确立与刑法中"人"的观念相对应的惩罚模式，这就涉及惩罚权力的隐秘运作的问题。

惩罚权力运作及其效果按照刑法"学派之争"时的分类，无论如何应当划入功利主义的范畴。但是，惩罚权力走得更远，它注重刑罚在实际生活中的效果，刑罚权的走向和网络，针对这种权力的反抗、压制与同谋，惩罚无效时社会措施的弥补等。所以，这种惩罚权力的"功利主义"比刑法学派之争时就惩罚论惩罚、固执一端之功利主义的视野更开阔，探讨得更深入。它集中讨论的问题是：一方面，刑罚功利与权力的沟通、商谈机制的关系，以及惩罚权力合法化始终得以维持的玄机；另一方面，通过惩罚权力的运用来训练臣服的个人的漫长过程、艰辛努力以及最终的良好效果。

第十二章 惩罚与规范确认

37. 惩罚权力的运作机理

一种惩罚技术就意味着一种关于惩罚的知识的存在。

> 法的理论——特别是很敏锐的、现代的法的理论——总是一再把法干脆理解为权力关系的表现,理解为权力决策的反映,并且满足于接受权力决策,这是可以理解的。①

我们这里所说的权力并不是通常所说的"决定"意义上的权力。换言之,权力不是一种可供操纵的"物",而是一种技术和一种操作实践,是一种知识的微观运用。

法律作为一种新型的技术,首先就体现为一种自主性知识的自我发展,因此,刑罚问题在表面上体现为一个知识问题和真理问题,惩罚过程实际上是一个知识的形式化层次递减并实现回归或循环的过程。从惩罚的物理学到惩罚的经济学、再到惩罚的政治学,惩罚的知识越来越溢出"形式化的域限",越来越具体化,最后又回到普遍地、形式化的惩罚的逻辑学中;这些形式化程度处在不同层面上的知识之所以可以如此相互协调,正是由于它们处在同一个权力实践的"地层"之上。刑罚正是以一种惩罚的物理学、科学和真理知识的公平面目,掩盖了其背后所体现的阶级意志的惩罚灵活性、任意性。"量刑一方面必须严格取向于法律思想以及法秩序所承认的各种刑罚目的。另一方面,各种目的之间的相歧,应考量的个别情事之多样性以及认识工具的有限性,这种种都使比较可能性以及恪遵正当标准发生重大困难……借着发展出一些清楚实际的量刑标准,使法官对刑罚范围的决定尽量可以理解。"② 权力直接、任意的支配正是由利用科学、真理、客观规律之类的名义所装扮起来的法律来实施的。

权力关系是生产性的,它直接生产和再生产日常实践活动,并以此激发、诱

---

① H. 科殷. 法哲学. 林荣远,译. 北京:华夏出版社,2002:123.
② 卡尔·拉伦茨. 法学方法论. 陈爱娥,译. 北京:商务印书馆,2003:177.

导和创造各种新的关系,以及相互作用的点和线;权力关系是微观的,它渗透在社会机制的每一细微之处,并通过形态各异、变化多端的权力技巧实施局部的行动策略;权力与知识之间具有某种共谋关系,它通过特定的知识形态构成了真理体制。正是依据这种等级化和常规化机制,权力才能够被冠以知识和真理的名义对各种反常现象进行处置,即通过排斥、监禁、纪律或教化等形式来惩罚、遮掩、标示、驯化、操纵身体,在使其成为一种社会生产力的同时,剥夺各种反常现象的正当性和合法性,并为其贴上"反自然"的标签。

惩罚与社会治理的立场存在重要的关联。在16世纪,治理作为一个普遍性问题已经爆发出来了,在讨论许多性质不同的问题时,人们都会提到治理问题,比如作为个人行为举止的仪式化的自我治理就得到了很多人的关注。个人的自我治理与针对个人的惩罚直接相关。

利用刑罚的惩罚并不是势单力薄的,它和社会中的其他惩罚机制紧密地绞合在一起,成为整个社会治理机制的一部分。按照马基雅维利的一贯主张,治理的命令是由君主单方面发出的,他是治理权力的唯一行使者。惩罚的权力就是君主的社会治理权的一部分。但是,在社会中,治理的实践多种多样,涉及各种各样的人:家庭的家长、修道院的院长、儿童或学生的教师或监护人。所以,治理的形式有好几种,君主与他的国家之间的关系只是其中一种模式;而所有其他种类的治理都是内在于国家或社会的。这样,我们就发现了一种治理形式的多样性,以及它们相对于国家的内在性:这些活动的多样性和内在性彻底把它们和马基雅维利的君主的超越的唯一性区别开来。

所以,绝对不能将惩罚作为治理的唯一形式,惩罚的权力深深地嵌入社会的肌体之中,与其他的机制结合在一起,惩罚的权力是社会整体防卫力量的一部分。

惩罚权力的运作,有时并不需要法律(如通常理解的刑法和监狱法等),而依赖于惩罚的技巧和特殊的知识。换言之,从治理的角度看,并不是只有通过法律,治理的目标才能达到。因此,监禁作为一种治理社会的方法,它所使用的工具主要不再是法,在这里,至关重要的也不是法律,而是一系列多种形式的手

第十二章 惩罚与规范确认

法。在惩罚权力操纵者娴熟运用司法技巧时，指引他们之所为的知识也是特殊类型的，即不是传统的意义理解为对于神法和人法、对于正义和公平的知识，而是对特殊人和事情、对能够达到也应当达到的目标的知识，以及为达到这些目标所必需的处理事情的知识，正是这些知识构成了司法人员的智慧，使得他们在处理令普通人棘手的人和事时得心应手。

惩罚与刑法中对人的观念有关，如果坚持抽象刑法人理念，那么，就会像费尔巴哈那样把犯罪行为视作精明"抽象人"错误计算的结果，此时，对这种人适用监禁刑就是妥当的，因为监禁在某种程度上类似于破产，是一种因为行为选择不审慎而担负的后果。承认抽象刑法人，必然赞成统一的对付"人"的方法，从而造成刑罚的机械化和单一化。①

如果坚守"危险且异常的罪犯"观念，则将犯罪视作罪犯恶劣本性的反映，那么惩罚措施就应当灵活和多元化。在刑事实证学派看来，罪犯由于人格上的缺陷，显著地缺乏自我规律的能力，所以，犯罪对于他来说，是不可避免的注定了的"堕落"，是人性向动物性的返归。基于这种认识，新派在刑罚论和刑事政策论上大加发挥，认为必须区别这些具体罪犯的体格、人格特征，采取区别对待的司法技巧，从而进行改良和挽救。所以，惩罚权力的隐秘运作与新派理论的张扬紧密相关，这也是新派理论在刑法学上的一大贡献。

现代社会对犯罪的治理，早已超越了刑法客观主义和主观主义的通常见解。刑法的惩罚是一种特殊的专门化的技术。犯罪构成技术是一种惩罚的算术，它从形形色色的侵害行为中抽象出了一个最基本的计算单元"罪"。正是基于抽象的"罪"，我们才可以按照"罪刑相适应"的原则对犯罪行为进行有效的惩罚。刑罚并不是报复，而是一种精巧的惩罚。它要考虑犯罪人的具体情况，要考虑犯罪时的具体环境和形势，然后进行最有效的惩罚，由此构成了惩罚的政治学或策略学。刑罚不仅是权力的运用，也是法律知识的演绎，正是通过法律的叙事为刑罚这种惩罚方式提供了合法性。这种司法技术的运用与公开审判紧密结合在一起。

---

① 陈兴良.刑法的启蒙.北京：法律出版社，1998：199.

公开审判的秘密就在于实现惩罚效果的最大化。

国家在口头上提倡、鼓励通过刑罚实现报应观念，从而使惩罚获得广泛的公众认同，但是，背地里，施行的却是防卫社会的各种招数，所以，学者指出："谁都承认，从报应论角度审视犯罪问题的做法已经在总体上被抛弃，而防卫理论得到广泛的承认。"①

当然，这丝毫不意味着关于每个具体人的个别化知识在现代国家的刑事治理机制中不重要了，也不意味着具体的个别侵害在国家或法律的视野里无所谓了。惩罚的权力技巧必须承认罪犯的不同性，要实现保全生活的目标，就要仔细地对症下药，实现惩罚方法的多元化。

同时，惩罚权力的合理配置也是必须重新加以考虑的问题：一方面，从宏大的社会背景出发，国家将涉及"个人"的个别化知识或个别化的侵害从国家那里适度分离出来交给社会判断和掌握，社会和单位参与对一些罪犯的开放性教育、改造工作，家庭、学校则分担犯罪预防与罪犯返归社会的接受工作，医疗机构、财产评估机构承担部分犯罪的定性和定量评价任务，它们在部分关于罪犯的具体的知识问题上有充分的发言机会。

另一方面，在司法机构内部，惩罚权力的分配必须更为合理。侦查、起诉、审判权力的相互制约使刑法知识与国家专门化的司法组织联系起来，国家将罪犯与国家和法律的矛盾转化或表面化为罪犯和侦查、起诉机构的矛盾，这就使得罪犯与国家冲突间接化、松软化，然后再由作为法律知识与司法技术结合的权力机制来对罪犯个人情况进行调查，就容易获得罪犯的亲近感。在公开的法庭中，我们可以看到，法官居中审判，控辩积极对抗，这样的诉讼权力配置蕴含着这样一种观念：法官在法庭上的身份更多的是一个超然于公诉机构（国家利益）和辩护人（罪犯的利益）之上的仲裁机构，是公正的化身。首先，法官的位置表明他们对于每一方当事人都是中立的；其次，这意味着他们的裁决不是预先作出的，而是基于某种真理观和某些有关何谓公正、何谓不公正的观点，对双方当事人进行

---

① Frank D. Day. *criminal law and society*. Florida：Charles & Thomas Publisher，1964，p. 50.

第十二章 惩罚与规范确认

口头调查之后作出的；最后，这意味着他们有权执行他们的裁决。法官的裁决基于公诉人和辩护人对犯罪事实认定和法律适用的反复争执。那么，在法庭上，被告人直接面对的对手不是法官。只要罪犯不把法官作为他的对手，针对个人和个案的事实调查和知识运用就成为可能。同时，由于辩护律师代表了被告人的利益，个人与公正判决机构的沟通就有了正常的渠道，裁判结论得到被告人认可的可能性大大增加。这样，隐身于司法机构之后的国家就以这种巧妙的方式获得了治理个别人的知识，从而再把这些知识抽象化、普遍化，用于统治所有的人。

惩罚权力无论如何隐秘运作，有一点是始终不变的：沿袭惩罚传统中的"隔离/疏远"模式。

> 疏远是空间隔离的核心功能。疏远缩小和压缩了另一方的视野。当日常交往被削弱或完全禁止时，个人秉性和景况——它们由于交往经验的日积月累而往往生动地展现在眼前——却很少映入眼帘；这时典型化取代个人的亲密无间；而且，旨在减少差异和任凭它置之度外的法律范畴使个人和案例的独特性变得无足轻重。①

刑法的任务在于对生存竞争状态加以规范，而对违反规范者进行制裁，所以刑法的内容绝不只是与抽象的犯罪概念有关，其所涉及的必定是与社会生活现实息息相关的、日常发生的犯罪现象。虽然刑法要针对具体的犯罪，但是，它评价犯罪的基点和犯罪学有本质上的差异。犯罪学以犯罪现象为客观的社会生活事实，基于所谓的"科学"立场考察个人的心理因素、社会的环境因素与犯罪消长之间的因果联系。而刑法是以犯罪现象为支配目标，以社会价值判断为基础所建立的压制性法则。

所以，刑法对犯罪的惩治，决不因为它是一种与多重因素交互作用的现象，而是它对社会有危害或者威胁。由此，决定了犯罪必定会受到群体化组织的惩罚，其他的公民甚至犯罪的被害人都不需要再参与到犯罪确证和惩罚的程式当

---

① 齐格蒙特·鲍曼. 全球化——人类的后果. 郭国良，徐建华，译. 北京：商务印书馆，2001：104.

中，因为犯罪已经不是对个别人的侵犯，而是对某些整体利益的损害。

惩罚犯罪的"群体化"组织在一些极端不同的社会形态中，就是整个社会本身，而不是专职的司法或者行政官员。正如涂尔干所指出的，在原始社会，法在性质上完全是刑法。在罗马，民事事务是执政官的事情，而刑事事务则由民众来裁决，首先是由"库里亚大会"（comices curiates）裁决，后来自《十二铜表法》起，由"百人团大会"（comices centuriates）裁决。直到共和时代末期，虽然民众将裁判权委托给了常备委员会，然而这一类的最高裁判权还是属于民众的。在雅典，在梭伦刑法中，刑事判决有一部分是按照"大众"——一个包括30岁以上所有公民的大型社团——的意思作出的。而在日耳曼——罗马民族中，社会借助陪审团来干预这类功能的实现。

由社会来决定对犯罪的惩罚，当然会带来很多弊端，但是，它也满足了社会对犯罪的报复和通过这种报复来实现对犯罪的预防的目的。惩罚的社会化之所以具有合法性，是因为犯罪的本质决定了需要这种对应的惩罚。在这种惩罚中，规范的重新建立才有可能。

38. 通过惩罚确认规范有效性

38-1 雅科布斯的研究

在危害行为实施之后，为了恢复被行为人所否定的规范效力，就需要作为对抗的刑罚。此时，刑罚具有一种交往的含义，并且证实了被行为人置于怀疑之中的规范的效力。

人们通常坚持的见解是：此时的刑罚具有折中主义或者并合主义的特征。[1]但是，正如雅科布斯所言，报应的刑罚理论和预防的刑罚理论不可能被综合成一种理论：责任报应使预防变成不正当的；传统的格言"为了将来不发生犯罪而进行惩罚"和"因为过去实施了犯罪而进行惩罚"没有完全描述可能的刑罚根据的

---

[1] 张明楷. 刑法的基本立场. 北京：中国法制出版社，2002：337.

第十二章　惩罚与规范确认

全景。①

因此，需要借助于一种所谓的"积极的一般预防论"来阐述惩罚的理论。按照这种理论，刑罚应该具有一种预防的任务，即维护规范这种定位模式：人们的信赖规范应该在他们的信赖中被证实。这是一种积极的而不是威吓的一般预防，是对个人的规范忠诚度的证实。积极的一般预防论不是凭空产生的，它与韦尔策尔（Welzel）的理论有关。韦尔策尔认为刑罚具有某种"社会伦理的机能"，即刑罚显示着"法律感情的行为价值"的"不可侵犯的效力"，塑造着"市民的社会伦理性判断"，并且强化着"他们经久不变的忠诚于法律的情感"。当然，积极的一般预防论在很多方面走得更远，不会过于重视个人心理的成分。

对此，雅科布斯系统地进行了解释：

> 刑罚是交往的事情，因此，刑罚概念必须指向交往，首先不能把它固定在交往的心理的反映或者连接上。市民对规范的信赖或者忠诚于法律的感情只是社会的真实性这种重要的东西的派生物。作为证实规范的结果，公共的刑罚也希望有这种心理的事情，但是，这种心理的事情不属于刑罚的概念。这里应该指出的是，刑罚概念竭力说明的是，刑罚意味着社会不变的真实性即不变的规范的真实性。因此，积极的一般预防，如果人们还想运用这一表述的话，之所以被称为一般预防，不是因为它在众多个别人的头脑中起作用，而是因为它一般地（更好地说是：普遍地）保障着交往的形式，并且，之所以涉及预防，不是因为通过刑罚应该促成些什么，而是因为它作为对犯罪含义的边缘化已经促成规范的效力。②

这样，刑罚的目的就是惩罚犯罪人，以证实社会中被破坏的规范联系是正确的。

冯军教授在雅科布斯《现今的刑罚理论》一文的"译者解题"中正确地指

---

① 更为详尽的分析，请参见雅科布斯. 现今的刑罚理论. 冯军，译//夏勇. 公法：第2卷. 北京：法律出版社，2000：384-386.

② 雅科布斯. 现今的刑罚理论. 冯军，译//夏勇. 公法：第2卷. 北京：法律出版社，2000：397.

出:按照积极的一般预防论立场,"规范的真实性,这不仅是刑罚正当性的根据,而且是刑罚量定的标准,刑罚的轻重是由犯罪对规范的扰乱程度决定的,在儿童、精神病人的侵害行为中尽管也具有重大的损害后果但是因为缺乏对规范的侵蚀所以只能视为不幸(就像自然灾害一样)而不会视为犯罪因此不需要进行惩罚……只要刑罚促成人们把犯罪理解为犯罪而不是理解为能够实现快乐人生的勇敢甚至智慧,那么,能否带来其他后果(例如预防犯罪)就是无关紧要的"[①]。

通过刑罚证实规范,有一个基本的前提——现代国家对于一般犯罪的行为人,并不把他视为一个必须予以消灭的敌人,而是一位市民,一个具有人格的人,他透过自己的行为破坏了规范的效力,并且因此以一位市民(而非敌人)的身份,遭到了强制性的传唤,使规范效力所受的损害获得补救,补救的方法是刑罚。行为人的行为导致社会对他的期待落空,但是社会的规范期待仍然在坚持,即期待仍然有效,而行为人的行为标准不足为训。[②] 在这个意义上,刑罚是对规范有效性的证实[③],是对破坏社会期待行为的否定。

38-2 行为规范论的进路

处于通说地位的行为规范论,对于通过惩罚确认规范有效性有另外的解释思路。

行为规范的本质是国家对抽象的社会一般人所发出的命令、行为指引,违法是对法秩序的冲击。社会对个人满怀期待,国家惩罚对个人紧追不舍,这是因为

[①] 雅科布斯. 现今的刑罚理论. 冯军,译//夏勇. 公法:第2卷. 北京:法律出版社,2000:398.
[②] 雅科布斯. 市民刑法与敌人刑法. 徐育安,译//许玉秀. 刑事法之基础与界限. 台北:学林文化事业有限公司,2003:25-26.
[③] 这些都是对市民犯罪而言的,即市民刑法中刑罚的功能是进行"否定"。对于恐怖行为等犯罪(如组织恐怖组织罪),刑罚惩罚并非建立在已经实现的规范效力损害上,而是在排除未来犯罪的危险上,换言之,是以将来发生损害的危险性取代了现实的规范效力损害,这是关于"敌人刑法"的规定。雅科布斯. 市民刑法与敌人刑法. 徐育安,译//许玉秀. 刑事法之基础与界限. 台北:学林文化事业有限公司,2003:34-35. 但是,过度混淆市民刑法和敌人刑法的界限,以处罚犯罪预备为原则、将没有具体或者抽象危险性的行为以危害公共安全罪处理、将拨打恐吓电话的行为一律定以编造并传播虚假恐怖信息罪等做法,是树立了太多"假想敌",将"敌人刑法"的适用范围扩大化,滥用"敌人刑法"的危险排除功能,并不可取。

第十二章 惩罚与规范确认

在立法上,虽然"人"与国家联系在一起了,但这仅仅表明了国家的一种立场,而并不表明国家权力已经渗透。国家权力要深入,必然还要采取一系列的措施,建构国家与个人之间的关系。其中,最复杂的、最主要的莫过于通过命令规范对人口的管理。

> 与统治有关的……是由人与物组成的某种复合体。在这种意义上,统治者关心实质上是人,但是,这是与他们的关系、联系及其与其他事物中的人,这些与其交叉的事物是财富、资源、生存手段及具有其物质、气候、水利、资源等的领土,这是处于与另外一些事物如风俗、习惯、行动方式的关系中的人。①

惩罚技术的运用,由针对罪犯到针对所有人,规范的有效性是否得到维持始终被关注。换言之,惩罚立场的坚守、惩罚中权力技巧的运用,其基本的意旨或者应当指向的重要目标是确证规范的值得尊重性、有效性。

事实上,发生在两千多年前的苏格拉底事件,就说明了刑罚与规范之间始终存在的张力状态。陪审团指控说,苏格拉底犯有腐蚀青年人心灵的罪行,并犯有相信自己发明的神而不相信城邦所确认的神的亵渎神的罪行,他摇唇鼓舌,颠倒是非,信奉异端邪说,公然违抗法律,因此应当判处死刑。② 苏格拉底在他临终前的四篇对话中对自己的罪行进行了辩护,并阐明了自己对智慧、灵魂、道德和死亡等问题的看法,最后坦然服刑。据《斐多篇》记载,在对他执行死刑时,苏格拉底兴致勃勃地接过装有毒药的杯子,丝毫没有慌乱,脸色和表情也没有丝毫改变,他平静地、丝毫没有厌恶地把这杯毒药一口气喝了下去。

对于苏格拉底之"罪与罚"事件的原委,包括陪审团的指控内容、法庭的判决结果以及苏格拉底本人对指控的态度、雅典人民的要求等,都是历来的哲学家、社会学家、思想史研究者津津乐道但又歧见纷纭的话题,人们一般将其视作

---

① Michel Foucault. *The Foucault effect: studies in governmentality*. ed. by Graham Burchell Colin Gordon and Peter Miller. Univ. of Chicago Press,1991,p. 93.
② 斯东. 苏格拉底的审判. 董乐山,译. 北京:生活·读书·新知三联书店,1998:202.

除了对耶稣的审判以外,在西方人的想象力中留下生动形象的重大事件。在我所关心的领域内,我们可以看到,一方面,苏格拉底确信自己拥有决定自我意识的权利,拥有神谕的真正力量,没有犯下真正不信神的罪行,不应当承受指控;另一方面,城邦本身是合法的,它所确立的行为规范应当也值得被执行,雅典人民基于此也坚持认为城邦的习俗和法律规范是公正的,他们拥有集体精神的绝对权利。这样就使得苏格拉底所坚信的原则和公众生活和精神必然产生冲突,他在质疑和消解既存的公共伦理和价值的过程中,必然会形成一种反动作用。所以,黑格尔指出:苏格拉底"与雅典人民所认为的公正和真理发生对立,因此他是有理由被控告的"①。在这个意义上,法庭作为雅典人民公正的象征,它依据当时的法律规范、通过符合一切法律形式的审判对苏格拉底进行处罚就是合情合理的。

苏格拉底原本有很多机会为自己辩护,也能够从监禁场所逃脱,但是,他没有这样做。"人们建议他逃走,因为雅典人不太喜欢对他们的同胞处以死刑。这个判决是形式上的,处决他的法官们希望他逃走。"② 但是,苏格拉底拒绝逃走。

苏格拉底本人很清楚,既然他必须遵守对公众的承诺并以合法公民的身份出现,他就应该认同社会规范和制度对其行为进行解释的意义框架,并对自己行为的社会效果负责。在他受到审判时,只要他是一个对规范保持敬畏感、自愿履行责任的公民,就应当承受国家的威严,维护规范的法律效力,服从合法的判决。如果任何人都可以无视规范的约束力和既定效果,对公共法律公开叫板,那么一切法律与秩序的尊严都会烟消云散。

因此,雅典社会对苏格拉底的惩罚,是为了保障行为规范的不容侵犯性;苏格拉底本人在履行自己对社会的承诺同时,对社会中规范的有效性和意义进行了证实。由苏格拉底事件衍生的规范与惩罚之间关联性的隐喻,时至今日,仍然时时萦绕在我们的周围。

所以,归结起来讲:既然需要刑罚来证明社会的存在,证明行为规范的存

---

① 黑格尔.哲学史讲演录:第2卷.贺麟,王太庆,译.北京:商务印书馆,1960:90.
② 弗朗索瓦·夏特莱.理性史——与埃米尔·诺埃尔的谈话.冀可平,钱翰,译.北京:北京大学出版社,2000:21.

在，在行为规范被破坏的地方，就必须动用刑罚，进而实现一般预防的刑罚目的。也只有在刑法规范被破坏的地方，才必须动用刑罚。谁破坏了行为规范，谁就否定了自己在社会中的存在形式，谁就通过自己破坏刑法规范的行动把自己或多或少地贬低为自然的生物。为了证明人不是自然的生物，所以，需要刑罚。刑罚证明了社会和刑法规范的存在，也证明了人的存在。刑罚是人、刑法规范和社会存在的自我证明。唯其如此，刑罚才能真正去关注"如何构建一个更好的社会这一更大的问题"[①]。

---

① 代维·奈尔肯. 比较刑事司法——理解差异. 李强，译. 北京：清华大学出版社，2013：21.

第十三章　惩罚的无效与坚持

刑法哲学，尤其是惩罚的哲学部分，是政治哲学的重要分支。政治哲学的探究题材是政治物现象，即政治共同体的形成，共同体成员的权利和义务，其行为的目的与手段，共同体内部及共同体之间的战争与和平等。就这些探究题材而论，政治哲学囊括了人类生活的全部。政治哲学的中心议题——最好的政治秩序、正确的生活、公正的统治、对权威性的依赖、知识以及暴力的使用等。就本质而言，政治哲学的所有问题最终都将指向人之为人所必然面临的那个问题：什么是正当的。要彻底回答这个问题，我们必须面对形形色色的价值主张。① 刑罚哲学所要回答的，其实也是政治哲学的这个问题：什么样的惩罚才是正当的。

对此，公法学者都是赞成的。公法只是一种复杂的政治话语形态；公法领域内的争论只是政治争论的延伸。由于许多人都认为公法深深植根于它所存在于其中的社会、政治、经济和历史背景，这样一种路径至少可以确保我们对公法性质的探求牢牢地扎根于各个时代的现实性之中。②

---

① 海因里希·迈尔. 为什么是政治哲学//萌萌. 启示与理性. 北京：中国社会科学出版社，2001：10.
② 马丁·洛克林. 公法与政治理论. 郑戈，译. 北京：商务印书馆，2002：8.

第十三章　惩罚的无效与坚持

39. 惩罚的无效

惩罚的方式在不同的历史时期有着很大的差异,古代刑罚以残忍、直观为特征。日耳曼部落惩罚犯罪人的手段之一是把他驱逐出集团——也就是法律与正义的保护之外。①

在近代以前的传统刑事制度中,国家可能使用以下四种惩罚技巧:(1)流放、驱逐、放逐、驱逐出境、设定禁区、摧毁家庭、注销出生地、没收财产;(2)安排赔偿、强加补救、将引起的损害转变为要偿还的债务、将不法行为(délite)转为金钱债务;(3)示众、标记、损伤肌体、残害肌体、留下伤疤、在脸上或肩上打上烙印、施以人为的和可见的伤残、酷刑折磨——一句话,紧紧抓住身体并在其上打上权力的标志。(4)禁闭。②

在1780—1820年刑罚的重大改革之前,监禁(imprisonment)并不是欧洲刑罚制度的一部分,它仍然处在刑事制度的边缘。到了18世纪末,情况有了变化,监禁这种辅助性刑罚的惩罚方式已经进入了刑罚实践中,并很快占据了整个刑罚空间。

对监禁的批评之声从来都不绝于耳。例如,龙勃罗梭就认为,国家实行惩罚的唯一理由就是以此防卫自身。他先用野兽作比喻,然后又用罪犯作比喻——两者都应当受到惩罚,以便于对其加以约束使之不再危害他人。但是,龙氏指出,改造罪犯几乎是一种例外的措施。监禁非但不能使罪犯得到改善,反而使之变得更坏。国家把罪犯关押起来,服满刑期后又将其放回社会,这样就会使社会上的危险增加,因为罪犯在监狱与"坏人"相处了,永远只能变得更加堕落,出狱时变得更加狂躁易怒,而且也准备了更充分的条件来反对社会。所以,对罪犯的惩罚就要根据罪犯的特质和特殊需要进行,例如监外执行、法庭警告、罚款、监外

---

① 哈罗德·J. 伯尔曼. 法律与革命. 贺卫方,等译. 北京:中国大百科全书出版社,1993:68.
② 福柯. 刑罚的社会. 强世功,译. 刑事法评论,2001(8):459.

强制劳动、当地流放、肉刑、假释等就可以作为监禁刑的替代措施适用，对罪犯并不是非监禁不可。

加罗法洛把罪犯分为谋杀犯、暴力犯、缺乏正直感的罪犯和色情犯四类，进而主张对不同类型的人采取不同的惩罚措施，而反对不分罪犯类型的统一监禁。其一，谋杀犯以杀人为乐，缺乏道德意识，对他们只能适用死刑。其二，暴力罪犯是单纯为了满足私利行凶杀人的人，他们中的绝大多数都应当被流放到殖民地。在那种地方允许他们自由行动，但应当对其加以监督，防止其逃亡。刑期不应当事先确定，而应取决于各种条件，其中年龄与性别是最重要的因素。但是对暴力犯中严重侵犯人身和危害道德的罪犯应当送入精神病院；对暴力犯中单纯缺乏道德教育或者约束的罪犯，也不能处以监禁，而应给予经济上的处罚来强制赔偿该犯罪所造成的精神与物质损失，例如，可勒令罪犯向国家交付罚金，并向受害者交付另一份罚金。其三，对缺乏正直感的罪犯，加罗法洛主张流放到农业殖民地去劳动。其四，对淫荡的色情犯，如果是精神病就应当送到精神病院；如果不是精神病人，就应当不定期流放到海外或殖民地。

加罗法洛特别提醒说，罪犯基本上是由于身体上遗传性的缺陷所造成的，这就说明罪犯原则上不可改造了。将罪犯投进监狱并不能从道德上改造罪犯，因为罪犯在关押期间没有受到痛苦，即使受到痛苦也会很快忘却。但是，这并不是说罪犯的行为就完全不能在一定程度上改变。即使有潜在犯罪倾向的人，往往也会因为外在条件的作用而被抑制。因此，问题的关键不是增设监狱，而是拟定适当的抑制措施，这就需要我们改变社会政策和社会生存条件。不过，加罗法洛又说，在改造社会生存条件方面，我们不能期望太高。像菲利那样为控制犯罪就提出一些对社会制度进行大检修、大改造的计划，并没有实际意义。

龙勃罗梭和加罗法洛都在对罪犯的处罚方法问题上着墨较多，主要是出于对监禁效果单一化的担忧，从而试图寻求多样化的、更有效果的对付犯罪的技巧。

所以，从 19 世纪开始，古典惩罚思想开始遭到普遍质疑。人们认为，将惩罚作为威慑的工具来使用，并不会达到其效果。

霍姆斯曾经提出这样的疑问：

第十三章 惩罚的无效与坚持

如果不盲目猜测的话，我们如何才能说明当前的刑法利大于弊呢？它能够使罪犯毫无颜面，从而导致他们再次犯罪；罚金和监禁是否让罪犯的妻儿承受了比罪犯更重的负担，这些问题暂时不讨论。然而，我要考虑的不止这些，还有更深层的问题要解决：这样的刑法有威慑力，能减少犯罪吗？我们处理犯罪的原则恰当吗？[1]

对传统刑罚思想的颠覆，必然导致人们对监狱的批评。因为监狱的建立和改良一直被视为古典主义刑法思想的卓越成就。[2]

波斯纳认为，监禁有很多额外的社会成本。[3] 挪威法律社会学家托马斯·马蒂森经过透彻研究后，则提出了一个深思熟虑、论证严密的意见。他断言：监狱在其整个历史进程中实际上从来没有改造过人，它从来没有使囚犯重回社会生活。恰恰相反，它们使囚犯"监狱化"，也就是说，怂恿或强迫他们接受并采纳了惩处环境中特有的习惯和规矩。这些习惯与高墙外的文化标准所倡导的行为模式大相径庭。"监狱化"恰恰是"改造"的对立面和"回归社会生活道路上"的主要障碍。[4] "问题可能不只是没有改造效果，反而可能使情况更为恶化。监狱中的罪犯由于聚居于一个狭小、封闭的场所，极易造成彼此之间的交叉感染。罪犯之间不仅在思想上受着监狱亚文化的浸染，而且互相学习犯罪技能，使监狱成为'免费的'犯罪技术传习所。现实中一些初犯经过一段时间的关押后，人身危险性不仅没有消除，而且可能增大。尤其是一些青少年犯罪人易感性强，在监狱中犯罪人格进一步强化，这与监狱的改造初衷完全背道而驰。"[5]

对于监狱的"无效果"，福柯的分析更为一针见血：

> 监狱不过是一台循环往复进行消灭的重要机器；社会通过把囚犯投进监

---

[1] 约翰·莫纳什等．法律中的社会科学．何美欢，等译．北京：法律出版社，2007：4.
[2] 大谷实．刑事政策学．黎宏，译．北京：法律出版社，2000：9.
[3] 理查德·波斯纳．法官如何思考．苏力，译．北京：北京大学出版社，2009：83.
[4] 齐格蒙特·鲍曼．全球化——人类的后果．郭国良，徐建华，译．北京：商务印书馆，2001：108.
[5] 沈海平．寻求有效率的惩罚．北京：中国人民公安大学出版社，2009：448.

狱来消灭他们，而监狱则打碎、挤压和从肉体上消灭他们；一旦他们被打碎，监狱又通过"释放"他们，让他们重新融入社会来消灭他们；然而，在社会之中，由于他们在监狱的生活，在监狱中所受的折磨以及他们出狱时的状态必然会导致社会再次消灭他们，因此再次把他们投进监狱，如此循环往复……阿蒂加就是一台用于消灭的机器，它是一只饕餮大胃，也是消化、破坏、消灭和反刍的肾，它消化的目的是为了消灭它已经消灭了的。①

刑事法上的新社会防卫理论也有大致相同的观点，认为监狱将不同的且孤立的罪犯混在一起，从而形成了犯罪的同质共同体，他们在监禁中结为同道，放出来以后依然如此。监狱生产出成为名副其实的内部敌人，他们结成了一支犯罪大军。②

"在20世纪80年代末，美国监禁率升高的同时犯罪率也升高了。虽然在90年代初期以后，随着监禁率的继续提高犯罪率最终是降了下来，但下降的幅度在各州却各有不同。那些监禁率提高最多的州犯罪率下降的幅度反而比那些监禁率未明显提高的州来得小。"③ 不过，无论监狱效果如何大打折扣，我们仍然在坚持惩罚，剥夺自由的监禁刑仍然大行其道，现代社会早已进入一个"惩罚循环"的时代，这其中必定有其奥妙。

实证主义的刑罚理论认为：面对日益增长的犯罪，人们应该做的并不在于威吓，而在于消除犯罪的根源。人们必须从"威吓"转向"消灭"，使罪犯没有产生伤害的能力，从而保卫社会。形形色色的社会防卫论由此都主张用"社会犯罪"和"社会防卫"的全新概念，来取代迄今为止在刑事理论中被认为是基本概念的犯罪和惩罚。这里的社会，如同我前面一再重申的那样，不是自然界而是公民共同体。

今天的刑罚理论，在很大程度上考虑了新派的刑罚理念，采纳了以下三种对

---

① 福柯. 关于阿蒂加监狱的对话. 汪庆华，译. 刑事法评论，2001（8）：475.
② 卢建平. 社会防卫思想//高铭暄. 刑法论丛，1998（1）：179.
③ 斯蒂芬·E. 巴坎. 犯罪学：社会学的理解. 秦晨，等译. 上海：上海人民出版社，2011：154.

第十三章 惩罚的无效与坚持

付犯罪的手段：（1）威吓。在惩罚转向的过程中，国家继续承认威吓的价值，威吓并没有从刑法机器的组成要素的位置上消失，但只是作为对付所谓的"偶然犯罪人"的手段。这些人的行为是邪恶的、危险的，但犯罪往往不是出于其固有的本性。（2）隔离。社会学家涂尔干曾经以这种方式提出问题：社会怎样才能把人们联结在一起？在人和人之间建立起来的关系有哪些形式，他们的符号沟通和情感沟通的形式是什么？促使一个社会形成一个整体的组织体系又是怎样的？然而，在面对犯罪现象时，思维反向了：一个社会是否只有将一定数量的人隔离在外，才能更加团结地运作？权力运作引起人们对犯罪的道义上的敌视，罪犯和公众不再有任何真正的沟通，并不再为社会公众所容忍。在这种情况下，我们就必须十分仔细地讨论隔离体系、隔离对象、隔离标准、隔离过程等问题。剥夺自由刑在隔离方面能够发挥一定的效果，虽然监狱制度自其诞生之日就遭到猛烈批评。剥夺自由刑的重要性，在监狱的运转中人们对它的细心照管，以及人们为它提出的合理化解释，都意味着它还具有某种积极的功能。（3）消灭。对于其他使用上述方法也难以"拯救"的罪犯，社会所能够做的就是义无反顾地推行"消灭"策略。死刑，是最为极端的罪犯消灭方式。监狱也是消灭过程的一个部分。监狱对身处其中的人实行肉体消灭，被判处无期徒刑的人可能死在监狱里，更多的人则是其"精神"被监狱消灭。因为罪犯出狱以后在就业、生计、家庭重建方面都会遇到很多困难，无法回归社会。离开监狱，他们都变成了这样的人：将罪犯的习惯和耻辱烙在他们的罪犯身份上，这注定了他们的未来。由此可能导致的结果是，罪犯从一个监狱出来，不久又重新进入另一个监狱，大多数情况下监禁使得囚犯变成了终身的犯罪人，直到最后在肉体上被消灭为止。因此，监狱的形象始终是灰暗的、模糊的，它的功效是事实上承担着执行刑罚、保障规范有效性的使命；它的缺点同时是明显的，对罪犯，监狱很多时候关不住、改不好，所以，人们对它毁誉交加。但是，国家无时无刻不依赖它，它同时也是为公众提供安全感的基本装置。由监狱所引申的其他社会控制机制仍然存在同样的问题。

需要指出的是，人们关于"刑之无刑"的讨论，并非毫无意义。在目前的国家刑法中，彻底的"去刑化"可能为时过早，但是，讨论刑罚替代措施的可行

性,寻找比刑罚更有效果、更为人道和符合正义要求的犯罪行为的处罚方法,是一种值得肯定的前瞻性思考。

40. 惩罚的坚持

40-1 理论基础

为何要坚持惩罚:虽然依常识我们就可以判断,在不同的社会、不同的时代,惩罚的具体方式大不相同,但是,承认惩罚存在的必要性,却是很早以来的文化就具有的特征,刑罚惩罚这种法律制度的存在,证明它具有社会文化的普遍性。刑罚的存在不能仅仅从传统和习惯的角度去理解,其合法性问题必须得到阐明。我认为通过惩罚实现报应、罪犯的再社会化都是正当的。

报应这个概念总是在被描绘成血腥的仇杀、原始的"冤冤相报"的直觉之后,遭到接连不断的攻击。由于康德和黑格尔支持这个概念,所以刑法学上的座右铭是"告别康德和黑格尔"。自然地,任何法律制度如果表达了社会的报复直觉,并且将之包裹在合法的外衣之中,那么,这种法律制度是我们必须反对的。[①]

所以,报应这个词的含义需要仔细的探究。刑罚手段总是由犯罪行为所引起的,是一种"事后法",在这个意义上,何以惩罚的真正理由就是一种谦抑的报应。

涂尔干指出:

> 惩罚的性质在根本上始终没有发生改变。我们只能说:今天对报复要求的处理要比过去更妥当一些。自从人们有了先见之明以后,那些强烈的情绪所导致的盲目行为就有所收敛了;它被限定在一定范围内,决不可以发生荒唐的、张狂的暴力行为和破坏行为。自从人们得到开导以后,这种情绪就已经不再那么显得任意恣肆了。[②]

---

① 赫费.文化际的刑法 Ⅱ.蔡庆桦,孙善豪,译.二十一世纪,2000(4).
② 涂尔干.社会分工论.渠东,译.北京:生活·读书·新知三联书店,2000:52.

这样，报应的含义就有两方面的逻辑指向：其一，无辜者不受罚。在社会中具有绝对性和至高无上性质的铁则是：没有损害社会以及他人利益的行为，自然不存在报应的前提，不受刑罚的纠缠。这样法的安定性得到维持，个人的行为合法性也可以预测。其二，惩罚不是报仇。报应的含义与"报酬"（consideration）和"回报"（repayment）有关，其最初的含义是指对于某些服务给予金钱的回报。因此，报应概念应当"中性地"理解为回报（reward）或者回溯，是罪犯用它的犯罪行为和社会交换价值大致相等的应得惩罚量，而与报仇无关。所以，刑罚报应是"报酬"而不是基于被害人意义上的"报仇"直觉的满足，被害人从犯罪人受到惩罚这一事实中并不能得到任何直接的好处。

人们以前一般容易将"报应"与"预防"相对立。这是否正确，也值得研究。

国家的惩罚可以产生无可避免的预防效果，罪刑法定强调惩罚必须以事先晓谕的法律为准，按照费尔巴哈的说法，罪刑法定原则在这个意义上可以发挥心理强制的效果，阻吓潜在的犯罪者，在这一点上，费尔巴哈的说法肯定有他的道理。不过，在所有国家所有时代的刑罚惩罚中，报应的优先性是不可动摇的。

> 就惩罚本身而言，它是一个反应（reaction），也就是报复；阻吓只是一个（当然的、必然的）副作用、一个值得欢迎的功效。"已惩罚，故法律未被违犯"（penitur ne peccetur）其实永远预设了另一句话，"已惩罚，因法律已被违犯"（penitur quia peccatum est）[①]。

一般来说，在报应的框架下难以同时兼容威慑和再社会化。但是，报应又必须接纳刑罚惩罚的这两个附加效果。报应只是确立了法律内惩罚的基本结构和惩罚可能达到的程度，但是在确定具体的惩罚类型时，需要"威慑"和"复归社会"类似的概念来补充报应概念：威慑有助于实现刑法的普遍目的，即保持法律秩序；同时，如果一个违法的事项是难以避免的，那么，就应当尽全力防止犯罪

---

① 赫费. 文化际的刑法 II. 蔡庆桦，孙善豪，译. 二十一世纪，2000（4）.

者重新踏上犯罪之途，并为之提供适当的返归社会的机会。这样，报应和预防之间的关系就理顺了。

不过，以前的理论都认为刑罚报应和实际罪行之间应当并且能够实现一种确定不移、可以求得的对应关系。报应的关键不在于内容，而在于形式，报应的原初含义就是形式化的，即用金钱来报答一些服务，所以，报应在这个意义上不是以同等的服务来报答他人的服务，而是以不同质的金钱作为对价来"答谢"。所以，惩罚的重点是确定犯罪和刑罚的大致对应关系：任何人犯了罪，就应当接受法律范围内的惩罚，犯罪的严重程度决定惩罚的严厉性。纯粹为了威吓而滥施刑罚，或者因为没有威吓必要而放弃惩罚，都是与报应相对性原理相悖的。

报应的意义是形式化的，这样的立论可以使我们放弃对一些特别残忍的刑罚（例如死刑）的迷恋。由于惩罚和犯罪之间难以做到绝对的对应，所以，我们无法从经验上判断：什么样的犯罪适用死刑是妥当的。由于人死不能复生，所以，在我们对罪刑对应关系拿不准时，最好不要对罪犯适用死刑。当然，这样的问题对于限制自由、剥夺自由、剥夺财产以及名誉的刑罚的适用同样存在。问题是，特别重大的犯罪，它的复杂面相就相应地增加，对其社会损害程度的判断就越困难，对其实施报应，只是要确定它与刑罚惩罚之间的关联性，但是要证明它与死刑相当，几乎不可能。同时，"任何法律体系，如果把保护生命当成它最首要的任务，那么它就必须证明：何以一个法律体系如果不毁灭人命就不能保护人命"①。所以，尽量减少或者彻底废除死刑，既能够获得报应主义的形式化和相对性理论的支持，也具有可能性，其风险可以被大致预期和控制。

坚持惩罚，是为了使人驯服，借用尼采的说法，这是一项可以许诺的动物的任务，即在一定程度上把人变成必然的、单调的、平等的、有规律的，因而是可以估算的。这是一项事关"道德习俗"的非凡劳动。

> 人在人类自身发展的漫长历程中所从事的真正劳动，人的全部史前劳动都因而有了意义，得到了正名，不管这些劳动中包含了多少残酷、残暴、愚

---

① 赫费. 文化际的刑法 II. 蔡庆桦，孙善豪，译. 二十一世纪，2000（4）.

蠢、荒谬，但是借助于道德习俗和社会紧箍咒的力量，人确实会变得可以估算。①

而这正是统治者所需要的。可以想尽一切办法控制自然界，再加上把人变得更单纯、可以估算和控制，那么统治术的施行就多少会容易一些。

所以，有一点可以确定，使罪犯复归社会这一刑法使命远比防止罪行的发生重要。② 那么，惩罚得以坚持的理由就是：国家试图竭尽全力驯服人。

今天人们对各种惩罚效果的迷恋已经崩溃，惩罚不能很好地对应于报应的需要，也不能有效地实现预防的功能，更不具有唤起罪犯灵魂反馈（良心谴责）的真实功能，恰恰是在罪犯中极少有人真正忏悔。"总的来说，惩罚能使人变得坚强冷酷、全神贯注，惩罚能激化异化感觉，加强抵抗力量。"③ 但是，罪犯必须得到惩罚，刑罚惩罚必须存在的信念仍然十分强烈地存在。

40-2　监狱的继续使用

对惩罚的坚持，是为了证实规范本身具有有效性、值得尊重。我们必须把规范看作是强制地散播着和构成着个体的统合的东西，是随着权力关系的扩张而扩张、本质上功能性的东西。只要存在惩罚和诱导的权力，规范就会不断被制造出来、不断发挥作用。

按照规范违反说，惩罚即使效果较差，还得坚持。因为罪犯侵害了社会利益，破坏了行为规范，他就把自己树立为社会内部的敌人。这一前提导致了一系列后果：

其一，每个社会都将不得不根据其特定的需要来调整刑罚的尺度。因为惩罚不是源于犯法（transgression）本身，而是源于犯法给社会造成的伤害，或者暴露给社会的危险。社会越屠弱，它就越得在乎自己的安全，越需要显示出自己对犯罪的惩罚的严厉。因此，刑罚实践没有普适的模式，刑罚在实质上是相对的。

---

① 尼采．论道德的谱系．周红，译．北京：生活·读书·新知三联书店，1992：39.
② Frank D. Day. criminal law and society. Florida：Charles & Thomas Publisher, 1964，p. 51.
③ 尼采．论道德的谱系．周红，译．北京：生活·读书·新知三联书店，1992：60.

其二，如果说刑罚是一种赎罪，那么刑罚即使非常苛刻也没什么害处；无论如何，在犯罪与刑罚之间很难建立起公平的比例。但是如果刑罚是为了保护社会，那么人们就可以依照它是否准确地实现这个功能来加以计算，即任何超出这一功能的附加惩罚就变成对权力的滥用。刑罚的正义就在于它的经济。

其三，刑罚的作用全部指向了外部、指向了未来，即防止罪犯再次犯罪。从逻辑上讲，如果人们知道某一个罪犯肯定将是最后一个罪犯，那么也就无须惩罚他了。因此，刑罚的关键在于，使有罪的人无法进一步产生伤害的能力，并劝阻无罪的人不要作出类似的侵害。因此，是刑罚的确定性及其必然性，而非刑罚的严酷性，构成了刑罚的有效性。其实，这也是积极的一般预防论的当然结论。

自启蒙运动以来，边沁、贝卡里亚等人都无不在内心里对规范的效力大加推崇，对依据规范而发展起来的日益精巧的统治技术给予青睐，在惩罚的权力、监禁的技术、规训的社会和规范化的永久功能之间始终存在难以割舍的共谋关系，这一系列的东西规定了我们这个社会类型的特征。①

监禁刑具有一些优点：一方面，可以按照违法的不同程度将这种刑罚分割为许多不同的程度，刑罚比较温和，也容易得到公众的认同。随着时间的推移，监禁创建了一种温和的社会控制形式。监禁使罪犯认识到，他自己既享有自由又是承担义务的主体，他必须复归理性并尊崇规范。另一方面，监禁也的确在一定程度上能够矫正犯罪。

在当前的中国，强调监禁的意义，还可以适度减少死刑的适用。监狱成为惩罚的一般形式，死刑削减，人们对犯罪的惩罚不再诉诸残酷的肉刑，而是通过有关犯罪的知识来简化和取代惩罚，越来越重视知识的改造、感化和教化作用；身体不再必须加以标示，而是必须要加以反复的训练；控制身体的时间必须进行度量分配，并加以充分利用；身体的力量必须持续不断地用于劳动。

监狱能够在今后的相当长时期内保持其生命力，还在于它在当今社会还有一个功用，就是为社会提供一个社会治理策略的标准模式，由此监狱成了一个有缺

---

① 理查德·沃林：文化批评的观念. 周宪, 等译. 北京：商务印书馆，2000：271.

第十三章 惩罚的无效与坚持

陷的榜样形象。在现代社会里，惩罚已经远远超出了刑事司法体制而散布在社会各个领域，构成了规训（discipline）这种普遍的微观惩罚（micro-penality）。微观惩罚首先表现为由边沁亲自设计的全景敞视监狱（panopticon）。[①]

　　按照福柯一贯的观点，在"惩罚之城"里，细致入微的规范、纷繁复杂的检查以及对身体细枝末节的监督并不仅仅存在于监狱之中，它还往往渗透着精心计算的经济、政治和技术合理性，通过世俗化的方式蔓延在社会的任一角落。针对每一个细小的事件，权力关系都会设计出一整套技术、方法、知识、计划和材料，用来引导人们对经济政治的自发认识。在福柯看来，监禁总是像细胞一样分布在社会的各个领域，不管是修道院中的自白与忏悔，还是学校中的班级制、分数段或考察表，不管是军营中的严格控制和管理制度，还是医院的注册表、监视和隔离手段，或是车间中的时间表、工艺流程或分工形式，都布满着等级化和规范化的痕迹。同样，由此而形成的活动控制也细小化了，各种活动，甚至是简单的身体活动都被分解成为有规则、有节奏的局部。不仅如此，训练、操练及其技巧已经与人的生命意义和价值建立起了联系，精确计算和节省时间是建构主体、遵守规范和实现生命价值的必由之路，即福柯所说的"进入去那里/知识秩序中的人类生命现象"。这样，在监狱机制和其他控制手段的铰接下，当代社会控制人的规范体系和权力机制更加严密和投入、消耗减少。

　　监狱之网以其严密或分散的形式，以及嵌入、分类、纪律和监视等机制，已经成为规范化权力在现代社会之中的最大载体。社会的监狱结构保证了对身体的彻底拘禁的永久监视；就其本性而言，它是完全符合新的权力体制的惩罚机器，是这种体制所需知识的构成工具……可认识的人（他的灵魂、个性、意识、行为等），就是这种统治/监视的对象/结果。

　　监狱有一套独立的、成熟的、自成一体的知识，有一套行之有效的、从未言明的技术，有一套组织化的、有机配合的机制。通过监狱机制，刑法这种法律知

[①] 全景敞视监狱是一座环形监狱，在中央监视塔的四周是逐"隔"安排的囚室。犯人看不到监视塔内的动静，而自己的所作所为却往往被匿名存在的监视者一览无余，因而他们始终陷于不可见的和不可名状的惊恐状态。

识与惩罚的权力实践联系起来,通过惩罚的实践缓解,刑法的规范化知识转化为一种技术。就当下而言,最值得考虑的是"最优监禁期的确定问题。一般而言,随着监禁期的延长,更多犯罪行为将会被威慑,但是制裁的社会成本也随之增大。而且,提高监禁制裁还存在一个风险,就是它可能抑制了对社会有益的行为。因为法官对行为的真实性质往往缺乏完全信息,由此可能发生判断错误,他可能把一些对社会有益的行为当作有害行为加以制裁。当监禁期实质性地延长时,那些与违法行为的边界不是很清晰的有益行为的风险成本也加大,因而人们会放弃从事这类行为。因此,最优监禁期应在上述两种相反效果之间寻求最佳平衡"①。

无论如何,难以否定的是:在今天,坚持惩罚就意味着对监禁的继续坚持。

几乎在每一个国家,正在狱中服刑或等候判刑入狱的人数在与日俱增,而且是高速增长。监狱网络到处大兴土木,一片繁荣……服刑犯人的比例在不同国家是不同的,这反映了刑罚思想和实践的文化传统和历史特点。然而,服刑犯人的激增似乎是整个最发达世界的普遍现象……美国遥遥领先,居世界之首(虽然它的记录被新的俄罗斯联邦迅速逼近):超过美国总人口2%的人受到刑法系统的控制。这一增长率是十分触目惊心的。1979年每十万人中有230名囚犯,而1981年1月达到647名……迄今为止,美国独占鳌头,然而增长的势头几乎随处可见。甚至在以对诉诸判刑三缄其口而著称的挪威,囚犯比例也从1960年代初的每十万居民中有40名增加到现在的64名;在荷兰,囚犯比例也在同一时期从每十万居民中有30名增至86名;在英格兰和威尔士,囚犯比例现在已达到每10万居民中有114名囚犯,而且这一国家"每一星期需要一座新的监狱来安置这看来是永无止境的增长"②。

罪犯数目的增长并非局限于一批遴选出来的国家的现象,而是近于世界性的现象。这种现象的出现,最为根本的原因还是在于我们仍然坚信:

---

① 沈海平. 寻求有效率的惩罚. 北京: 中国人民公安大学出版社, 2009: 458.
② 齐格蒙特·鲍曼. 全球化——人类的后果. 郭国良, 徐建华, 译. 北京: 商务印书馆, 2001: 111-112.

第十三章　惩罚的无效与坚持

监禁是空间束缚的最彻底和最极端的形式。它似乎也是处在当代"时/空压缩"最前线的由政治精英构成的政府的主要关注点和注意的焦点。①

换言之，通过监禁惩处犯罪人这一手段的大量使用表明，有些新的庞大人口阶层因种种原因被视为对社会秩序的一大威胁，而且，通过监禁将他们强制性地逐出社会交往也被认为是消除威胁或平抑那一威胁所引发的公众隐忧的有效方法。

过去的全景敞视监狱是为了迫使人劳动，今天劳动力过剩了，于是监禁纯粹是为了隔离，今天监狱的功能更加纯粹化，但是可能效果会更为明显。

边沁设计的全景敞视监狱，只不过是为了通过完全监视实现完全控制。在这一监狱原型产生的时代，劳作、辛勤不懈的劳作既被视为虔诚、屡有建树的人生的诀窍，又被视为社会秩序的基本规则。监狱必须回应这一社会风尚。所以，这个时期以来的监狱一直被视为"改造"场所，即通过教养和改造将囚犯从通向道德地狱的路上拉回来；培养最终能让他们重新回到正常社会大家庭的习性；回击和克服懒散、愚昧、藐视和无视社会规则的品性。因此，教养、改造这一构想说到底就是要囚犯干活，干有用的活、有利可图的活。监狱成了纪律严明的工厂。它们往往是完成一些终极任务的最快捷手段。它们要囚犯干活，尤其干那种"自由人"不愿意干的活——而不管报酬多高。在17世纪的阿姆斯特丹，监狱的设计者们甚至煞费苦心地设想造就"习惯于劳动、想拥有一份好工作、能自力更生、敬畏上帝、健康而吃饭节制的人"。

他们还列举了一长串未来犯人应该从事的工种，以养成这些素质，如制鞋、制钱包、手套、皮包、衣领和披风饰边、编织棉亚麻混纺粗布、精纺毛纱、亚麻布和花毯、针织、木雕、木匠活、玻璃吹制、编制物品等等。实际上，在半心半意地按照最初的指示搞了一阵之后，教养院的生产活动很快就局限于原本就只定为惩罚手段的锉刮巴西洋苏木。这是一份特别原始、累人

---

① 齐格蒙特·鲍曼. 全球化——人类的后果. 郭国良, 徐建华, 译. 北京：商务印书馆, 2001：103-104.

的活计，要不是教养院强迫管治，不可能找得到愿意干的人。①

但是，到今天，监禁就等于强迫劳动这样的思路早已有所改变。这与社会中就业压力整体性增大有关。过去曾经热衷于吸纳与日俱增的劳动力的资本，今天必须直面失业问题；劳动者必须废弃日复一日地工作、每天轮班、一成不变的工作习惯，而接受"弹性劳动力"这个概念。

与此相适应，监狱的功能发生了转变。作为一个遥远的理想，一种彻底与世隔绝，即使对方沦为法律惩罚力的一种纯粹人格化，在向人们召唤。接近这一理想的是美国"最新型的"监狱，如在加利福尼亚的鹈鹕湾监狱。

> 加利福尼亚州……"主张发展和激活监狱"，因此计划到世纪之交时按每一千个人中有8个犯人来建造监狱。根据《洛杉矶时报》1990年5月1日的热情洋溢的报道，鹈鹕湾监狱"完全采用自动化技术，因此，设计得使囚犯实际上与狱警或其他囚犯根本没有任何面对面的直接接触"。人部分时间囚犯在"由坚固的混凝土块和不锈钢构筑的没有窗户的单人牢房里度过"……他们不在监狱企业里干活；他们不参加任何消遣娱乐活动；他们不和其他囚犯交往。甚至狱警也"关在用玻璃围成的控制室内，通过扬声系统与囚犯交流"。因此，即使有也是很少被囚犯看到。警卫的唯一任务就是确保囚犯都安安稳稳地关在牢房里，也就是说他们待在那儿不能与外界接触，看不见他人，他人也看不见他们。要不是这些囚犯还吃喝拉撒，人们准会误以为他们的牢房是一具具棺材。②

至此，监狱的转型、惩罚策略的转向就实现了。在鹈鹕湾监狱的混凝土高墙里面，并没有生产劳动，也没有劳动训练：监狱的计划中根本没有准备进行这种活动。鹈鹕湾监狱并没有被设计为一家惩戒或劳教的工厂。它是一家排斥性的工

---

① 齐格蒙特·鲍曼. 全球化——人类的后果. 郭国良，徐建华，译. 北京：商务印书馆，2001：107.

② 齐格蒙特·鲍曼. 全球化——人类的后果. 郭国良，徐建华，译. 北京：商务印书馆，2001：105-106.

第十三章 惩罚的无效与坚持

厂,一家由已习惯于其被排斥地位的人组成的工厂。以前的全景敞视监狱的最终目的就是确保囚犯参加一定的活动,遵循一定的程序,做一定的事情。而鹈鹕湾监狱里的囚犯在隔离的牢房里面到底干些什么无关紧要。重要的是他们始终被控制、关押在那里。鹈鹕湾监狱几乎达到极致的是使人固定不动的技术。

在当前的中国,监禁与劳动不可分离,监禁的意义主要还体现在创造效益上。但是,某些转向的迹象是值得注意的:由于罪犯监管压力大,监狱劳动成果转化为经济效益比较艰难,社会上企业本身竞争加剧,监狱内劳动的时间和机会都在萎缩,监禁纯粹化情形出现的可能性正在逐步增加。但是,监禁——隔离的意义是一直被我们所重视的,监狱方针中"关得进、管得住"的思路就很好地体现了这一点。

而隔离为何会有意义?这是因为其意味着对个人行动自由的剥夺。人生的抱负多半是以流动性、自由选择居住地、旅行和见识世界所表达的;而人生的恐惧却恰恰相反,往往是以禁锢,缺少变化,不能走进其他人都能轻松穿行、探索和享受的地方来谈论的。"美好人生"是不断运动着的人生。更确切地说,是在人们不再满足于留守于一地时可以充满信心、拔腿就走的那种逍遥自在。自由的含义首先已成了选择的自由,而且选择显然已获得了空间维度。

与个人具有行动选择自由相反,监禁使个人移动的可能性完全丧失,同时给个人打上了软弱无能和痛苦的印记。因此,监禁既是剥夺潜在有害之人权利的最有效方法,同时是一种对恶行的最痛苦的惩罚。

> 禁锢于一地是怕自己被禁锢于一地而老是提心吊胆的人自然而然地希望和要求降临在他们所害怕和认为该受到惩罚的人头上的厄运。相比之下,其他的威慑和惩罚形式似乎都十分令人遗憾地宽大、太不适用、太无效果、太无痛苦了。

可是监狱不仅意味着禁锢于一地,而且也意味着驱逐。这就更加增添了它作为"直捣危险根源"这一手段的广泛吸引力。锒铛入狱意味着长期或许永久的隔绝……这一意义也深深地拨动了高度敏感的心弦,口号就是"使我

们的街道重新变得安全"①。

实际上，除了把这些危险携带者转移到看不见摸不着又无法逃离的空间外，我们没有其他途径保证这样的口号不落空。所以，在某种意义上，以监禁为高潮的整个司法过程是一场具有象征意义的排斥和身体隔绝的漫长而建构严密的仪式。一方面，受到排斥和隔绝是十分令人羞辱的，它们本来的意图就是要让受排斥和隔绝者接受其自身的社会不完善性和低人一等。但是，另一方面，受排斥者不会俯首帖耳地接受他人的排斥，不会自动地将官方排斥演化为自我排斥，而是奋起抵御，排斥那些排斥他们的人。此时，监狱文化的功能——使罪犯比以前更不适应监狱大墙外的生活，更不能遵从普通的生活模式——开始发挥出来了。监狱最终成了本身自然会实现的预言的主要工具；监狱文化成了可以自我保存的文化。这一切都表明，通过监禁制度所实施的排斥—隔离—反排斥是犯罪的社会生产不可分割的一部分。

40-3 触及灵魂的惩罚

历来的刑法史，都是一部施行"拯救"的历史。我们必须深入人类灵魂深处，去探究刑罚的起源、构造和被操纵的过程。

现代社会中更为高明的惩罚策略以一种谆谆教诲的姿态出现：一是为身体罩上灵魂的面具，用心灵诱导的办法使罪犯产生主体意识，并借助这种意识认识到自己的罪行；二是惩罚的目标不是罪犯，而是以"反常"的名义对普通人进行"正常的教化"；三是审查、对证、判决必须遵循真理的普遍标准，并依据普遍有效的法律知识和文本；四是量刑必须考虑罪犯的天性、性格取向和意志秉性等各种心理因素。因此，任何"判决"都是人性下达的命令，它既包含有行使权力的普遍原则，也包含有刻在权力外表上的"心灵"和符号，既包含有思想控制和身体屈从的一体化过程，也包含有更为有效的"身体政治学"。那么，惩罚的目的就不能定位于消灭罪犯，而应当着眼于改造罪犯以及在福柯所言意义上的"制造

---

① 齐格蒙特·鲍曼. 全球化——人类的后果. 郭国良, 徐建华, 译. 北京: 商务印书馆, 2001: 119.

第十三章　惩罚的无效与坚持

罪犯"，即生产犯罪并促使罪犯以主体性的形式进行自我改造。权力所制定的各种规则和周详的活动程序、时间表、独自反省以至良好积习，都旨在把罪犯培养成恭顺的主体，而不是社会契约的法律主体，人们必须自愿顺从那些习惯、规则、规范和秩序，并倾身倾心地匍匐在它的脚下。

今天的各种刑罚措施，是社会整体治理机制的一部分，而且它是一种治理技术的巧妙运用。国家对罪犯的惩罚，是一种实实在在的家长照料家庭成员的方式，这种照料和看管对于放大了的"家庭"（国家）和其成员（罪犯）都是有意义的：它使得管理更为有序和符合"经济性"的严格要求，也保证了家庭成员不至于走得太远，成员之间的行动具有内在的一致性、可调动和可指挥性。所以，刑罚是一种社会治理合法化措施的缩影。

对这一点，福柯在《治理术》中说得特别清楚。他指出，要使得治理成为一种艺术，就必须同时在向上和向下两个方向建立连续性。向上的连续性指的是要想把国家治理好的人，首先要学会如何治理自己、治理自己的财产和治理家业，然后他才有可能治理好国家。向下的连续性是指，当一个国家运转良好之时，家长就知道如何照料家人，如何照料他的财产和他的家业，以此类推，这也意味着个人将按照他所应该做的那样行事。正是在这一时期，这条下行线（它把国家的良好治理遵循的同一原则传递到个人的行为和家庭的运转中），开始被称作"治安"（police）。治理形式向上的连续性通过对君主的调教来实现；而治安则保证着治理形式向下的连续性。这种连续性的中心词汇是对家庭的治理，称为"经济"（economy）。

所以，社会治理艺术的关键或者治理问题的核心就是如何把正确的"经济"方式，即在家庭范围内管理人、物、财产的方式以及保证家运亨通的方式引进对国家的管理这种政治实践之中。

既然治理意味着施行家政，在整个国家的层面上建立"家政"，对每个人和所有人（国家的居民）的财产和行为实施一种像家长对他的家务和财产一样专注的监视和控制，那么，监禁的存在合理性就是不言自明的。[1]

---

[1] 福柯. 治理术. 赵晓力, 译. 社会理论论坛. 1998 (4).

按照治理术的观念，罪犯作为治理对象的重要类型，他是家庭成员中有特殊标记的人，家庭（国家）摸清了他的秉性，对他始终持另眼相看的态度，但是又不绝对地拒斥他，将他排斥在家庭之外，而是将其控制在一定场所，以便达到实现"治安"所需要的一些东西，以可估算的家庭"开销"来改善他，使他保持与家庭的精神上的联系，并"温柔地"、毫不察觉地强迫他随时调整自己的步伐，这样他才能被大家庭所重新接纳。国家作为家长，它对罪犯的行为的监视、控制和改造就是为了保持这种立竿见影的效果。所以，通过监禁并将监禁效果扩大化的治理符合经济性的原则，这种"经济的治理"（economic government）就是一种好的治理。

那么，在这里已经十分明确的事情就是，刑罚的效果好坏是一回事，社会需要这种治理的技术又是一回事。监禁的终极目标存在于它所管理的事情本身，存在于对治理所指导的过程的完善和强化中。所以，对罪犯监禁、说服、诱导、教育和强制改造的过程本身就是监禁的目的。这就是，即或在将人道、尺度、缓和、权利强调到极端的现代社会，监禁的形象也始终挥之不去的真正奥秘。

针对罪犯的改造所展开的一系列仪式，显示了权力运作的复杂过程。权力在这里不是仅仅表现为惩罚与占有，而是对人的利用和对知识的提取，这便是全部刑法关系的秘密。惩罚触及灵魂，是为了确认规范的意义；人们赞同并通过惩罚所能达到的直接效果无非是社会中恐惧感的弥漫、罪犯再犯能力的增长以及对于公众对欲望的克制。

因此，惩罚的真正功效是驯服了人，而不是改造了人。① "甚至那些像美国一样宣称最关注减少再犯的国家，也较少出于犯罪本身的原因而关注犯罪，而是更多地关注更大的社会规训和道德规训议题。"② 刑法的目的在于重建被犯罪所破坏的规范信赖，维护公众对规范的认同感。促进公众对行为规范的信赖，就是刑罚正面的、积极的一般预防效果。当防止秩序遭受破坏是行为人的职责，并且证实信赖行为规范而不是犯罪是正确的时候，就有一个应当受到刑罚处罚的犯罪人存在。

---

① 乔治·瑞泽尔. 后现代社会理论. 谢立中，等译. 北京：华夏出版社，2003：83.
② 代维·奈尔肯. 比较刑事司法——理解差异. 李强，译. 北京：清华大学出版社，2013：21.

主要参考文献

中文文献

1. 朱光潜．变态心理学派别．北京：商务印书馆，1999．
2. 费孝通．乡土中国．北京：生活・读书・新知三联书店，1985．
3. 储槐植．刑事一体化与关系刑法论．北京：北京大学出版社，1997．
4. 陈兴良．刑法的启蒙．北京：法律出版社，1998．
5. 陈兴良．刑法的人性基础．北京：中国方正出版社，1999．
6. 张明楷．法益初论．北京：中国政法大学出版社，2000．
7. 张明楷．刑法的基本立场．北京：中国法制出版社，2002．
8. 曲新久．刑法的精神与范畴．北京：中国政法大学出版社，2000．
9. 许玉秀．犯罪阶层体系及其方法论．台北：成阳印刷股份有限公司，2000．
10. 沈海平．寻求有效率的惩罚．北京：中国人民公安大学出版社，2009．
11. 俞可平．治理与善治．北京：社会科学文献出版社，2000．
12. 许章润．法律信仰：中国语境及其意义．桂林：广西师范大学出版社，2003．

13. 苏力. 制度是如何形成的. 广州：中山大学出版社, 1999.

14. 强世功. 惩罚与法治：当代法治的兴起（1976—1981）. 北京：法律出版社, 2009.

15. 强世功. 法制与治理——国家转型中的法律. 北京：中国政法大学出版社, 2003.

16. 渠敬东. 缺席与断裂——有关失范的社会学研究. 上海：上海人民出版社, 1995.

17. 吴宗宪. 西方犯罪学史. 北京：警官教育出版社, 1997.

18. 赵敦华. 西方哲学简史. 北京：北京大学出版社, 2001.

19. 秦立彦. 面对国家的个人——自由主义的社会政治哲学. 威海：泰山出版社, 1998.

20. 张传开. 西方哲学通论：下. 合肥：安徽大学出版社, 2003.

21. 亚里士多德. 尼各马科伦理学. 苗力田, 译. 北京：中国社会科学出版社, 1990.

22. 边沁. 道德与立法原理导论. 时殷弘, 译. 北京：商务印书馆, 2000.

23. 威廉·葛德文. 政治正义论：第1卷. 何慕李, 译. 北京：商务印书馆, 1997.

24. 布罗尼斯拉夫·马林洛夫斯基, 索尔斯坦·塞林. 犯罪：社会与文化. 许章润, 等译. 桂林：广西师范大学出版社, 2003.

25. 齐格蒙·鲍曼. 立法者与阐释者——论现代性、后现代性与知识分子. 洪涛, 译. 上海：上海人民出版社, 2000.

26. 马丁·洛克林. 公法与政治理论. 郑戈, 译. 北京：商务印书馆, 2002.

27. 霍布斯. 利维坦. 黎思复, 等译. 北京：商务印书馆, 1985.

28. 哈特. 法律的概念. 张文显, 郑成良, 等译. 北京：中国大百科全书出版社, 1996.

29. 齐格蒙特·鲍曼. 共同体. 欧阳景根, 译. 南京：江苏人民出版社, 2003.

30．福柯．必须保卫社会．钱翰，译．上海：上海人民出版社，1999．

31．福柯．不正常的人．钱翰，译．上海：上海人民出版社，2003．

32．马塞尔·毛斯．社会学与人类学．佘碧平，译．上海：上海译文出版社，2003．

33．弗朗索瓦·夏特莱．理性史——与埃米尔·诺埃尔的谈话．冀可平，钱翰，译．北京：北京大学出版社，2000．

34．涂尔干．社会分工论．渠东，译．北京：生活·读书·新知三联书店，2000．

35．迪尔凯姆．社会学研究方法准则．北京：商务印书馆，1997．

36．米依海尔·戴尔玛斯-马蒂．刑事政策的主要体系．卢建平，译．北京：法律出版社，2000．

37．黑格尔．历史哲学．王造时，译．上海：上海书店出版社，1999．

38．黑格尔．法哲学原理．范扬，等译．北京：商务印书馆，1995．

39．康德．法的形而上学原理——权利的科学．沈叔平，译．北京：商务印书馆，1997．

40．尼采．论道德的谱系．周红，译．北京：生活·读书·新知三联书店，1992．

41．包尔生．伦理学体系．何怀宏，等译．北京：中国社会科学出版社，1988．

42．考夫曼．法律哲学．刘幸义，等译．台北：五南图书出版公司，2000．

43．西美尔．金钱、性别、现代生活风格．顾仁明，译．上海：学林出版社，2000．

44．H.科殷．法哲学．林荣远，译．北京：华夏出版社，2002．

45．雅科布斯．规范·人格体·社会．冯军，译．北京：法律出版社，2001．

46．雅科布斯．行为 责任 刑法——机能性描述．冯军，译．北京：中国政法大学出版社，1997．

47．汉斯·海因里希·耶塞克，托马斯·魏根特．德国刑法教科书．徐久生，

译. 北京：中国法制出版社，2001.

48. 拉德布鲁赫. 法学导论. 米健，朱林，译. 北京：中国大百科全书出版社，1997.

49. 奥特弗利德·赫费. 政治的正义性——法和国家的批判哲学之基础. 庞学铨，李张林，译. 上海：上海译文出版社，1998.

50. 卡尔·拉伦茨. 法学方法论. 陈爱娥，译. 北京：商务印书馆，2003.

51. 哈罗德·J. 伯尔曼. 法律与革命. 贺卫方，高鸿钧，等译. 北京：中国大百科全书出版社，1993.

52. 波斯纳. 超越法律. 苏力，译. 北京：中国政法大学出版社，2001.

53. 乔治·瑞泽尔. 后现代社会理论. 谢立中，等译. 北京：华夏出版社，2003.

54. 约翰·奥尼尔. 身体形态——现代社会的五种身体. 沈阳：春风文艺出版社，1999.

55. 罗科斯·庞德. 法律史解释. 邓正来，译. 北京：中国法制出版社，2002.

56. 理查德·沃林. 文化批评的观念. 周宪，等译. 北京：商务印书馆，2000.

57. 列奥·施特劳斯、约瑟夫·克罗波西. 政治哲学史. 李天然，等译. 石家庄：河北人民出版社，1993.

58. 加罗法洛. 犯罪学. 耿伟，王新，译. 北京：中国大百科全书出版社，1996.

59. 龙勃罗梭. 犯罪人论. 黄风，译. 北京：中国法制出版社，2000.

60. 菲利. 犯罪社会学. 郭建安，译. 北京：中国政法大学出版社，1990.

61. 菲利. 实证派犯罪学. 郭建安，译. 北京：中国政法大学出版社，1987.

62. 彼德罗·彭梵得. 罗马法教科书. 黄风，译. 北京：中国政法大学出版社，1992.

63. 杜里奥·帕多瓦尼. 意大利刑法学原理. 陈忠林，译. 北京：法律出版

社，1998．

64．维特根斯坦．哲学研究．李步楼，译．北京：商务印书馆，1996．

65．代维·奈尔肯．比较刑事司法——理解差异．李强，译．北京：清华大学出版社，2013．

66．大塚仁．犯罪论的基本问题．冯军，译．北京：中国政法大学出版社，1993．

日文文献

67．团藤重光．刑法纲要总论．3版．东京：创文社，1990．

68．平野龙一．刑法总论Ⅰ．东京：有斐阁，1972．

69．藤木英雄．刑法讲义总论．东京：弘文堂，1975．

70．竹田直平．法规范及其违反．东京：有斐阁，1961．

71．井田良．讲义刑法学·总论．东京：有斐阁，2008．

索　引

（以首字拼音字母排列为序）

B

报应刑论　73

贝卡里亚　6，40，71，118，120，145，168，221，225，248，264，266，298

贝林　11，191，192，199

边沁　21，32，59，120，241，248，258，298，299，301，308

宾丁　103－105，112，167，170，186

波斯纳　177，178，224，254，275，291，310

不作为犯　188，189，237

C

惩罚技术　219，277，285

抽象人　21，22，28，30－32，36，39，45，71，72，83，87，116，279

抽象行为　6，31

抽象社会理论　31，32

纯粹理性　24

D

道德主义　143，144，177

道义　27，28，73，74，177，246，247，250，253，254，293

道义报应　244，247

大塚仁 106，168，311

F

法律报应 244，247

法益侵害说 3，16，109，164 - 168，175，177，195，234

范式转换 6

方法论 6，86，87，173，174，178，183 - 185，190，191，195，229，277，307，310

方法论个人主义 86

方法论整体主义 86

费尔巴哈 5，6，21，29，37，114，194，248，249，265，279，295

菲利 23，28，35，36，38，39，41 - 44，49，51，71，73，74，248，290，310

福柯 2，16，35，37，38，43，44，46，47，52 - 55，57 - 59，62，67 - 70，72，76，86，120，127，130，147，150，151，154，209，210，232，242，273，289，291，292，299，304，305，309

G

葛德文 2，55，56，74，242，308

隔离 62，67，151，274，275，281，293，299，301，303，304

功利主义 85，241，248，249，251，253，254，256，276

工具理性 12 - 15

构成要件错误 215

构成要件符合性 105，171，172，185，191 - 194

故意 12，14，28，49，50，73 - 75，78，89，104，151，167，180，188，190，191，197 - 199，206 - 208

惯犯 38

规则 15，24，25，48，54，60，64 - 66，78，94，96，107 - 110，112 - 115，118，119，125，130，134 - 136，140，141，144，146，147，149，173，174，184，185，190，201，203，208，211，223，224，227 - 233，235，241，266，267，299，301，305

规范 1 - 4，7 - 9，13，15 - 17，32，34，38，39，43，45，46，48，50，53，57，62，70，80，81，84，85，87，90 - 99，103 - 142，144 - 148，150 - 152，154 - 164，166 - 187，189 - 202，204，206 - 212，214 - 237，249，256 - 260，265，266，268，269，274 - 276，281 - 287，

293，297－300，305，306，309，311

规范承认　185，191

规范重建　196，197

规范共同体　103，125，133，141，226，229，231

规范破坏　99，126，194，196，197，206，257，258

规范违反　8，16，17，104，146，167，171，175，180，183，194，206，212

规范违反说　91，109，164，168－170，172，175，177，179－182，185，194，195，197，222，223，226，227，233－235，257，261，297

规范责任论　197

过失　22，28，73－75，78，89，151，188，190，191，198，199，207，208，216，251

H

赫费　94，113，118，119，140，142，144，146，152，220，294－296，310

黑格尔　11，16，21，23，25－27，30－32，50，120，155，160，228，234，244，246，247，249，265，286，294，309

霍布斯　22，107，135，145－147，152，154，187，199，308

J

积极的一般预防　249，257－259，283，284，298，306

集体意识　124，125，131－133，159－161，203，204，264

加罗法洛　39，88，290，310

价值理性　12－15

价值论　1，5，111，156，167，175，179，191，220，227，234－236

价值判断　14，162，171，172，175，183，193，281

结果无价值论　111，165，167，179，194，220，233－236

禁止错误　215

经验主义　11

决定论　11，24，81，261

具体人　28，43，84，280

K

康德　11，21，23－25，27，32，76，80，84，110，130，142，143，172－174，183，185，199，218，229，241，244，246，247，294，309

孔德　43，70

客观归责　190，191

客观违法性理论　106

L

理性人　27，39，83，84

卢梭　2，141，148，154，160，211

龙勃罗梭　37-39，42，44，46，49，51，248，289，290，310

M

马克斯·韦伯　12，121

麦尔　105

迈兹格　105，106

牧野英一　262，263

目的刑论　263

N

尼采　2，50，51，77，95，139，160，202，203，213，242-244，255，256，272，296，297，309

P

平野龙一　27，166，177，242，311

Q

启蒙运动　120，269，298

全景敞视监狱　299，301，303

S

事实认识错误　215，216

社会防卫思想　65，66，292

社会契约论　2，141，148，154，160，211

社会伦理规范　109，156，177，178，193，220，223

社会学派　33

社会治理　70，72，121，123，131，149，212，225，228，266，268，270，275，278，305

社会治理策略　90，148，256，298

实证主义　12，38，42，43，49，55，66，71，74，88，143，145，174，230，292

司法技术　48，279，280

司法方式　266

神意报应　244

失范　44，45，133，137，204，206，226，308

苏格拉底　135，285，286

T

特殊预防　249

涂尔干　9，10，86，87，92，117，124-127，131，132，137，159，160，169，170，187，209，230，263-265，275，282，293，294，309

W

威吓　15，194，245，248-250，

255，258，259，262，283，292，
293，296

威慑　15，35，79，94，147，152，
211，227，248，256，273，290，
291，295，300，303

韦尔策尔　168，188，199，283

违法性　28，105，106，109，111，
163，166－168，171，172，177，
184，187，191，193－196，198，
233，236

危险个体　33，38－41，43，46，69，
84，91

X

心理强制说　114，265

新康德主义　173

消灭　30，66，82，112，121，175，
249，266，270，272，284，291－
293，304

小野清一郎　104，190

行为规范　1，3－5，7，9，16，17，
72，104，110，111，113，116，
163，164，169，177，178，180，
181，187，201，204，223，229，
233，257，284，286，287，297，
306

行为规范违反　1，111，226

行为无价值二元论　17，164，178

行为规范违反说　111，258

刑事古典学派　5，22，27－33，37，
38，40，45，48，49，67，71，78，
85，87，88，249，253，266－268

刑法理论的人类学派　33

刑事政策　4，189，194，260，265，
268，270，271，274，275，279，
291，309

Y

一般预防　79，111，178，190，194，
196，249，250，254，255，257－
259，283，284，287

意志自由　22－25，27，28，35－38，
50，51，74，77，83，84，96，242

因果关系　28，36，190，207

Z

责任　11，22－24，27，28，32，36，
46，50，62，64，68，69，72－74，
76，77，82，83，85，106，111，
116，150，153－155，158，163，
183，184，186－189，191，196－
201，207，208，212，214，215，
217，219，224，235，237，243，
245－247，249，251，253，262，
271，282，286，309

责任能力　65，69，70，196，208

责任论　188

责任主义　199

自由意志　22，23，25-28，35，36，
　　41，49-51，71，73，74，76，77，
85，148，157，158

自由主义　86，126，168，308

主观要素　106，167

图书在版编目（CIP）数据

刑法学的向度：行为无价值论的深层追问 / 周光权著. -- 3 版. -- 北京：中国人民大学出版社，2023.3
（中国当代法学家文库·周光权刑法学研究系列）
ISBN 978-7-300-29049-2

Ⅰ.①刑… Ⅱ.①周… Ⅲ.①刑法-研究 Ⅳ.①D914.04

中国版本图书馆 CIP 数据核字（2021）第 030886 号

"十三五"国家重点出版物出版规划项目
中国当代法学家文库·周光权刑法学研究系列
刑法学的向度
行为无价值论的深层追问（第三版）
周光权　著
Xingfaxue de Xiangdu

出版发行	中国人民大学出版社				
社　　址	北京中关村大街 31 号		邮政编码	100080	
电　　话	010-62511242（总编室）		010-62511770（质管部）		
	010-82501766（邮购部）		010-62514148（门市部）		
	010-62515195（发行公司）		010-62515275（盗版举报）		
网　　址	http://www.crup.com.cn				
经　　销	新华书店				
印　　刷	涿州市星河印刷有限公司				
规　　格	170 mm×228 mm　16 开本		版　次	2023 年 3 月第 1 版	
印　　张	20.5 插页 4		印　次	2024 年 12 月第 2 次印刷	
字　　数	292 000		定　价	118.00 元	

版权所有　　侵权必究　　印装差错　　负责调换